Arco Iris

TOMO 1

PROGRAMA DE ARCO IRIS
América Latina y el Caribe

M

Arco Iris Tomo 1

Desarrollo, adaptación y coordinación por: Carolina Hunt
Equipo de escritores y revisión pedagógica:
Janet Arancibia, Ana Nancy Araya A., Tammy Bailey, María Luz Barquero C.,
Damaris Mayela Ching D. de Chávez, Magaly González, María Eugenia Phillips O. de Vargas,
Judith Sandoval, Mayra Serrano Quesada, Heidy María Vargas Arias
Diseñado por: Malena Tobar, Kathy Jingling
Portada por: Brandy Wilson

© RDM, 2008
Primera Producción por: RDM
Esta Producción por: SLC

SLC
SERVICIO DE
LITERATURA CRISTIANA

Apartado 0818-00792
Ciudad de Panamá, PANAMÁ

ISBN: Cubierta en Color
978-1-63368-122-4 Impresso
ISBN: Cubierta en Color
978-1-63368-123-1 Digital
ISBN: Cubierta en ByNegro
978-1-63368-124-8 Impresso
ISBN: Cubierta en ByNegro
978-1-63368-125-5 Digital

Programa de Arco Iris
América Latina y el Caribe

Estudios bíblicos para las niñas y los niños de 3 y 4 años en las iglesias Asambleas de Dios. El primer año viene con 48 lecciones (planes de clase) en 6 unidades, con bloques de 8 planes de clase cada una, para abarcar un año de clases semanales, dejando espacio para feriados, vacaciones, celebraciones de logros, u otras actividades afines.

Primer año de estudio	
Nombre de la Unidad	**Temas de la Unidad**
Unidad Arca	Familias felices y Soy especial
Unidad Paloma	Dios provee y Doy gracias
Unidad Rojo	La Biblia y Cristo mi amigo
Unidad Amarillo	Creación y Presencia de Dios
Unidad Azul celeste	Iglesia y Amigos
Unidad Tortuga	Obediencia y Oración

Segundo año de estudio	
Nombre de la Unidad	**Temas de la Unidad**
Unidad Cordero	Sigo a Cristo y Ayudo en mi casa
Unidad Naranjo	Luz en el cielo y Digo la verdad
Unidad Verde	Unidos adoramos y Cuido de mi cuerpo
Unidad Morado	Promesas de Dios y Reparto con otros
Unidad Mariposa	Cristo me da vida y Sirvo en la iglesia
Unidad Corona	Canto para Cristo y Reyes y reinas en la Biblia

ARCO IRIS

Índice

Curso de capacitación para Líderes de ARCO IRIS

El programa de Arco Iris busca brindarle al liderazgo métodos efectivos de enseñanza, proporcionando estrategias que estimulen el aprendizaje efectivo y la formación integral de los niños y las niñas del grupo.

Tareas para la preparación para contestar el cuestionario:

1. Dar lectura completa y cuidadosa a:

   - todo el curso de capacitación de Arco Iris (páginas 18-38)

   - toda la sección guía del Plan de Clase para el programa de Arco Iris (páginas 45-48)

2. Revisar los 48 planes de clase del primer año de estudio de Arco Iris

3. Después de haber cumplido con los requisitos 1 y 2, escribir en hojas aparte, en forma de lista con un mínimo de 20 puntos, lo que usted ha captado en su estudio de ser lo principal y de mayor importancia para el manejo eficaz de la enseñanza en Arco Iris

Introducción

Arco Iris es un programa de las Misioneritas que se formó para satisfacer las necesidades de niñas de 3 y 4 años. El programa abarca también a niños de esta edad. Arco Iris es el único grupo mixto que tiene Misioneritas. Una vez que las niñas y los niños cumplen 5 años pueden pasar a los otros niveles que ofrece Misioneritas, Exploradores del Rey, u otros grupos para niños.

Propósitos

El programa de Arco Iris encierra cinco propósitos bien definidos que serán la base de la formación del programa. Estos propósitos tendrán relación con las cinco áreas que el ministerio de Misioneritas atiende respecto a nuestro alumnado:

1. Satisfacer las necesidades físicas, sociales y espirituales de nuestros alumnos, con diversas actividades que a su vez disfrutarán de ellas

2. Desarrollar su creatividad intelectual y emocional, enseñándoles del amor de Cristo hacia ellos

3. Familiarizar a los niños con el mundo de Dios y su creación, su Palabra e Iglesia, enseñándoles que ellos son muy importantes para Dios

4. Conducir a los alumnos para que lleguen a identificarse con la persona de Jesucristo como su amigo y salvador

5. Motivar el cumplimiento de ciertos requisitos y trabajos sencillos, al enseñar por medio de ejemplos y de la práctica

Materiales

Arco Iris ofrece el siguiente material:

• curso de capacitación con su correspondiente cuestionario

• Plan de Clase para el desarrollo del programa.

El curso de capacitación proporciona un panorama general de cómo trabajar con Arco Iris y conocer algunas de sus características; incluye además sugerencias relacionadas con el uso de juegos, cantos y trabajos manuales. Los planes de clase contienen los temas a preparar y desarrollar por el liderazgo para las sesiones con sus alumnos, combinando variedades de métodos pedagógicos, adaptados para ayudar a los niños en su desarrollo y crecimiento—físico, social, emocional, intelectual y espiritual. También vienen hojas de control para el uso del maestro con el propósito de anotar la asistencia y los logros de los alumnos. Hay libertad para utilizar otros recursos y ayudas, siempre que concuerden con la meta de cada clase y del programa.

El programa

El programa dura dos años y se forma de doce unidades en total (dos meses por unidad, seis unidades por año), comenzado con "Unidad Arca" y terminado con "Unidad Corona". Seis de las unidades representan los colores del arco iris. En el primer año están los tres colores primarios y en el segundo año los tres colores secundarios. Para completar las doce unidades, hay unidades de animales y el Arca. La primera unidad "Arca" presenta el arca de Noé con la familia de él, y a veces las otras unidades usarán del mismo "escenario" para distintas funciones en el desarrollo de las unidades. Incluye además, otro elemento didáctico: "La Hacienda Arco Iris", con animales domésticos, fáciles de usar.

Aparecen los "Planes de Clase", de acuerdo con el orden de uso, los temas mensuales y semanales.

Cada clase tiene diez segmentos que durarán seis minutos cada uno, alternando entre participaciones activas y pasivas de los alumnos, en: "Vamos a... Iniciar, Alabar, Citar, Orar, Memorizar, Cantar, Escuchar, Jugar, Recordar y Ordenar".

Distintivo de Arco Iris

El distintivo tiene los filos de color verde que representa crecimiento y el arco iris con los seis colores—rojo, amarillo, azul (colores primarios) y naranja, verde, morado (colores secundarios)—que forman la base del plan de premios que los niños recibirán a través del programa. Los niños recibirán este distintivo después de asistir tres clases seguidas a Arco Iris y han aprendido de memoria el lema, el versículo bíblico, y la promesa del grupo. Cuando los niños se pongan el chaleco, el distintivo estará ubicado al lado izquierdo superior de este (ver página 21).

Colores

Verde y blanco que simbolizan crecimiento y limpieza.

Lema

"Los Arco Iris ayudan y obedecen".

Versículo bíblico

"Obedeceremos".

Éxodo 24:7 (primer año)

"Haremos todo lo que el Señor ha dicho,

y le obedeceremos".

Éxodo 24:7 (segundo año)

Promesa

"Como Arco Iris, debo obedecer.

Como Arco Iris, debo prometer

Amar a Cristo, de corazón,

Y ayudar a otros como buena acción".

Coro

"Yo soy un Arco Iris, promesa de mi Dios.

Yo quiero siempre obedecer,
y amar a mi amigo Jesús.

Yo soy un Arco Iris, promesa de mi Dios.

Comparto mi felicidad,
con amigos como tú, y tú y tú".

(Tono Sol Mayor, compás 4/4)

El plan de premios

El programa Arco Iris es sencillo y llamativo con requisitos simples para todo niño de tres o cuatro años de edad. El distintivo de "Arco Iris" se ganará después de haber asistido a tres clases consecutivas y se han aprendido el lema, texto, promesa y coro del programa. El progreso por unidad se controlará junto a la lista de asistencia y los logros semanales. Al cumplir debidamente los requisitos correspondientes, el niño recibirá su insignia por unidad terminada, la que colocará en su chaleco.

Primer año de estudio

Nombre de la Unidad	Temas de la Unidad
Unidad Arca	Familias felices Soy especial
Unidad Paloma	Dios provee y Doy gracias
Unidad Rojo	La Biblia y Cristo mi amigo
Unidad Amarillo	Creación y Presencia de Dios
Unidad Azul celeste	Iglesia y Amigos
Unidad Tortuga	Obediencia y Oración

Segundo año de estudio

Nombre de la Unidad	Temas de la Unidad
Unidad Cordero	Sigo a Cristo y Ayudo en mi casa
Unidad Naranjo	Luz en el cielo y Digo la verdad
Unidad Verde	Unidos adoramos y Cuido de mi cuerpo
Unidad Morado	Promesas de Dios y Reparto con otros
Unidad Mariposa	Cristo me da vida y Sirvo en la iglesia
Unidad Corona	Canto para Cristo y Reyes y reinas en la Biblia

Insignias de las unidades

Cada niña o niño que desea participar en Arco Iris y ha completado las unidades, podrá obtener una insignia según la unidad que ha terminado. Los 6 primeros premios (primer año) se colocarán al lado izquierdo del chaleco, más abajo del distintivo. Los siguientes 6 (segundo año) se colocarán al lado derecho del chaleco, debajo del distintivo de Arco Iris.

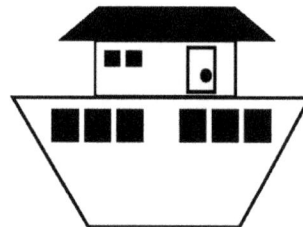

Uniforme de Arco Iris

El uniforme de Arco Iris, tanto para el maestro como para los niños y niñas, consiste en un chaleco verde con el emblema colocado en la parte superior izquierda de este.

Nota: Se puede utilizar los estudios de Arco Iris sin usar uniformes o se puede variar conforme a criterios locales; si no usan uniformes con sus distintivos e insignias correspondientes, se debe preparar otra clase de plan de premios para <u>motivar</u> y <u>animar</u> a los alumnos en el cumplimiento de los requisitos.

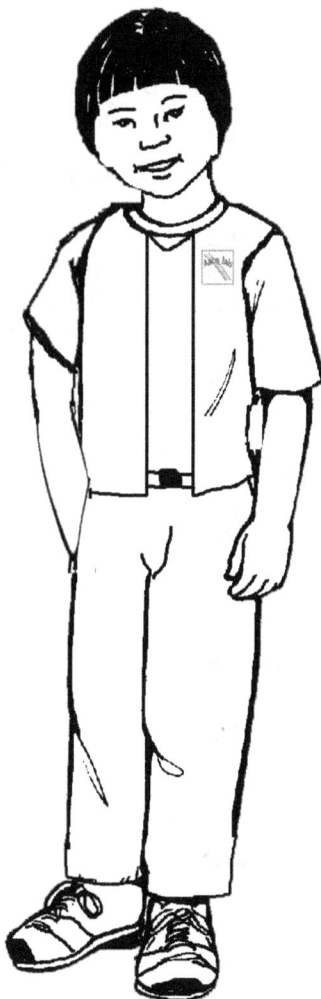

El liderazgo de Arco Iris

Es recomendable que dentro de este grupo haya como líderes, un hombre o un joven maduro de los Exploradores del Rey y una mujer o una joven madura de Misioneritas. El hecho de que el programa Arco Iris involucra tanto a niños como a niñas, hace muy importante que haya entre ellos ejemplos dignos de imitar del sexo masculino y del femenino. En la iglesia del Señor, hoy día más que nunca, es tarea vital demostrar la diferencia entre un sexo y otro, para que el niño o la niña aprenda a identificarse con el suyo propio, y tal identificación comienza a muy temprana edad; por eso es preferible que el liderazgo de Arco Iris se forme de un hombre y una mujer. Al no ser posible este arreglo mixto, Arco Iris puede funcionar con sólo damas como líderes.

Con niños pequeños siempre debe haber un mínimo de dos maestros en la clase, para poder atender debidamente las necesidades de los alumnos y para la protección de todos. Otra regla que la buena pedagogía promueve es que haya un adulto (o joven maduro) por cada 6 a 8 niños de esta edad, cuando sea posible. Se sabe que a veces faltan líderes disponibles y dispuestos, y es necesario proseguir con algo menos de lo ideal, pero se debe mantener como meta funcionar dentro de estas líneas cuando sea factible. Por cada maestro/a ya trabajando, es bueno procurar tener un/a ayudante, para aprender con él o ella e ir preparándolo/la para ser maestro/a a su debido tiempo, cuando el grupo crezca lo suficiente y exija su división en dos grupos.

Todo líder debe poseer características que lo identifiquen como tal. Debe mostrar diariamente su condición como cristiano, pero también debe ser una persona con capacidad y madurez. Por tanto, debe ser:

1. Espiritual: andar una vida ejemplar y de santidad.

2. Inteligente: capaz de hablar con prudencia pero también de callar cuando tenga que hacerlo.

3. Sociable: con una relación incondicional hacia los demás.

4. Cariñoso: dar afecto, amor, en forma espontánea

5. Comprensivo: saber apreciar la necesidad o situación de cada alumno e identificarse con la misma.

6. Amigable: ser consciente de que el niño busca un amigo, no un papá.

7. Ejemplo para imitar: no olvidar que nuestros discípulos nos imitarán en todo.

8. Compañero fiel: eso es lo esencial, lo que necesita todo niño de su líder.

9. Consciente de quién es: creer de corazón que tiene valor ante Dios y los demás.

10. Digno de respetar: tratar a los demás como quisiera que se le tratara.

El líder de Arco Iris debe tener bien clara y definida su posición como tal. Este grupo debe considerarse, no como una actividad extra u opcional, sino como parte importante de la iglesia, donde todos deben hacer conciencia de lo importante de alcanzar para Cristo a muchos niños, a través del programa que se desarrollará.

Relación entre líderes y padres de familia

Otro aspecto a considerar dentro del grupo de Arco Iris es la relación que debe existir entre los líderes y los padres, pues ellos deben ser debidamente informados de lo que enseñamos a sus hijos. El líder debe comunicar a los padres que la base de la enseñanza el niño la recibe en el hogar y que el líder es sólo una ayuda auxiliar en la formación de sus hijos. Es importante invitarles de vez en cuando a sus actividades o a una reunión para tocar asuntos concernientes a sus hijos. Estos niños deben ser considerados como parte integral de la iglesia, y no como "a quienes se les entretiene mientras los mayores hacen algo importante". Por esta razón consideramos que cada padre de familia debe identificarse con el programa de los Arco Iris, y no sólo con el programa, sino que considere a su niño tan importante como si fuera uno que ya está en la escuela.

El líder debe motivar a los padres de familia para colaborar de vez en cuando con los materiales que su hija/hijo necesitará para su formación cristiana, haciendo énfasis en que el aporte no es un gasto sino una inversión; además, no es menos importante que los útiles de la escuela. Hay que recordarles que no sólo estamos formando su carácter y conducta físicos, sino su vida espiritual para que se conviertan en futuros hombres y mujeres de bien social y ministerial, para la gloria de Dios y el beneficio de la familia, la iglesia y la sociedad.

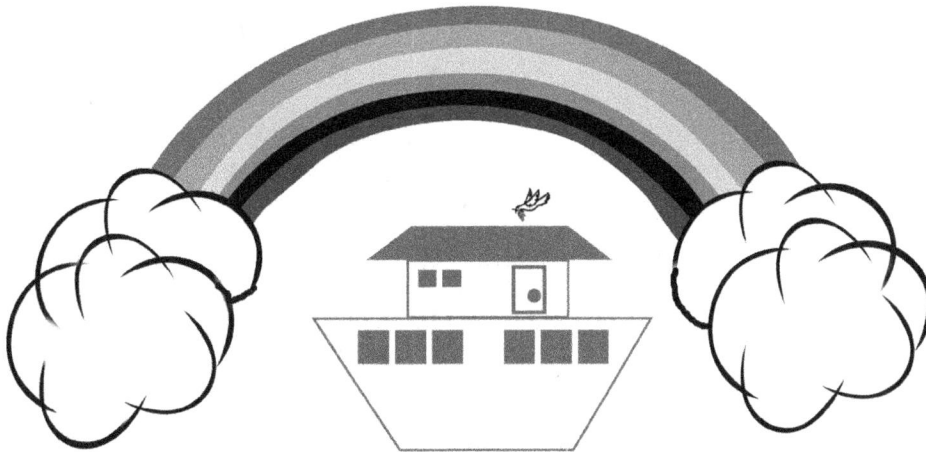

Conocer, aconsejar, y ministrar a niñas y niños de 3 y 4 años

Todos los niños son diferentes. Los métodos de trabajo entre unos y otros pueden variar en muchas ocasiones, pero hay ciertas consideraciones generales que se deben tomar en cuenta.

I. Rasgos generales

¿Cómo aprenden los niños de este grupo?

El niño inicia su aprendizaje con todos los sentidos. Todo su cuerpo toma parte activa en el proceso.

❖ AUDICIÓN: (OÍDO 10%) A través del oído puede diferenciar los diversos sonidos. También distinguir cuando se le habla en tono amable o en tono desagradable.

❖ VISIÓN: (VISTA 50%) Es muy halagador para el niño ver u observar cosas u objetos llamativos. Recordará con facilidad lo que ha visto.

❖ OLFATO: (OLER 0% – 20%) El sentido del olfato ayuda o predispone a la enseñanza. Percibir los aromas agradables que lo harán sentirse bien, o los desagradables que lo harán sentirse mal.

❖ GUSTO: (SABOR 90%) Pueden distinguir los sabores, ya sea ácido o dulce.

❖ TACTO: (PALPAR 80%) A través de la piel el niño experimenta el mundo que lo rodea y que de alguna forma influye en su vida. El dolor o el maltrato que recibe será percibido por su cuerpo, y éste por el sentido del tacto. Las caricias y manos suaves al tratarlo, le proveerán de aprendizaje.

❖ IMITACIÓN: El conocimiento que el niño adquiere, lo hace por imitación. Imita a quienes lo rodean: a sus padres, a sus hermanos, a sus maestros y demás compañeros. La imitación debe ser aprovechada grandemente por los padres y maestros para enseñar a los niños conceptos espirituales para toda la vida. Si observa a su madre o su maestra orar y cantar con gozo al Señor, él aprenderá de la misma manera.

❖ HABITUACIÓN: Los niños se habitúan más fácilmente a todas las cosas que los adultos; por regla general se acostumbran rápido **cuando tienen confianza**.

❖ EXPERIENCIA: Cuanta más experiencia personal tenga un niño con objetos físicos de su medio ambiente, mayor probabilidad tendrá de desarrollar un conocimiento apropiado de ellos.

❖ INTERACCIÓN: Conforme crezcan las oportunidades que los niños tengan de interactuar con compañeros, padres o maestros, más oportunidades tendrán de escuchar y ampliar su aprendizaje en el desarrollo social de su vida.

Nota: Colaboración del ministerio de Misioneritas de Chihuahua, México

II. Características en común de los niños de Arco Iris

A. Desarrollo físico

Debemos realizar diferentes actividades que les ayuden en su desarrollo físico. Los niños de 3 y 4 años aún están desarrollando sus habilidades motoras (motricidad fina y motricidad gruesa) por eso parecen poco coordinados y pueden tener dificultades con tareas que parecen muy sencillas. Por ejemplo: agarrar bien los crayones, cortar con tijeras, colorear dentro de las líneas, etc.

Toda actividad física—planeada y dirigida con propósito didáctico—ayudará en el desarrollo físico. Debemos hacer uso de actividades activas como pasivas, para que los niños ocupen y gasten su energía física. También debe haber momentos de descanso, con ejercicios de relajación, contracción y estiramiento. A continuación se mencionan algunos ejemplos de actividades que puede incluir en Arco

Iris, no sólo como descanso sino en cualquier momento:

- Relajación—sentados o acostados, cerrar los ojos para escuchar ciertos sonidos, sentados, reposar la cabeza sobre el regazo mientras ven dibujos u objetos en el piso.

- Contracción—darse un abrazo; hacer puños; hacer muecas con la cara; hincarse; saltar (brincar); juntar manos e inclinar la cabeza; dar palmadas; agarrar una soga.

- Estiramiento—ejercicios pequeños como: marchar; extender los brazos (a los lados o hacia arriba), pararse de puntillas, de pie, tocar los zapatos con las manos, tomarse de las manos y dar vueltas, etc.

Con variadas actividades físicas ayudará a los alumnos a mantener la atención y a no cansarse de la misma posición durante la clase. Además, le ayudará a usted como líder a mantener el control de la clase sin agotarse. Debemos tener presente siempre que las actividades adecuadas y bien planeadas conducen a una disciplina correcta. Es cierto lo escrito por la hermana Luisa Walker en su clásico libro *Métodos de enseñanza*—"La actividad dirigida es uno de los medios más potentes de la enseñanza".

Procure no regañar ni reprimir el movimiento físico tan normal y natural en los niños, sino diríjalo y aprovéchelo al máximo durante el tiempo que pasen en las clases de Arco Iris. *(Estudiar anexo 1– Disciplina).*

B.   Reacciones emocionales

Entre los factores de mayor importancia en la vida de un niño está el sentirse aprobado por las cosas que hacen. El niño vive muchas experiencias nuevas y pone a prueba sus habilidades, en medio de su lucha por seguir haciendo lo ya conocido ("lo viejo"). Se enfrenta a veces a lo que es fallar, al no poder lograr lo que intenta. Él necesita sentir aprobación, y usted como líder debe aprender que no importa cuántas veces él se equivoque, siempre debe mostrarle la cara positiva de la moneda. No diga que no importa equivocarse, sino más bien, que todos nos equivocamos, pero podemos mejorar en todo aspecto de la vida.

No lo apresure en sus actividades, esto lo frustrará por sentirse más lento que otros; al contrario ayúdelo a terminar su tarea con éxito, eso lo motivará. No haga todo el trabajo del Arco Iris, más bien "déle la mano" al observar que lo necesita. Diga palabras de estímulo por el esfuerzo puesto en el proyecto, sea lo que sea.

El amor, afecto, cariño y comprensión deben llevarse siempre en la palma de la mano para ofrecer frecuente y abundantemente a los pequeños alumnos. Eso es lo único que, en todo momento, nos van a pedir. Al mantener una relación cercana con los padres de los mismos, conocerá mucho más de sus características y tendrá mayores oportunidades para ayudarles en su crecimiento emocional. Además, le favorecerá su actitud, pues los padres podrán ver su interés hacia sus hijos.

C.   Desenvolvimiento social

Recuerde que los Arco Iris están entrando al mundo de la realidad. Están empezando a hacer amigos, están aprendiendo además a ser responsables de sus acciones, a controlar sus emociones con su trato hacia otros; están aprendiendo a compartir con otros, y en algunos casos a hacer el papel del líder del grupo. No olvide que ellos van a poner en práctica en su liderazgo lo que aprendieron de usted, por eso su actitud debe ser la mejor para con ellos.

Tome en cuenta que en alguna ocasión va a tener algún niño (niña) que extrañe la presencia de sus padres, por lo tanto no va a lograr identificarse con el grupo. Es tarea suya, bajo la dirección del Espíritu Santo, ganar su confianza. Distráigalo con algo que le llame la atención, siéntelo cerca de usted, mientras él entra en calor y comienza a sentirse más "en casa". *(Estudiar anexo 2–Juegos)*

D.   Habilidades mentales

Los alumnos de la edad de Arco Iris tienen mucha curiosidad y desean aprender ¡por eso preguntan tanto! Pero, a la vez, tienen muy escaso poder de concentración, sólo pueden mantener el interés fijo por unos tres a cinco minutos, sin comenzar a buscar algo de cambio. Como maestros, hay que recordar que ellos tienen limitado entendimiento de espacio y tiempo y piensan literal y concretamente (por eso hay que evitar los simbolismos). Se concentran mayormente en sí mismos, y sus palabras predilectas son "mi" y "mío". Aprovechamos esta característica innata, utilizando a menudo frases que incluyen estos términos, como por ejemplo: "Cristo me ama", "Dios quiere mi obediencia," "La Biblia es para mí". También hay que incluir ideas y actividades didácticas que les enseñan a compartir, para que les vayan despertando este valor tan esencial para una vida feliz.

En todo momento debemos usar palabras sencillas y frases breves, debido al poco vocabulario de ellos, que a su vez aumenta a diario. Es importante dar a sus preguntas respuestas cortas, siempre correctas y honestas.

A todos los niños les encanta cantar; para ellos es tan natural cantar como comer. En Arco Iris el canto formará parte esencial de la enseñanza, porque es camino seguro para captar el interés y aprovechar bien las habilidades mentales del alumno. El canto sirve para reforzar las verdades y los valores que se presentan por medio de las historias bíblicas y los versículos bíblicos. Se ha dicho que la música es "el idioma del alma"; en otras palabras, lo que se canta llega a ser parte de uno y le da vía de expresión alegre.

No es justo esperar mantener la atención del Arco Iris durante una historia bíblica de 20 minutos, ellos no están capacitados, ni física ni mentalmente, para ello. Por eso es muy importante usar los planes de clase preparados que incluyen pequeños bloques de tiempo (los "segmentos," con máximo de seis minutos cada uno). La historia bíblica se debe presentar de manera animada, con ilustraciones y mucha participación de parte de los alumnos.

Los mismos alumnos de Arco Iris nos dirán (no con palabra, sino con hecho): "nos gusta mucho la repetición; nos ayuda a aprender mejor". Por ejemplo, se puede presentar la historia brevemente con figuras u objetos, luego permitir que ellos la dramaticen, y después que dos o tres se la cuenten en sus propias palabras (o fingiendo "la lectura" de la Biblia) a sus compañeros que están sentados en el suelo. Ideas parecidas funcionan bien para repasar el versículo bíblico, inclusive con juegos. Cada vez que repiten lo que queremos que ellos aprendan— variando el método—estamos reforzando la enseñanza y asegurando un aprendizaje agradable y duradero. *(Estudiar el Anexo No. 3, Trabajos Manuales)*

E. Necesidades espirituales

Uno de los propósitos principales del ministerio de Arco Iris es ayudar en el proceso global de satisfacer las necesidades espirituales de estos niños pequeños. No debemos dudar que ellos tienen la capacidad de comprender verdades espirituales, cuando son presentadas al nivel de su comprensión. Verdades espirituales básicas:

1. Dios "me ama y ama a todos"; "...hizo todas las cosas, incluyéndome a mí"; y "...me cuida y me ayuda". Los alumnos comenzarán a conocer los fundamentos para una fe sólida en nuestro Dios y Padre Celestial.

2. Cristo "es el Hijo de Dios que vino al mundo"; "...me ama y quiere ser mi amigo"; "...vive ahora en el cielo, pero está siempre conmigo aunque no lo vea"; "...me ayuda a obedecer, compartir y amar a los demás". Debemos hablar a los niños acerca de "nuestro amigo y Señor Jesucristo". Usando tales términos sencillos, ellos aprenderán que Cristo es una persona real y se prepara la mente y el corazón para recibirlo como Salvador personal. No olvide que el Señor también hará su parte.

3. La Biblia "me habla de Dios"; "...me enseña a vivir bien y feliz" y "...me dice la verdad". La Biblia es el registro inspirado de historias reales y verdaderas. Es ella la que nos da testimonio de la existencia de Dios. Debemos siempre hacer hincapié en que Dios se comunica a través de la lectura y el estudio de este hermoso libro y de la oración. Sobre todo, enfatizar que "la Biblia es la Palabra de Dios".

4. La oración "es cómo yo hablo con Dios" y "...me hace sentir más cerca de Dios". La oración nos comunica con Dios, y Él quiere que le hablemos.

Debemos enseñarles a los alumnos también la razón del porqué hablar con Dios, y qué se logrará u obtendrá si lo hacemos: "Dios nos va a ayudar en lo que le pedimos". "Podemos pedirle que nos cuide del peligro".

Es necesario instruir que la oración es más que pedir, en ella se incluye también el darle las gracias a Dios: "Dios es tan grande y tan bueno para con nosotros, y le gusta mucho cuando le decimos gracias". Sí, los Arco Iris pueden experimentar momentos sinceros y verdaderos de acción de gracias y adoración al Señor. Ellos aprenderán a orar y adorar, sobre todo, al seguir el ejemplo dado por el líder. Al repetir lo dicho por usted en oración, van formando un buen hábito que les durará por muchos años. La oración debe ser siempre una experiencia positiva, amena, llena de compasión por nuestros semejantes y de gran gozo, al disfrutar de la comunicación real y poderosa con nuestro Padre Celestial.

5. La iglesia "es el lugar donde voy para estar con otras personas que también aman a Dios" "...es donde voy a aprender más acerca de Dios y su Palabra".

La asistencia a los cultos y clases de la Escuela dominical de la iglesia ayudará para que los niños se sientan parte de la gran familia de Dios. Además de las enseñanzas de verdades espirituales dadas en Arco Iris, el estar en los cultos y otras actividades de la iglesia aumentará el crecimiento espiritual y la confianza de nuestros alumnos en el Señor y su pueblo. Aumentará su fe en Dios.

Cuando estas verdades espirituales comiencen a dar fruto en la vida de los Arco Iris, entonces habrá un testimonio más efectivo acerca del amor de Dios a través de ellos, pues lo que aprenden en la iglesia lo contarán y lo vivirán en su casa. Sabemos que Dios aprovechará esta oportunidad para que los familiares de nuestros niños y niñas lo conozcan también como Señor y Salvador de su vida. Esto será un testimonio fiel, la Palabra de Dios nunca regresa vacía. *(Estudiar el Anexo No. 4 "Cantos,"* porque la música es uno de los métodos más eficaces para enseñar verdades espirituales a los niños y niñas de Arco Iris)

III. Aconsejar a los Arco Iris

La primera reacción de muchos adultos frente a la idea de aconsejar a un niño es, "¿por qué un niño o una niña necesita ser aconsejado?" Se supone que la niñez es inocente, hermosa y siempre alegre. En realidad estas palabras no existen para todos los niños, pues el pecado, la maldad, el dolor y el sufrimiento del mundo en que vivimos ha alcanzado también a nuestros pequeños, incluyendo a los que tenemos dentro de nuestras iglesias. Lo que se reconoce como "el estrés infantil" es una triste realidad en la actualidad.

¿Cómo podré aconsejar a estos niños y niñas que forman parte del grupo de Arco Iris y están bajo mi responsabilidad? Esa debe ser la preocupación de un buen líder. Cuando usted haya pensado en esto, estará dando su primer paso; la necesidad es lo que mueve a un líder a ministrar en esta dirección.

Como líder de los Arco Iris usted va a necesitar enfocar varias áreas básicas en nuestros pequeños. Ellos muchas veces enfrentarán crisis que no podrán superar. Por ejemplo, ver a papá y mamá a punto de divorciarse, y él/ella no puede entender. Altera su carácter, se vuelve mimado, todo lo resiente, no quiere comer, no duerme bien. La mamá encuentra muy fácil llevar al niño (a) a la iglesia para que su maestra de Escuela Dominical o de Misioneritas (Arco Iris) lo atienda por lo menos un rato, y así ella puede descansar. Lo peor es que esto no es un caso único ni momentáneo. Lamentablemente, vamos a ver muchos casos similares. Recordemos que no hay que esperar el momento de la crisis para doblar rodillas y pedir a Dios qué hacer al respecto. Debemos siempre orar en favor de nuestros niños/nuestras niñas, para que tengan respaldo espiritual y para que sus necesidades no nos tomen por sorpresa.

Para aconsejar con éxito a los niños debemos establecer primero una amistad incondicional. Para los Arco Iris esto es muy importante, y como ya se ha expresado, si usted les falla, puede afectarlo emocionalmente. Debemos procurar que el ejemplo que damos en hecho y palabra siempre sea el reflejo de la imagen de Cristo por medio de nuestra vida. Una buena amistad cuesta mucho lograrla, sea esto con niños, jóvenes o adultos. Si queremos esa amistad debemos aceptarla tal como nos la ofrecen. Esperamos ver, por medio de los momentos cuando aconsejamos a nuestros alumnos, cambios positivos que sean para el bienestar de todos y no para hacer peor cualquier circunstancia delicada o difícil. El líder/consejero debe demostrar una serie de actitudes y acciones que le hace digno de su papel de consejero, a saber:

A.   SER ATENTO

Como buen líder/consejero debe ser buen oyente. Es mejor escuchar que hablar. Si un niño/una niña se da cuenta de que usted no le presta atención o desaprueba lo que él/ella le está diciendo, o que no le creyó, va a cerrar las puertas. Escuche con cuidado todo lo que le va a decir, entonces podrá comprender mejor su manera de expresarse. No interrumpa al niño hasta que termine de hablar.

B.   SER CONSISTENTE

No permita que su estado de ánimo o la atmósfera del grupo determine cómo debe tratar al niño/niña. Si usted ha puesto reglas, cúmplalas, pero hay momentos donde debe haber flexibilidad. No olvide que son niños/niñas de sólo 3 o 4 años de edad, pero trate de cumplir su programa tal como lo planeó. Predecir es una virtud cuando se trabaja con niños. La falta de preparación crea inseguridad.

Si usted es un líder amoroso y responsable, les va a dar seguridad y si ellos perciben este afecto de su parte, van a tener una comunicación abierta con usted, tal como lo desea.

C. ESTAR DISPONIBLE

Como líder sus responsabilidades no van a terminar al salir del aula. Algunas veces el niño/niña se va a acercar cuando usted esté recogiendo sus cosas después de la reunión, o después de un culto en la iglesia. Puede ser que él/ella desee hablar sobre algún tema que considera muy importante, en un momento en que usted esté muy cansado, pero recuerde que es de suma importancia para él/ella ese momento. Como buen líder debe escuchar y tener una palabra dulce y sencilla que satisfaga su necesidad. Si el momento no es el apropiado para hablar con él/ella, tome tiempo para explicarle la razón por la cual no puede hablar en ese momento y prométale un día, lugar y hora específica en donde los dos puedan sentarse a hablar, pero que no sea un tiempo muy lejano. Así él/ella no sentirá que lo que usted tiene que hacer es más importante que lo que él/ella le quiere decir.

D. ESTAR ALERTA

Debe tener presente que todo lo que usted escuche del niño es su punto de vista, en otras palabras, "así lo ve él". Quizá no sepa explicarse en su propio lenguaje y use términos que no se relacionan. Por ejemplo, tal vez él le vaya a decir a usted que está enfermo, pero en realidad sólo está triste. En muchos casos el darle un tierno abrazo o tomar sus manitas es buena "medicina", pues quizá en su casa no hay nadie dispuesto a hacerlo cuando él lo anhele. A los niños de esa edad les gusta que los levante en los brazos, se sienten protegidos así, y eso los tranquiliza. No olvide que es como si fuera un hijo suyo necesitando ese tipo de atención.

E. COMUNICAR CON PALABRAS SENCILLAS

Debemos tener cuidado con nuestro vocabulario, los Arco Iris no siempre comprenden lo que decimos. Cuando trate con un niño/niña escoja con cuidado las palabras que va a usar. Si usted cree que el niño/niña no ha captado bien lo que le dijo (aunque él/ella le afirme haber entendido), pídale que repita con sus propias palabras lo que captó, así estará seguro de que el mensaje ha sido recibido.

F. RECONOCER SUS LIMITES

Habrá ocasiones en donde su consejo no satisfaga la necesidad del alumno de Arco Iris, o quizá su capacidad para ayudarle tenga un límite y sea necesario acudir al pastor y/o a los padres del niño, para que sean ellos quienes atiendan el problema. Como buenos líderes debemos reconocer que tenemos límites, y no tenemos que "saberlo todo". Debemos saber escuchar y responder cuando sea prudente, pero también debemos saber callar.

IV. Ministrar a los Arco Iris

A. El niño Arco Iris y la salvación

Hay quienes piensan que los Arco Iris son muy pequeños para aceptar a Cristo como su salvador personal, pero no podemos pasar por alto que la salvación es para todos, y debemos ayudarlos a dar los primeros pasos de acercamiento a Cristo. Todos merecemos esta experiencia maravillosa. Ellos entenderán si usted les explica con palabras sencillas la forma de dar este paso tan importante en su vida. No debemos preocuparnos sobre cómo darle seguimiento. El programa que se desarrolla con este grupo les ayudará para que cada uno vaya recibiendo la formación adecuada; además recuerde que el Espíritu Santo hará su parte también en la vida de los Arco Iris.

La motivación mayor que estos niños pueden recibir para ser guiados a los pies de Cristo, es a través de su ejemplo como líder. Recuerde que para ellos nosotros somos un libro abierto y cada paso que damos lo están midiendo y a la vez marcando. Cuénteles la historia milagrosa de la vida de Jesús, qué vino a hacer en la tierra, cómo vivió, qué hizo, cómo se fue y cómo volverá. No debe complicarse al hacerlo, sólo contarla con amor y fervor, y al final les hace el llamamiento.

Los niños van a creer todo lo que usted les diga, más bien es usted quien tiene que estar seguro de la realidad de la salvación, y su experiencia personal convencerá a los niños.

"Todo obrero debe tener muy clara la importancia de la salvación y que los niños no la experimentan como los adultos. Ellos necesitan creer verdades concretas. No son capaces de hablar del pecado como un adulto, pero sí recurrirán a ejemplos para explicar la diferencia entre el 'bien' y el 'mal'. El niño no debe sentirse presionado a aceptar a Cristo; su respuesta al plan de salvación tiene que ser totalmente voluntaria". *Manual del Ministerio a los Niños* (MMN), p. 222.

El adulto que quiere llevar a un niño a una relación personal con Cristo, debe ver el mundo desde la perspectiva infantil. Las palabras no son suficientes, deben ir acompañadas de objetos e ilustraciones que estimulen los sentidos. La imaginación es uno de los mejores aliados del líder de niños. Los pequeños serán atraídos por cualquier cosa que les capte el interés. El mensaje del evangelio debe ser expresado con verdades simples y significativas.

1. El plan de salvación.

Cuando presente a un niño el plan de salvación, hágalo participar en su exposición. A los niños les gusta que se les considere para cooperar de cualquier manera que sea posible. El líder debe procurar esta cooperación por medio de preguntas y respuestas, y también al permitir que los niños tomen en la mano la Biblia o alguna ayuda visual que se utilice. El plan de salvación que compartimos con los niños es básicamente el mismo que empleamos con los adultos, pero expresado con un vocabulario sencillo y conciso. Por ejemplo, la mano evangelizadora repite cada frase mientras señala los dedos de su mano. Una frase por dedo de la mano, permitiendo que los niños usen su propias manos "para recordar algo muy importante":

1. Dios me ama (Juan 3:16)

2. He pecado [he hecho cosas malas], (Romanos 3:23)

3. Cristo murió por mí (Romanos 5:8)

4. Pido perdón y recibo a Cristo (1 Juan 1:9)

5. Soy hijo de Dios (Juan 1:12)

El líder debe tener cuidado de aclarar bien el significado de este paso. El niño debe saber qué está haciendo y a qué se está comprometiendo. Es importante que en todo momento sepa que el plan de salvación se encuentra en la Biblia. Se debe tener la Biblia abierta en la mano al resumir en palabras sencillas el contenido de cada versículo bíblico. Vale la pena dar énfasis de nuevo a algo muy importante: tengamos cuidado de jamás presionar a un niño o a una niña a aceptar a Cristo. La respuesta del niño al llamamiento para recibir la salvación personal debe brotar del corazón, de la voluntad, de él mismo. Quien ministra no debe desanimarse si no hay una actitud favorable inmediata. Debe recordar que la obra es del Espíritu Santo y a su tiempo la semilla dará su fruto.

Otro detalle que el líder debe cuidar es ser específico al hacer la invitación. En este caso debe ser salvación. La invitación para salvación tiene que ser personal. La manera de obtener una respuesta positiva y personal es mediante el uso del pronombre "tú". El niño sentirá que la conversación tiene que ver con él y no con otros; esto lo hará responsable por la decisión que toma.

2. Recursos para presentar el plan de salvación a niños de esta edad.

Además de la "mano evangelizadora" mencionada en el tema previo, hay otros recursos que nos facilitarán la presentación del plan de salvación a los niños. Otro método conocido y de mucha validez es el "Libro sin palabras", cuyo atractivo viene a base de una secuencia de colores. Se puede preparar en forma de corazón o en forma de libro con papel de construcción o cartulina.

Los niños pequeños aceptan todo literalmente, y sabemos que no es bueno esperar que ellos aprendan "simbolismos". En su libro *La dicha de ganar niños para Cristo*, Frank G. Coleman da una introducción muy buena para abrir el tema de la salvación con los pequeños, con la Biblia y el "Libro sin Palabras" en la mano. Él recomienda (p. 35) comenzar diciendo algo como: "Niños, ¿les gustan las historias? ¿Quieren que les cuente una? ¿Les gustan los libros de historias con dibujos? Mi libro de historias no tiene ni un solo dibujo… ¡ni una sola palabra! No tiene palabras, pero sus páginas de color nos cuentan una historia: la historia de la Biblia. ¿Les gustaría oírla? Cuando ustedes ven un libro de historias, ¿comienzan por el principio? Yo no. Yo comienzo por atrás. ¿Saben por qué? Quiero ver si la historia termina bien. Si es así, luego comienzo a leerla desde el principio. La historia de mi Libro sin palabras tiene un final hermoso. ¡Termina en el cielo!".

B. Orar con el niño.

Puede orar con el niño individualmente o con el grupo. La oración debe ser un resumen de lo presentado en el plan de salvación, como refuerzo de la decisión.

1. Oración individual. Pida a cada niño que se acerque a usted para orar individualmente. Puede pedir la ayuda de su asistente u otros líderes que lo acompañen en ese momento.

2. Oración colectiva. Si son muchos los niños que responden a la invitación, pida que se acerquen,

cierren los ojos y repitan una oración, frase por frase, después de usted, algo parecido al siguiente modelo:

"Dios, gracias por enviar a tu Hijo Jesucristo a morir en la cruz por mis pecados. Perdóname por todas las cosas malas que he hecho. Recibo a Cristo como Salvador de mi vida. Gracias, Dios, por escucharme. Oro en el nombre de Jesús, Amén".

3. Palabras de ánimo. Procure siempre charlar con el niño inmediatamente después de la oración. Tanto usted como el niño deben estar seguros del paso que él acaba de dar. Puede formular preguntas similares a las siguientes:

- ¿Qué pasó cuando oramos? ("Jesús perdonó mis pecados".)

- Y ahora, ¿dónde está Jesús? ("Él está en mi corazón." O "Él vino a vivir conmigo" o "Él está conmigo, aunque no lo veo".)

- ¿Cómo me llama Dios ahora? ("Él me llama su Hijo".)

No sólo en este momento, sino también en el futuro, el líder debe seguir acosejando al niño con respecto a las experiencias y las expectativas en la vida cristiana, la vida maravillosa al ser hijo de Dios.

Obras consultadas y citadas

- Coleman, Frank G. *La dicha de ganar niños para Cristo*. Miami: Editorial Vida, 1990.

- Jeter de Walker, Luisa. *Métodos de Enseñanza*. Deerfield, Fl.: Editorial Vida, 1996.

- *Manual del ministerio a los niños* (MMN). Springfield, MO: RDM, 1992.

Conclusión

Como repaso de los principales para conocer, aconsejar y enseñar a los Arco Iris, se debe estudiar el siguiente cuadro de puntos básicos como recapitulación de todo lo presentado en este curso.

¿Qué debe saber y hacer el maestro al trabajar con el grupo de los Arcos Iris?

EL ARCO IRIS...	QUÉ DEBE HACER EL MAESTRO:
1) Es inquieto y tiene mucha energía	Proveer acción dirigida/controlada
2) Tiene un período de corta concentración	Limitar y variar la participación y acitividades
3) Es egoísta, todo es "mío"	Realizar actividades para compartir
4) Toma todo literalmente	Evitar los simbolismos
5) Tiene mucha imaginación	Aprovechar la creatividad
6) Imita todo	Dar ejemplo digno de imitar
7) Es muy afectuoso	Demostrar cariño por igual
8) Usa vocabulario limitado	Usar palabras sencillas
9) Tiene destreza en desarrollo	Ocupar objetos adecuados
10) Le agrada la repetición	Variar el método de repaso
11) Todo lo cree	Hablar la verdad, ser fiel
12) Tiene iniciativa creciente	Proveer oportunidades sencillas
13) Busca límites	Establecer y mantener reglas
14) Es curioso al extremo	Contestar con sinceridad
15) Es capaz de orar con fe	Crear oportunidades para que oren
16) Es capaz de creer en Dios	Enseñar el camino sencillo de la salvación

¡Felicidades, siervo/a fiel del Señor, por haberse esforzado en estudiar este Curso de capacitación en preparación para liderazgo en Arco Iris! Ya puede llenar el cuestionario que se encuentra al final de los anexos, y luego verificar sus respuestas, revisándolas con este manual.

Anexo 1–Disciplina en los Arco Iris

Sugerencias para los líderes

Gozar de buena disciplina en las sesiones es imprescindible para lograr un buen éxito en el ministerio con ellos. Los castigos sólo se enfocan en las malas acciones pasadas. La verdadera disciplina mira hacia un mejor comportamiento en el futuro—para el bien de todos. Busca canalizar el querer en la dirección de lo correcto y desarrollar el dominio propio, siempre bajo la guía del Espíritu Santo. Recuerde que existen dos clases de disciplina: la preventiva y la reaccionaria. Debemos siempre considerar la disciplina como parte íntegra del discipulado de nuestros alumnos. He aquí algunos principios y sugerencias que pueden facilitar el proceso para mejorar esta parte importante de nuestra labor como líderes:

I. Pautas generales para una disciplina eficaz:

A. Establecer una relación positiva con los alumnos

Debemos procurar llegar a ser parte integral de la vida de ellos. Debemos conversar con ellos, aprovechando toda oportunidad que se presente, tanto dentro como fuera de la iglesia, de lo que sea importante para su vida. Llámelos por teléfono, envíeles por correo notas de motivación y brinde generosamente palabras de estímulo y gratitud. Sea sensible al Espíritu Santo y a las necesidades particulares de cada niño.

B. Prepararse bien para las clases

Hay que tener todo listo con anticipación. Llegue antes de la hora de clase para hacer los arreglos necesarios y estar presente y dar la bienvenida a los alumnos que lleguen. Con frecuencia los problemas de disciplina surgen más por falta de una buena preparación por parte de la consejera que por culpa de los alumnos.

C. Mantener en orden el área de la reunión

Los niños responden a lo que los rodea. Si ellos perciben desorden en el aula, conducirá a desorden en el comportamiento. Las distracciones que se producen en el ambiente producen indisciplina. Estos factores se deben controlar, hasta donde sea posible.

D. Supervisar y estar alerta en todo momento, ser constante

Se debe mantener una vigilancia continua, sobre todo durante los tiempos de transición de un lugar a otro o de una actividad o otra, por eso es importante trabajar en equipo. Trabaje por lo menos con dos personas para cualquier grupo de alumnos, además de perseverar en los propósitos de conducta establecidos, sin fluctuar.

E. Dar buen ejemplo y procurar mantener rutinas estables

Tal como el ejemplo de Cristo ayudó a sus seguidores a saber conducirse debidamente, la consejera fiel en su propia vida trazará el camino correcto delante de sus alumnas. La confianza de rutinas conocidas les infundirá confianza y seguridad, siempre que hayan las modificaciones necesarias y suficiente variedad para mantener el interés.

F. Establecer límites de conducta aceptable

Nuestros alumnos necesitan—y en sus corazones los desean—límites y control, siempre que sean justos y razonables. Es importante que ellos sepan lo que se espera de ellos. Las reglas deben ser pocas, cortas, sencillas, y fáciles de seguir.

II. Ejemplos de reglas básicas, dignas de usar:

A. "Seré amable". ("Vamos a ser amables con todos siempre".) Base bíblica: Efesios 4:32 y Colosenses 3:12

B. "Voy a respetar a otros". ("Vamos a respetarnos los unos a los otros".) Base bíblica: I Pedro 2:17 y I Tesalonicenses 5:12,13

C. "Voy a cumplir en todo". ("Vamos todos a hacer lo mejor que podamos".) Base bíblica: Colosenses 3:17 y II Pedro 3:14

III. Pasos del procedimiento correcto (junto con la oración) para enfrentar y corregir el comportamiento no aceptable:

A. Hacer referencia, en tono de voz normal, a "la importancia de portarnos bien"

En forma de interacción global, mencione las reglas y enfoque de manera general la regla que no se cumplió. ORE brevemente con todos, pidiendo la ayuda de Dios "para portarnos mejor, como Tú quieres que lo hagamos, Señor". Si no se resuelve la situación, hay que seguir a otro nivel de interacción: la individual.

B. Iniciar la interacción individual MÍNIMA

Mirar directamente al alumno o a la alumna que está fuera de orden, sin decir nada; acercarse a él/ella y ponerle la mano suavemente en el hombro; retire cualquier objeto "culpable" (si lo hay), para guardárselo hasta el final de la clase.

C. Avanzar a una interacción individual MODERADA

Llame por el nombre al alumno, sin avergonzarlo ni humillarlo, usando un tono de voz suave y natural. Si es necesario hable con él en privado. Ore con el niño y pídale que también ore con usted por la situación que se presentó. Busque textos bíblicos afines al problema; apunte los aspectos continuos del problema y muéstrele al alumno, con el fin de buscar un acuerdo con él para aliviar la situación, para el bien de todos.

D. Seguir una interacción individual MÁXIMA si es necesario

Consulte con la Coordinadora y/o el Pastor sobre el asunto, y si es necesario también con los padres, pidiendo su consejo, ayuda, cooperación y ORACIÓN. De ser posible, siempre mencione elementos positivos en presencia del alumno con otras personas, pero procure sólo hablar del aspecto negativo del comportamiento cuando el alumno no está presente, para no aumentar la ira ni la rebeldía.

Nota: Si el comportamiento es violento o pone en peligro a otros, hay que buscar medidas rápidas y adecuadas, en cooperación con las personas cercanas, en determinada situación.

Hay que tener presente que la disciplina cristiana enfoca las buenas relaciones con Dios, con los superiores y con los semejantes. La disciplina busca desarrollar verdaderos discípulos de Cristo y tiene su base en principios bíblicos como el amor y la confianza juntamente con la obediencia.

La información e ideas para este anexo fueron tomadas en parte, traducidas y adaptadas de las siguientes fuentes:

* *Focus on Children: A Handbook for Teachers*, Dick Gruber, GPH, Springfield, Missouri, 1993.

* *Focus on Early Childhood: A Handbook for Teachers*, Sharon Ellard, GPH, Springfield, Missouri, 1993.

* *Misionettes Leader Training Guide*, Women's Ministries Department, Assemblies of God, GPH, Springfield, Missouri, 1998.

Anexo 2–Juegos como parte de la enseñanza de Arco Iris

Los juegos son parte de la enseñanza preescolar y constituyen uno de los métodos de mayor beneficio que conducen no solamente a momentos agradables en la clase sino también hacia resultados duraderos. Alguien ha dicho que "el niño necesita del juego como del alimento". Es cierto, un niño que no juega es "anémico", social y moralmente.

Hay ciertos pasos y procedimientos que permitirán al maestro llegar con éxito a la meta propuesta. A continuación vemos algunas sugerencias para orientar a los líderes del grupo de Arco Iris a utilizar al máximo la metodología de los juegos.

❖ Estudie bien el juego antes de utilizarlo con los alumnos, para poder explicarlo bien.

❖ Tenga todo el material necesario listo y a mano.

❖ Haga participar activamente a todos los niños en los juegos sea como jugadores o jueces.

❖ Siga estos pasos para llevar a cabo un juego:

   a. Tenga en su mente la ubicación de los alumnos para el juego.

   b. Explique a los niños breve y claramente de que se trata el juego. No entre en muchos detalles.

   c. Explique las reglas generales.

   d. Haga aclaraciones en el proceso del juego si es necesario.

   e. Finalice el juego. Elogie el buen comportamiento y las habilidades destacadas, así como también los esfuerzos de los menos hábiles.

❖ Evite el juego personal.

❖ Mantenga durante todo el juego el interés y el entusiasmo, y antes de notar que éstos decaen, suspenda el juego; así no pierden los niños el deseo de jugar en otra ocasión.

❖ No explique el juego mientras no guarden silencio.

❖ Procure no ridiculizar a los jugadores.

❖ Haga las correcciones con suma prudencia, buscando no herir susceptibilidades.

❖ No repita con mucha frecuencia el mismo juego; es mejor la variación.

❖ Enseñe a los niños que deben ajustarse a las leyes del juego así como a acatar las decisiones de los "jueces".

❖ Mantenga una actitud alegre, simpática y comprensiva durante el tiempo del juego.

❖ Aproveche los juegos para dar nociones de higiene.

❖ Converse a solas con un niño o una niña que provoque dificultades durante el juego, después de haberlo/la retirado sin escándalo. Al corregirlo, procure que el tono de su voz sea suave y sus gestos serenos.

❖ No olvide que los minusválidos pueden participar, bien como jueces o como organizadores, recordando que los débiles y los retrasados mentales necesitan de la ayuda y de la comprensión del maestro.

❖ Recuerde que a los niños les encanta cuando sus líderes toman parte en sus actividades, esto ayuda a incrementar el cariño y confianza entre ellos.

Hay que tener presente siempre que el juego no es sólo un pasatiempo, sino que su fin primordial es la formación del carácter, y "lo que se aprende jugando" se va a poner en práctica en muchas otras áreas de la vida, incluyendo, sobre todo, los niveles sociales y espirituales.

Anexo 3–El porque de los trabajos manuales en Arco Iris

Todos los que trabajan en cualquier área de la educación cristiana, están conscientes que las personas aprenden más de lo que hacen que de lo que oyen o miran. El hecho de utilizar los trabajos manuales en Arco Iris resulta indispensable como método eficaz para dirigir y mantener a los alumnos enfocados en la lección.

El participar en los trabajos manuales es un acto motor y ocupa un lugar importante en la realización y la reflexión de los alumnos. Los sentidos motrices de los niños son motivados a desarrollar sus habilidades y talentos desde esta edad. Además permite al maestro observar la singularidad del alumno, por más parecidos que salgan los trabajos hechos. Ana María Junyent F. aclara en su libro *"El trabajo manual"* que existen varias finalidades o metas del trabajo manual. (Editorial Andrés Bello, Santiago de Chile, 1989, pp. 31, 32), entre ellas:

◆ Lograr una adecuada coordinación dinámica manual

◆ Desarrollar la capacidad instrumental de la mano

◆ Ayudar a desarrollar cualidades de la personalidad (por ejemplo, la paciencia)

◆ Estimular un compromiso de "terminar lo que comenzó"

◆ Aprender a usar la creatividad para resolver problemas

Junyent también menciona (p. 34) que los trabajos manuales se pueden clasificar en tres áreas, que son:

1. Trabajos productivos, que se plasman en una realidad objetiva

2. Trabajos problemáticos, tendientes a dar solución a un problema determinado

3. Trabajos de aprendizaje específico, por ejemplo, cómo armar o desarmar algo

Por medio de los trabajos manuales en Arco Iris, se pueden reforzar áreas donde el aprendizaje ha sido insuficiente. Por ejemplo, repetir actividades con determinada técnica cuando se nota que ésta da buenos resultados con su grupo en particular. En cambio, por medio de una evaluación honesta, a veces es necesario reemplazar cierto tipo de trabajo manual por otro ya comprado; cuando el primero no produce los resultados buscados o crea frustraciones o falta en el cumplimiento de los objetivos planteados. Se debe ser creativo y flexible y mantener siempre en mente los enfoques principales del programa de Arco Iris.

Receta para arcilla artificial o plastilina

Conocida como plastilina o masilla, del libro *Métodos de enseñanz,* por Luisa Jeter de Walker, Editorial Vida, 1996, p. 111:

✐ 1 taza de harina de trigo

✐ 1/2 taza de sal de mesa

✐ 1 cucharadita de alumbre (sulfato) en polvo

✐ Suficiente agua o glicerina con unas gotas de colorante vegetal o de comida

Mezcle bien los ingredientes secos y agregue suficiente agua o glicerina para que tome la consistencia deseada para moldear objetos. Después de echarle el color deseado, amáselo bien para que el color sea parejo. La masa se suaviza con agua, pero cuando no está en uso hay que guardarla envuelta en un paño húmedo para que no forme una costra dura. Si la hace con glicerina no se pone dura.

Anexo 4–Enseñanza de cantos en Arco Iris

El segmento de canto debe ser un período bien planeado y ordenado. El maestro debe dirigir a los niños para que canten con comprensión y la ayuda del Espíritu (1 Corintios 14:15).

¿Por qué enseñar cantos a los niños?

A. Es una manera de dar expresión a los sentimientos y pensamientos.

B. Los cantos preparan el ambiente para recibir la Palabra de Dios.

C. Enseñan verdades bíblicas que quedan grabadas en la mente del niño.

D. Es una de las mejores maneras de adorar a Dios.

E. Refuerza el enfoque de la clase, de manera placentera y duradera.

Las ayudas visuales en la enseñanza de cantos

A. Ayuda al niño en la comprensión del mensaje del canto.

B. Use ilustraciones sencillas.

C. Use trabajo artístico atractivo.

D. Las visuales deben ser suficientemente grandes para que las puedan ver.

E. Con los Arco Iris, es mejor usar dibujos u objetos en vez de letras y palabras.

F. Aquí hay algunas ideas en las que usted puede presentar los cantos a los niños:

    1. En forma de libro

    2. En forma de tarjeta

    3. En el franelógrafo

    4. Por medio de ademanes (mímicas)

    5. Por medio del drama

Cómo enseñar el canto

A. Enseñe la melodía (la tonada) primero. (Cántela solo y no se disculpe por su voz.)

B. Explique la letra e ideas difíciles, si las hay. (Sea breve.)

C. Haga que los niños repitan la letra.

D. Cante otra vez solo.

E. Cántelo con los niños.

F. Deje que los niños lo canten solos. (Esto puede ser después de haberlo cantado varias veces juntamente con usted.)

Cómo dirigir los cantos con entusiasmo

A. Corriga enseguida errores en la melodía o la letra.

B. Mueva la mano al compás (ritmo) de la melodía, para indicar tonos altos y bajos.

C. Mantenga una sonrisa siempre y aproveche esta maravillosa técnica para que Dios sea honrado y glorificado.

Cuestionario del curso de capacitación para líderes de Arco Iris

Nombres y apellidos: ———————————————————— Edad: ——————————————

Cargo en Misioneritas ————————————————— Tiempo en el cargo: ————————————

Iglesia: ————————————————————— Pastor: ———————————————————

Después de haber estudiado el "Curso de capacitación" del programa de ARCO IRIS para América Latina y el Caribe, responda a las preguntas que se dan a continuación, según como se pida en cada sección.

I. Encierre con un círculo la "F" para "Falso" o la "C" para "Cierto", en las siguientes declaraciones que se expresan (3 puntos cada pregunta x 15=45 puntos):

F   C   1.   El programa de Arco Iris se basa en cinco propósitos.

F   C   2.   El lema de los Arco Iris es "Obedeceremos".

F   C   3.   Se usan los colores muy poco en el desarrollo del programa de Arco Iris.

F   C   4.   El plan completo para Arco Iris abarca dos años de estudios.

F   C   5.   La primera unidad en Arco Iris se llama "Unidad Rojo".

F   C   6.   La última unidad en Arco Iris se llama "Unidad Corona".

F   C   7.   Hay seis unidades de estudio durante el primer año, también en el segundo año.

F   C   8.   Arco Iris funcionaría mejor siempre cuando hay un solo líder en la clase.

F   C   9.   Todos los niños son diferentes.

F   C   10.   El niño o la niña Arco Iris necesita sentir la aprobación de su líder.

F   C   11.   El plan de la salvación es demasiado complicado para un niño o una niña de la edad de Arco Iris.

F   C   12.   Los Arco Iris deben orar siempre como grupo, nunca individualmente.

F   C   13.   El niño aprende gran parte de sus conocimientos por imitación.

F   C   **14.** La verdadera disciplina mira hacia un mejor comportamiento en el futuro.

F   C   **15.** Por regla general, los niños se acostumbran rápido cuando tienen confianza.

II. **Llene los espacios. Escriba la(s) palabra(s) correcta(s), para completar las declaraciones siguientes (2 puntos cada pregunta=14 puntos) :**

16. El niño inicia su aprendizaje a través de los —————————— . Todo su ————— toma parte activa en este proceso.

17. Unas de los propósitos de Arco Iris es familiarizar a los niños con el mundo de Dios y su creación,

su ——————————————— e ————————————— , enseñándoles que ellos

son ——————————————— ——————————————— para Dios.

18. La Promesa de Arco Iris dice así: "Como Arco Iris, debo obedecer, ———————————

———————————————————————————— .

19. Para una buena disciplina en Arco Iris, es importante establecer los —————————— de

una conducta ————————————— .

20. Con los Arco Iris, siempre hay que comunicar usando palabras ————————————— .

21. Cada padre de familia debe ———————————————— con el programa de Arco   Iris.

22. Luisa de Walker insta que "La ——————————————— ——————————————— es

uno de los medios más potentes de la ——————————————— ".

III. Emparejamiento. Escriba la letra correcta en cada espacio frente a las oraciones. (2 puntos cada pregunta=16 puntos):

_____ 23. Todo lo cree y todo le es literal

_____ 24. Destrezas en desarrollo

_____ 25. Capaz de orar con fe y creer en Dios

_____ 26. Tiene mucha imaginación

_____ 27. Imita todo lo que ve y oye

_____ 28. Es muy afectuoso

_____ 29. Egoísta, todo es "mío"

_____ 30. Corta concentración

A. Limitar actividades y variarlas

B. Enfocar lo personal y el compartir

C. Hablar la verdad, evitar simbolismos

D. Demostrar cariño por igual

E. Usar objetos adecuados

F. Enseñar y proveer oportunidades

G. Dar, en todo, ejemplo digno

H. Aprovechar la creatividad

IV. Respuestas breves. Escriba con sus propias palabras el porque se deben usar estos enfoques en las enseñanzas con los alumnos Arco Iris:

31. Las ventajas de usar juegos en la enseñanza de Arco Iris. (9 puntos)

32. El uso continuo del término "Vamos a" en el desarrollo de las sesiones. (8 puntos)

33. El alternar entre la participación activa y la pasiva, por parte de los alumnos. (8 puntos)

Verificación de las respuestas

1. Página 6

2. Página 7

3. Página 6, 8

4. Página 6, 8

5. Página 8

6. Página 8

7. Página 3

8. Página 10

9. Página 12

10. Página 13

11. Página 16, 17, 18

12. Página 31

13. Página 12

14. Página 20

15. Página 12

16. Página 12

17. Página 6

18. Página 7, 39

19. Página 20

20. Página 14

21. Página 11

22. Página 13

23.-30. Página 19

31. Página 22

32. Página 30

33. Página 30

Planes de clase para
el programa de
ARCO IRIS

Primer año

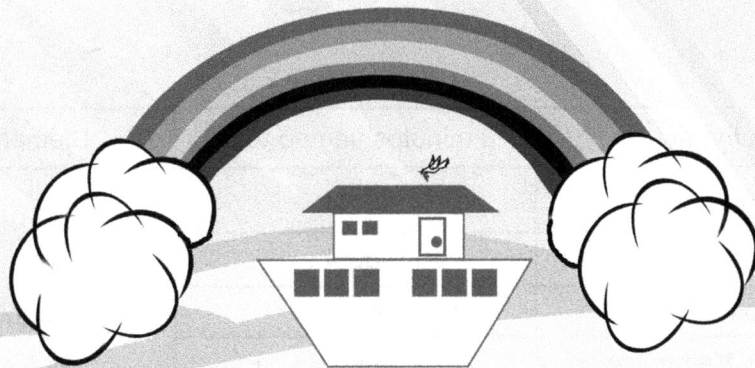

Guía del Plan de Clase para el programa Arco Iris

En Arco Iris todo elemento de la clase tiene el título "Vamos a …." para cada segmento de acuerdo con el momento didáctico en el Plan de Clase. Se usa "Vamos a …" porque es un término que nos ayuda a incluir a todos los niños y sirve para guiarlos de manera natural y amena. Además evita el uso repetitivo de mandatos que a veces provocan rebelión en ciertos niños. La mayoría de Arco Iris de 3 y 4 años responderán positivamente al oír "Vamos a …" porque desean hacer lo que hacen los otros. Les gusta sentirse parte del grupo, y les gusta disfrutar de actividades como: cantar, escuchar, jugar, etc.

Hay que planificar cada actividad para alternar entre la participación activa y la participación pasiva del alumno. Vale la pena aclarar la diferencia entre estos dos términos. Sencillamente dicho, la participación activa incluye movimientos físicos de los músculos grandes, de manera rápida y con fuerza (ejemplo: marchar, cantar en voz alta y hacer mímicas grandes a la vez, correr, brincar, gritar, etc.), siempre con propósito didáctico y coordinado por los líderes. La participación pasiva es sobre todo tranquila, con actividad mental y algunos movimientos de menor grado (ejemplo: abrir y cerrar los ojos, hablar o cantar en voz baja, hacer mímicas suaves y lentas, escuchar, levantar la mano, ver figuras u objetos, etc.) Lo pasivo busca tranquilizar y lo activo procura estimular, y es necesario que haya un buen equilibrio entre los dos. El exceso de actividades pasivas produce que los niños se aburran y el exceso de participación activa produce que los niños se agiten o se cansen. Para niños y niñas de Arco Iris, el alternar entre estas dos clases de actividades les ayudará mucho en el manejo eficaz de la clase, el control y la buena disciplina, y todos los participantes—tanto maestros como niños—saldrán más felices y mejor realizados al haber pasado juntos ratos muy agradables y beneficiosos.

Toda sesión de Arco Iris debe incluir los diez segmentos siguientes, cada uno durará seis minutos máximo, es decir una hora de clase:

1. "Vamos a Iniciar"--	6 minutos tiempo total	Siempre al principio
2. "Vamos a Alabar"	igual	
3. "Vamos a Citar"	igual	
4. "Vamos a Orar"	igual	Se puede variar
5. "Vamos a Memorizar"	igual	el orden de estos
6. "Vamos a Cantar"	igual	segmentos.
7. "Vamos a Escuchar"	igual	
8. "Vamos a Jugar"	igual	
9. "Vamos a Recordar"	igual	siempre al final
10. "Vamos a Ordenar"	igual	siempre al final

El orden de los segmentos puede variar, excepto el 1, 9 y 10 en cada clase. Lo importante es incluir todos los segmentos. A continuación, se presenta una breve explicación del contenido de cada segmento:

"ARCO IRIS, vamos a ..."

1. Iniciar

Iniciar es la primera actividad que se realizará en la clase. Debe preparar todo los materiales que se usarán en esta sección, antes que llegue el primer alumno, con quien da inicio enseguida. Vamos a Iniciar incluye: (a) un repaso y refuerzo de algo que ya se ha enseñado, o (b) una introducción al tema central de la clase por dar.

La actividad debe ser algo que el niño puede realizar individualmente, pero siempre bajo la supervisión y orientación del líder. Por eso se recomienda que haya dos líderes presentes desde temprano, uno para recibir a los niños, saludar a los padres, etc. y el otro se encarga de dirigir la actividad inicial con los demás alumnos.

2. Alabar

Una vez que la mayoría de los alumnos estén presentes y todos hayan disfrutado algo de la actividad inicial, se pasa inmediatamente al segmento Vamos a alabar. Debe cantar coros de acuerdo al enfoque de la clase. En el transcurso de este segmento, el líder encargado usará varias veces la frase "Vamos a ALABAR a Dios cantando…". Si se decide recoger ofrenda en la clase Arco Iris, este es el momento y la sección para realizarlo. Prepare una caja, si puede decorarla como arco iris sería mejor. En esta caja enseñe a los niños a depositar la ofrenda que sirve para ayudar a la iglesia.

3. Citar

Aquí los niños junto con sus líderes van a citar de memoria el lema, la cita bíblica, la promesa y el coro lema. Si puede haga ayudas visuales (por ejemplo: dibujos del arco iris, la Biblia, etc.) que servirán para guiar a los alumnos en lo que van a citar. Puede levantar la mano derecha o colocarla sobre el corazón al decir la promesa, o citarla utilizando mímicas. Sirve además para dar un sentir común entre todos, y será siempre algo "conocido y seguro" en medio del enfoque particular y nuevo de cada hora de clase. ¡Nunca deben faltar estos elementos fundamentales!

4. Orar

¡Los niños Arco Iris sí pueden y sí deben aprender a orar con confianza y con fervor! Hay que enseñarles que "Orar es hablar con Dios" y que "Dios siempre nos oye aunque no lo vemos". Ellos captarán cómo orar del ejemplo de los líderes y maestros de la clase. Hay lecciones dirigidas especificamente a la importancia de la oración, pero en toda clase debe haber este tiempo para escuchar las peticiones que los niños tengan. Por la edad de los Arco Iris, es posible que sus peticiones provoquen risa en nosotros. Por favor tenga cuidado de no reírse de las peticiones que son sinceras. También ellos aprenderán con sus líderes a mantener un balance saludable entre pedir y dar gracias a Dios. Al principio la mayoría orará en conjunto con su líder, repitiendo frases cortas, pero más tarde hay que animarles a orar uno por uno, a veces junto al grupo y a veces a solas con Dios. ¡Qué privilegio el nuestro, enseñar a estos pequeños que la oración es tan agradable, tan emocionante, y tan especial!

5. Memorizar

Cuando los alumnos de Arco Iris van a memorizar su versículo bíblico, la persona responsable de enseñarlo siempre debe tener la Biblia en la mano. Los niños necesitan comprender, aunque no sepan leer, que la verdad aprendida viene directamente de la Palabra de Dios. Esto va creando respeto por la Biblia. Hay que mencionar con frecuencia que "Dios nos habla a través de la Biblia". Por medio de la Biblia entendemos cuánto Dios nos ama y cuánto cuidado tiene de nosotros.

La meta de este proceso de memorización no es una simple repetición de palabras, sino lograr sembrar un verdadero amor por la Palabra de Dios. (NOTA: los versículos bíblicos son tomados de la Nueva Versión Internacional para que los niños capten mejor el significado de la Escritura.)

6. Cantar

¿Por qué tener dos segmentos relacionados al canto? ¡Porque a los niños les encanta cantar y porque ellos aprenden cantando! Es mejor cantar dos veces en períodos cortos que tener un tiempo muy prolongado de sólo cantos. En el libro *La dicha de ganar niños para Cristo*, Frank Coleman nos dice: "En la música hay poder, especialmente para los más pequeños. La verdad del evangelio con la combinación de la melodía y el ritmo ha entrado en el corazón para permanecer". El canto libera la energía y las emociones. La música es una actividad tanto didáctica como cooperativa. En este segmento hay canciones que se sugieren para cuadrar con el estudio del día, preparando corazones y mentes para recibir la enseñanza. Así que, ¡cantemos con gozo juntamente con nuestros Arco Iris! (NOTA: Se puede abreviar este segmento si el tiempo se hace corto.)

7.   Escuchar

A todo el mundo le gusta una historia bien narrada, ¿verdad? Cuánto más los alumnos de la edad de los Arco Iris. La escritora Luisa Jeter de Walker, en su libro *Métodos de Enseñanza*, nos enseña que "El método narrativo es la enseñanza mediante historias. Cristo, el mejor maestro de todos, lo usaba con frecuencia, y también lo usaban los profetas para dar mayor fuerza y claridad a sus mensajes". Para contar las historias en las clases de Arco Iris, se usarán varios métodos como: títeres, dramas, personajes bíblicos, dibujos, cuadros, objetos y otros, para lograr momentos agradables con los niños.

Es importante que el líder sepa bien la historia que va a compartir. Al relatar la historia, el líder debe hablar claramente, usando el lenguaje que los niños puedan entender, siendo dramático en el desarrollo, y utilizando conversaciones directas cuando sea posible. Siempre se debe guiar por la verdad del relato. Si presentamos escenas, conversaciones o acciones imaginarias, se debe utilizar frases como: "puede ser que…", "quizás", "podemos imaginarnos que", u otras semejantes. Procuremos siempre que los alumnos en Arco Iris puedan "vivir" la realidad del suceso contado y sentir algo de las emociones involucradas; entonces van a recordar mucho mejor la clase, juntamente con las verdades enseñadas.

8.   Jugar

"Los niños aprenden jugando", es una frase que se escucha frecuentemente. Es cierto, el juego es uno de los métodos mejores para fijar e integrar las verdades enseñadas, y a la vez provee una aplicación apropiada del aprendizaje para la mente de los alumnos de esta edad. Los niños aprenden sin darse cuenta, pues sólo saben que están disfrutando de una actividad que les llama mucho la atención y que satisface sus necesidades de actividad y compañerismo. El segmento "Vamos a jugar" tendrá como fin el repaso, refuerzo y aplicación de la meta de la clase. Este tiempo de juego tiene que ser más que sencillamente "un juego para jugar". Al escuchar "Vamos a jugar…" los alumnos estarán listos a participar.

9.   Recordar

Este segmento servirá sobre todo para la evaluación de lo que los niños han aprendido. Al decir el maestro o la maestra de Arco Iris, "Vamos a recordar…", él o ella sabrá que es el momento de verificar si de verdad se han logrado o no los objetivos de la sesión. Es el momento de "calificar" o medir el nivel de aprendizaje de los alumnos y anotarlo en el registro indicado.

10.   Ordenar

Los niños de Arco Iris necesitan la buena disciplina de ayudar a ordenar el aula antes de salir para su casa. Las rutinas son muy importantes para niños de esta edad. Aunque la "ayuda" pueda ser de mínimo valor en cuanto al trabajo verdadero, el hecho de participar en el proceso es un hábito de mucha importancia en la formación del niño. Hasta el último momento que los alumnos de Arco Iris están bajo nuestro cuidado, estamos enseñándoles y dándoles la mano para desarrollar el carácter en todos los niveles. Cuando ellos salen de la clase con la satisfacción de haber terminado con éxito todo lo que se les ofreció para hacer, van a querer regresar la semana siguiente para continuar su aventura como Arco Iris. Si después de ordenar todo, le sobra tiempo o unos padres tardan en llegar, puede realizar un juego sencillo de repaso o de refuerzo, cantar un coro, o volver a decir el lema, la promesa, etc.

Nota importante: Aunque no se mencionó una sesión especifica para refrigerio, usted lo puede ofrecer en cualquier momento conveniente, si desea incluirlo. No se recomienda tener siempre "una gran fiesta", pero proveer al menos agua o alguna bebida sencilla sin exceso de azúcar, ayudará a no tener niños con sed, que los hace más inquietos de lo normal. De vez en cuando, para algo especial, se puede agregar otras comidas. Es mejor evitar el uso excesivo de dulces, caramelos, confites, etc., porque el azúcar de este tipo produce mucha energía en los niños. Se recomienda frutas, verduras, queso, pan, etc, para celebrar los logros al completar una unidad. Si desea pueden entregar a los niños algún premio especial en reconocimiento por su trabajo. ¡Hay que celebrar los avances en su Plan de Premios! Para ocasiones especiales como días feriados o cumpleaños, puede pedir la colaboración de los padres para tener algo de comida y brindar a los niños.

Unidad Arca

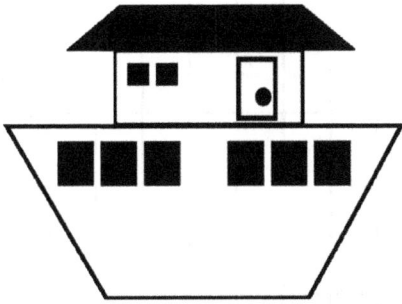 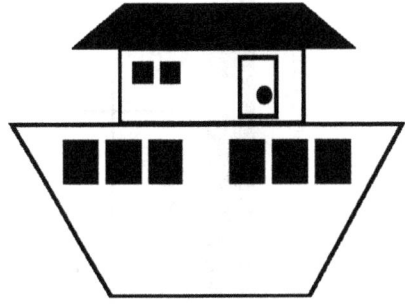

Unidad Paloma

Unidad Rojo

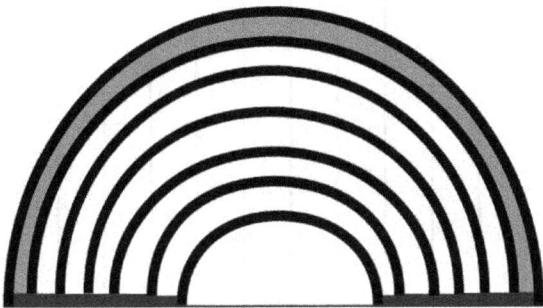 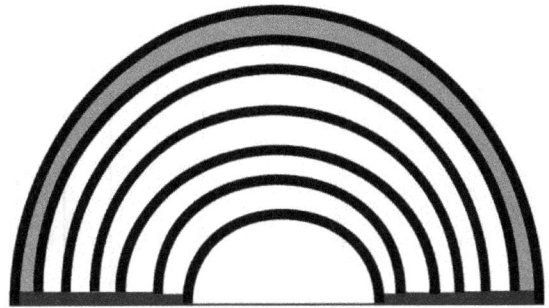

Arco Iris

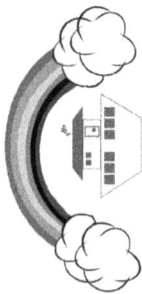

Registro del cumplimiento y progreso por unidad

Nombre y apellido	Edad	ARCA Fecha cumplimiento	ARCA Reconocimiento	PALOMA Fecha cumplimiento	PALOMA Reconocimiento	ROJO Fecha cumplimiento	ROJO Reconocimiento
1							
2							
3							
4							
5							
6							
7							
8							
9							
10							
11							
12							
13							
14							
15							
16							
17							
18							
19							
20							

UNIDAD ARCA

"Familias felices"

"Dios me hizo especial"

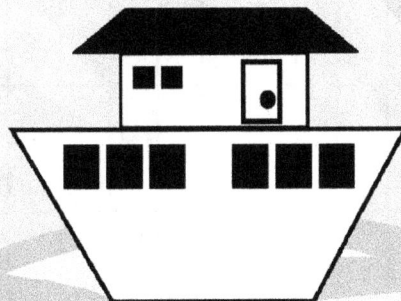

Requisitos para obtener la insignia ARCA

- Asistir a las clases con un mínimo de 60% (5 de 8 clases)
- Cantar el coro "En el arca de Noé" u otro parecido
- Decir de memoria Josué 24:15
- Decir de memoria Efesios 1:4

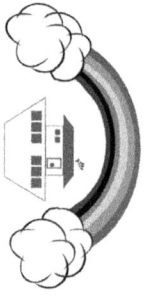

Hoja de control de asistencia y progreso de plan de premios

Unidad Arca

Fecha	Nombre y apellido(s)	Clase #1	Clase #2	Clase #3	Clase #4	Clase #5	Clase #6	Clase #7	Clase #8	Coro	Josué 24:15	Efesios 1:4
1												
2												
3												
4												
5												
6												
7												
8												
9												
10												
11												
12												
13												
14												
15												
16												
17												
18												
19												
20												

Plan de Clase #1

El niño Noé nació en una familia

Trasfondo bíblico:

Génesis 5:28-32

Versículo bíblico para memorizar:

"Mi familia y yo serviremos al Señor".
— Josué 24:15

Enfoque del mes:

"Familias Felices"

Meta general:

"Dios desea que mi familia y yo seamos felices y obedientes a Él".

Objetivos:

- Que los alumnos sepan que Dios desea familias felices y obedientes.

- Que los alumnos deseen obedecer y que aprendan a ser felices en sus familias.

- Que los alumnos digan de memoria Josué 24:15.

Vamos a iniciar

Por ser la primera clase, tenga a mano la carta a los padres de familia y entréguesela cuando lleguen con su niño a la clase. Pídales que traigan llena la hoja de información y la devuelvan a uno de los líderes o maestros de Arco Iris. Esta información le servirá al líder de Arco Iris para preparar la hoja de asistencia. Hay un modelo de la "Hoja de control de asistencia y progreso de plan de premios" para la Unidad Arca anexo a esta unidad.

Pida la colaboración de voluntarios para la primera reunión, así podrán responder a preguntas y dudas de los padres de familia sobre Arco Iris.

Dé la bienvenida a los niños ya que esta es la primera clase de Arco Iris. Enséñeles el uniforme, es decir el chaleco que ellos pueden obtener después de cumplir con los requisitos necesarios. Es posible que algunos niños lloren porque no conocen el lugar ni a los maestros. Tenga a mano varios dulces para ofrecer a los niños por la inauguración del programa.

Pregúnteles si se acuerdan cómo eran ellos cuando eran bebés. Entregue a cada uno un plato de papel, la cartulina recortada y pegamento blanco. Permita que cada uno haga un retrato de un bebé. Ayúdeles con el pegamento y los círculos ya cortados para hacer la cara. Mantenga una conversación amistosa a base de preguntas sobre la familia, si tienen hermanos y cómo se llaman, si hay un bebé en la familia ahora, si viven cerca de la iglesia, etc. Dígales que Dios desea que haya familias felices, aunque tengamos problemas y debemos amar a Dios y obedecerlo. Cuando terminen las caritas, dígales que han hecho un trabajo excelente y que en Arco Iris van a divertirse mucho y aprender cosas importantes. Escriba el nombre de cada niño al dorse de los platos y guarde los trabajos para el segmento "Vamos a escuchar".

Vamos a alabar

Recoja la ofrenda en un recipiente con la insignia de Arco Iris pegada por fuera.

Forme un círculo y pida a los niños que se tomen de la mano para orar dando gracias a Dios por nuestras familias y por el deseo de que tengamos familias felices.

Vamos a citar:

Haga que los niños digan con usted por lo menos dos veces para que vayan memorizándoselo:

Lema: "Los Arco Iris ayudan y obedecen".

Cita bíblica: Éxodo 24:7 dice "Obedeceremos"

Promesa: (con mímica)

Como Arco Iris	(manos formando un arco)
debo obedecer	(pararse bien recto)
Como Arco Iris	(manos formando un arco)
debo prometer	(señalar la boca),
Amar a Cristo	(señalar hacia arriba),
de corazón	(brazos cruzados sobre el pecho)
y ayudar a otros como buena acción.	(mover manos y pies).

Coro:

"Yo soy un Arco Iris, promesa de mi Dios, yo quiero siempre obedecer y amar a mi amigo Jesús.

Yo soy un Arco Iris, promesa de mi Dios, comparto mi felicidad con amigos como tú, y tú y tú."

Vamos a orar:

Pregunte si los niños y niñas necesitan que ore por algún problema o necesidad que tengan. Explíqueles que orar es conversar con Dios, así como lo están haciendo en ese momento.

Vamos a memorizar:

"Mi familia y yo serviremos al Señor".— Josué 24:15

Lleve a la clase algo que sirva "de micrófono" (un tubo de cartulina, un palo corto, una cuchara, etc.). Pida que todos se sienten en el suelo. Dios quiere que todos tengamos familias felices, y hoy vamos a aprender de la Biblia un versículo muy importante que nos enseña cómo tener lo que Dios desea. (Léalo de la Biblia.)

Saque el "micrófono" y permita a cada uno de los niños tome el "micrófono" y que diga el versículo. Ayúdeles para que lo puedan decir correctamente.

Vamos a cantar:

Cante : "Padre Abraham". Enséñeles para que lo aprendan.

Vamos a escuchar:

(Siéntese con los niños en círculo; tenga a mano los trabajos que hicieron en "Iniciar".)

Hoy hablamos, cantamos y aprendimos un versículo bíblico acerca de la familia. Para Dios la familia es muy importante. Pero, ¿cómo llega una persona a vivir en una familia? ¿Cómo llegaron ustedes a ser parte de su familia? ¡Como un bebé! Vamos a ver los trabajos que hicieron al iniciar la clase *(mostrar rápidamente a cada uno su trabajo, nombrando a cada alumno).* Ahora vamos a escuchar la historia de un bebé que nació hace muchos años. *(Abra la Biblia y manténgala abierta a Génesis 5:28-32, no lea de ella.)*

Hace mucho en un país muy lejano había un padre de familia que se llamaba Lamec. Lamec amaba mucho a Dios, y le obedecía en todo. Llegó un día muy especial cuando nació en la familia de Lamec un bebé. ¿A cuántos de ustedes les gusta ver a los bebés? *(Si pudo invitar a una madre con bebé permita que los niños hagan preguntas acerca del bebé.)* Lamec se puso contento cuando nació en su familia este bebé. Vamos a ver quién puede mostrarnos la gran sonrisa que tenía Lamec cuando nació el bebé en su familia. *(Permita que los niños muestren la "sonrisa más grande".)* Así mismo debía haber sonreído Lamec. Me imagino que su papá y su mamá sonrieron cuando nacieron cada uno de ustedes en su familia.

¿Por qué estaba tan feliz Lamec cuando nació su hijo? *(Permita comentarios.)* La Biblia nos dice que Lamec se puso tan contento cuando nació su hijo, porque creyó que él iba a crecer y hacer cosas muy importantes para Dios y para los hombres. ¿Qué creía Lamec que su hijo iba a hacer? *("cosas grandes para Dios y para los hombres".)*

Es verdad, porque el bebé, a quien le pusieron por nombre Noé, creció en la familia de Lamec hasta ser grande. Ahora, vamos todos a ponernos de pie, para ver cuan grandes y cuan altos van a crecer. *(Pida a los alumnos que se paren y extiendan los brazos hacia arriba lo más que puedan, y que miren hacia las manos para ver cuanto van a crecer.)*

El niño Noé aprendió a ser feliz en su familia. Muéstrenme todos la sonrisa feliz del niño Noé. ¡Ah, qué lindos son ustedes con estas sonrisas tan felices! El niño Noé también aprendió a amar a Dios y a sus padres, y a obedecerlos. ¿Cuántos de ustedes aman a Dios? ¿Cuántos aman a su papá y a su mamá? ¿Cuántos desean obedecer a su padres? Y ¿cuántos, igual que el niño Noé, desean obedecer a Dios? ¡Qué bueno! Yo también quiero ser fiel a Dios, y obedecerle todos los días de mi vida.

¿Saben algo muy importante? Dios tiene cosas muy importantes para cada uno de ustedes en su vida, igual como tenía para el niño Noé, y lo importante ahora es gozarse con su familia, obedecer a sus padres y a Dios, para que Dios los use como Él desea.

(Ore pidiendo a Dios que nos ayude a ser obedientes y felices en la familia que nos ha dado.)

Vamos a jugar

"La casa de la familia feliz"

Saque las cuerdas o hilos de aproximadamente 50 cm cada uno (medio metro o 20 pulgadas), uno por niño.

Entregue a cada niño su cuerda o hilo, explicando que entre todos "Vamos a formar una casa bien grande donde vive una familia feliz". Ayude a los niños a colocar las cuerdas en el piso para formar un cuadrado o rectángulo. Diga a los niños que deben ganarse el derecho de entrar a la casa al decir el versículo bíblico, "Mi familia y yo serviremos al Señor".—Josué 24:15. Ayúdeles para que todos puedan entrar en la casa.

Vamos a recordar

Pida a los niños que se sienten. Explíqueles que la persona que quiere contestar una pregunta debe levantar la mano. Después de hacer las tres preguntas a los alumnos que levantaron la mano, vuelva a preguntar las mismas, pero esta vez llamando por nombre a los alumnos que no levantaron la mano. Permita que todos participen.

Con su Biblia en la mano haga las siguientes preguntas:

(1) ¿Quién se acuerda lo que creía Lamec que su hijo iba a hacer?

(Hacer cosas grandes para Dios y para los hombres.)

(2) ¿Quién me dice cómo se llamaba el hijo de Lamec?

(Noé)

(3) ¿Cómo se sentía Lamec, el papá de Noé, cuando nació el bebé en la familia?
(Se sentía muy feliz.)

Vamos a ordenar

Pida la ayuda de los niños para dejar el salón de clase lo más limpio posible. Al llegar los padres de familia, reciba la hoja de información que llenaron. Dé un abrazo a cada alumno al despedirse y dígale algo como: "Seamos felices con nuestra familia y seamos obedientes—sí, sí, sí". La mayoría de los niños saldrán de la sesión con la palabra "sí" en su boca y mente, y una sonrisa grande.(Entregar las caras hechas durante "Iniciar".)

Lista de materiales

☐ Por ser clase inicial: copias de la carta a los padres de familia y de la hoja de información; firmar cartas, anotar fecha, etc.

☐ INICIAR: platos desechables pequeños, círculos cortados de cartulina (para ojos y boca), pegamento

☐ ALABAR: recipiente con el logo Arco Iris

☐ CITAR: letra (escrita o memorizada) del lema, cita bíblica, promesa y coro; si es posible, CD del coro y grabadora

☐ MEMORIZAR: algo para servir de "micrófono"

☐ ESCUCHAR: invitar a mamá con bebé

☐ JUGAR: cuerdas o hilos cortados

☐ RECORDAR: preguntas escritas

☐ Y lo más importante siempre: LA BIBLIA

Autoevaluación Líder

○ ¿Mis alumnos saben que Dios desea familias felices y obedientes?

○ ¿Entregué a los padres de familia, la carta de bienvenida de Arco Iris?

○ ¿Recibí la hoja de información de cada alumno?

○ ¿He anotado todo en el registro de Arco Iris?

○ ¿Hubo algo deficiente en la clase?

_____

○ ¿Qué debo cambiar o mejorar para la próxima clase?

_____

Carta de bienvenida a Arco Iris

Fecha —————————————————

Iglesia y Lugar —————————————————

—————————————————

Queridos Padres,

¡Gracias por permitir que su hijo (hija) esté con nosotros en la clase de ARCO IRIS! El programa está planeado para ministrar a los niños de tres y cuatro años, sobre todo en el nivel espiritual sin olvidar otras áreas en la vida tierna y preciosa de cada uno de ellos.

Hoy comenzamos la "Unidad Arca" con el enfoque para este mes en "Familias felices". Los niños escucharon varias veces que "Dios desea que mi familia y yo seamos felices y obedientes a Él". Por favor hagan preguntas a su hijo/hija sobre lo que hicimos durante la clase, y repase con él/ella el versículo bíblico: "Mi familia y yo serviremos al Señor" Josué 24:15.

En este proceso para contribuir al desarrollo de la vida espiritual, emocional, social y mental de cada Arco Iris, agradecemos su confianza y apoyo, y estamos siempre a sus órdenes.

Atentamente,   Para contactarme/nos:

Teléfono:

Dirección:

Líder de ARCO IRIS

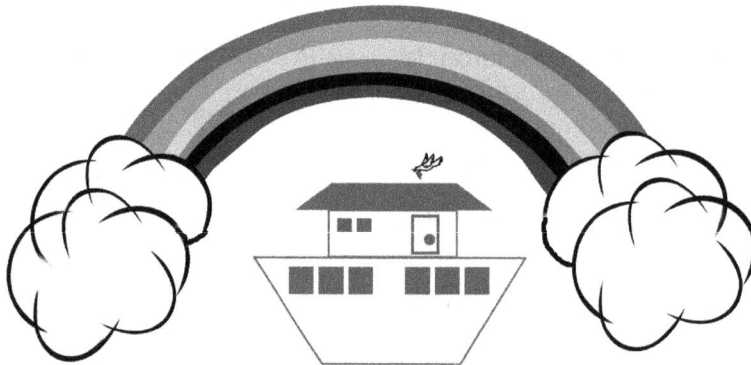

Hoja de información

Nombre(s) y Apellido(s) —————————————————————————————

Fecha de nacimiento ——————————— ¿Cuántos hermanos/hermanas? ———————

Nombre de la mamá ——————————————————————————————

Nombre del papá ———————————————————————————————

Dirección de la casa—————————————————————————————————

Teléfono ——————————————— ¿Mascotas en la casa? ————————————

¿Intereses particulares del niño? ————————————————————————

¿Es alérgico/a a algún alimento? ————————————————————————

Plan de Clase #2

Noé y su familia sirven y obedecen a Dios

Trasfondo bíblico:

Génesis 6:9-18

Versículo bíblico para memorizar:

"Mi familia y yo serviremos al Señor".
—Josué 24:15

Enfoque del mes:

"Familias Felices"

Meta general:

"Dios desea que mi familia y yo seamos felices y obedientes a Él".

Objetivos:

- Que los alumnos sepan que Dios desea familias felices y obedientes.

- Que los alumnos deseen obedecer y aprendan a ser felices con sus familias.

- Que los alumnos digan de memoria Josué 24:15.

Vamos a iniciar

Tenga plastilina (receta, Anexa 3) y papel para proteger la mesa. Guie a los niños hacer una tira con la plastilina y todos juntos con las tiras formen un barco. Pregunte a los niños si les gusta los barcos, el agua, y navegar en barco.

Vamos a alabar

Ore por la ofrenda y enseñe a los Arco Iris que debemos dar de lo que nuestros padres nos han dado para ayudar a la iglesia. Dios ama al dador alegre. Si algún niño no tiene qué dar, enséñeles que no se sientan mal, Dios sabe el deseo de nuestro corazón, la próxima vez Dios proveerá para que puedan ofrendar. Cante con ellos después de que haya recogido la ofrenda: "En el arca de Noé".

"En el arca de Noé caben todos, caben bien,
en el arca de Noé caben todos, tú también.
Vamos a oír como hacen los perritos,
vamos a oír, los perritos dicen así:
guau guau guau".

Vamos a citar

Pida a los niños que digan juntos: el lema, texto bíblico, la promesa y que canten el coro de Arco Iris.

Vamos a orar

Permita a cada niño que desee hacerlo que ore por su familia, ayudándoles cuando sea necesario con palabras y frases.

Vamos a memorizar

"Mi familia y yo serviremos al Señor".
—Josué 24:15.

Con la Biblia en la mano, guíe a los alumnos para que digan varias veces el versículo bíblico.

Vamos a cantar

Canten de nuevo el coro "En el Arca de Noé".

Vamos a escuchar

Con anticipación pinte el dibujo de Noé y su familia que se encuentra al final de esta lección. Refuerce el dibujo en cartulina o cartón. Tenga a mano un paño o retazo de tela, para cubrirse la cabeza cuando haga el papel de Noé.

Enseñe a los alumnos el dibujo, haga preguntas y comentarios acerca de la clase pasada cuando hablaron del niño Noé. Noé creció, se casó y llegó a tener su propia familia. Noé y su familia están felices, porque sirven y obedecen a Dios. Guarde el dibujo, póngase el pañuelo en la cabeza y hable con los niños como si usted fuera Noé:

Eh, niños, estoy tan cansado—sí, muy cansado—pues llevo muchos años trabajando duro—para construir el arca—un barco bien grande que Dios me mandó hacer. Me llamo Noé. ¿Cómo me llamo? *(espere respuestas)* Sí, y mi historia viene del libro más importante del mundo: la Biblia. ¿De dónde viene mi historia? *(espere respuestas)* Para terminar este barco me tomó mucho tiempo, pero otros me ayudaron en el trabajo. Mis tres hijos me ayudaron. ¿A

41

cuántos de ustedes les gusta ayudar a su papá y a su mamá? *(que levanten la mano)* ¡Ay, qué bueno! Pues en mi familia a todos nos gusta ayudar y a todos nos gusta obedecer a Dios. ¿Les gusta obedecer a Dios? *(que levanten las manos)* ¡Claro que sí! Escuchen bien, niños, les voy a contar un poco acerca de lo que le pasó a mi familia. ¿Están listos?

Hace muchos años la gente del mundo era tan mala que Dios decidió destruir a todos. Dios recordó que mi familia y yo le amábamos, le servíamos, y le obedecíamos. Él hizo un plan muy especial para salvarnos. Este plan fue construir un arca, el gran barco donde entraríamos a salvo de la fuerte lluvia que vendría. Estábamos muy felices y comenzamos a cortar árboles para tener madera *(que todos hagan la mímica de cortar madera)* y poder trabajar. ¿Están cansados ya? Pero nos falta mucha madera, porque tiene que ser un arca muy grande. Entonces vamos a cortar más... y más... y más. Ahora tenemos que construir el arca, necesitamos un martillo, ¿me ayudan a buscarlo? Lo encontré y comenzamos a clavar... y a clavar... y a clavar... *(que hagan la mímica de clavar)* las paredes, una ventana, una puerta. Todavía no hemos terminado, tenemos que clavar más... y más... y más. ¿Ya están cansados? A pesar de esto, todos nos sentimos muy felices cuando ayudamos, ¿verdad?

¡Muchas gracias, niños, por toda su ayuda! Demos gracias a Dios por poder ayudar a otros. *(Haga una oración breve, y quítese el pañuelo de la cabeza.)*

Vamos a jugar

"Viajar en barco"

Tenga a mano un pedazo de cartón (de unos 25 cm. por 10 cm., o 10 x 4 pulgadas), con marcas dibujadas para simular madera. Procedimiento con los alumnos: arreglar sillas "en forma de barco" que todos se sienten y vayan pasando "la madera" de uno a otro, mientras el líder da palmadas; cuando pare de palmear, al niño que se quedó con "la madera" le toca decir el versículo bíblico. Siga jugando hasta que varios niños hayan dicho Josué 24:15. Pida a todos los niños que remen para que el barco no se hunda, rápido y más rápido.

Vamos a recordar

Pida a los niños que se pongan de pie, forme dos filas con ellos y pase lista. Cuando termine de pasar lista, haga las siguientes preguntas, repitiendo todo dos o tres veces:

- ¿Qué trabajo pidió Dios a Noé? (Construir un arca, un barco grande)

- ¿Quiénes creen que ayudaron a Noé con su trabajo? (sus hijos, su familia)

- ¿Cómo hicieron el trabajo, felices o tristes? (felices, así como nosotros también debemos ayudar a nuestra familia en el hogar)

Vamos a ordenar

Pida a los niños que le ayuden a ordenar el salón de clase. Si hay tiempo antes que lleguen los padres, vuelva a practicar "Vamos a citar".

Lista de materiales

❑ INICIAR: plastilina, comprada o hecha en casa, según la receta que viene en el Anexo No. 3, "Trabajos Manuales", en el Curso de Capacitación, y papel para proteger la mesa

❑ ESCUCHAR: paño o tela, para el líder o la líder que va a hacer el papel de Noé. El dibujo de Noé y su familia

❑ JUGAR: "tabla" de cartón

❑ Y lo más importante siempre: LA BIBLIA

Autoevaluación Líder

○ ¿Mis alumnos saben que Dios desea familias felices y obedientes?

○ ¿Mis alumnos muestran deseos de obedecer y ayuda con gozo en familia?

○ ¿Mis alumnos pueden decir de memoria Josué 24:15?

○ ¿He anotado en la hoja de control el progreso de los alumnos?

○ ¿He orado por cada niño y cada familia?

○ ¿Hubo algo deficiente en la clase?

_____

○ ¿Qué debo cambiar o mejorar para la próxima clase?

_____

Plan de Clase #3
Familias en el arca

Trasfondo bíblico:

Génesis 6:19-7:24

Versículo bíblico:

"Mi familia y yo serviremos al Señor".
—Josué 24:15

Enfoque del mes:

"Familias felices"

Meta general:

"Dios desea que mi familia y yo seamos felices y obedientes a Él".

Objetivos:

- Que los alumnos sepan que Dios desea familias felices y obedientes.

- Que los alumnos deseen obedecer y aprendan a ser felices en su familia.

- Que los alumnos digan de memoria Josué 24:15.

Vamos a iniciar

Dibuje en cartón o cartulina la silueta de un arca de unos 50 cm. de largo por 30 cm. de alto (20 x 12 pulgadas), y recórtela. Provea lápices de colores para que entre todos los niños pinten el arca en clase. Permita que los niños usen su creatividad, no importa la variedad de colores usados.

Converse con los niños acerca del arca, de Noé y su familia. Pregúnteles sobre los animales que les gustan.

Vamos a alabar

Tenga a mano un recipiente para la ofrenda. Pegue una figura del arca en el recipiente. Expilque a los niños que Dios nos ha dado muchas cosas y que por agradecimiento le damos una parte de todo lo que Él nos da.

Vamos a citar

Haga que los niños digan con usted: el lema, la cita bíblica, la promesa, y que canten el coro de Arco Iris.

Vamos a orar

Forme una ronda, tomados de la mano, y ore por las necesidades que los alumnos tengan; luego den gracias a Dios por las familias. Oren para obedecer a Dios y obedecer en familia.

Vamos a memorizar

"Mi familia y yo serviremos al Señor". —Josué 24:15.

Mientras pasa lista, permita que cada niño diga solo el versículo bíblico. Ayude a cada uno para que lo diga correctamente.

Vamos a cantar

Canten el coro "En el arca de Noé".

"En el arca de Noé caben todos, caben bien,

en el arca de Noé caben todos, tú también.

Vamos a oír como hacen los perritos,

vamos a oír, los perritos dicen así:

guau guau guau".

Use otros animales que sea fácil para que los niños hagan los sonidos de éstos.

Vamos a escuchar

Usando el dorso de la cartulina donde dibujó el arca, pegue el dibujo del arca con los animales y las personas que viene al final de esta lección. Con la Biblia y el dibujo del arca invite a los niños a escuchar la historia. Pregunte a los niños si recuerdan quién construyó el arca. Abra su Biblia en Génesis 6:19 y 7:24 y cuénteles con sus propias palabras la historia de cómo Noé recibió la orden de meter en el arca dos animales de cada especie. Enfatice que Dios quería "un papá y una mamá" de toda clase de animal en el arca para formar las familias. ¿A cuántos les gustaría ver un dibujo de cómo era el arca por dentro? Muestre a los niños la copia del arca con los animales y pídales que mencionen los animales que ven, el sonido que hacen, cómo caminan, etc.

Recuerde a los niños que Dios preparó el arca para salvar la vida de Noé y su familia y salvar los animales. Dios nos ama y quiere que le obedezcamos porque Él sabe lo que es mejor para nuestra vida. Ore con los niños para que Dios nos ayude a ser obedientes y amarlo más cada día.

Vamos a jugar

Carrera de canguro

Prepare un lugar en el salón de clase para hacer este juego. Trace una línea que servirá como meta. Pida a los niños que hagan una fila, todos mirando a la meta. Pida a los niños que brinquen como canguros hasta la meta. Ahora pida a los niños que regresen al punto de partida, pero esta vez deben ir saltando con un pie y alternar al otro, con cada salto deben repetir las siguientes frases: "Dios / desea / que / mi familia / y yo / seamos / felices / y obedientes / a Él". Comente de cómo Noé y su familia estaban felices en el arca porque obedecieron a Dios. Permita dos o tres carreras de canguros más, repitiendo la misma frase.

Vamos a recordar

Tenga copias de la mamá canguro y el hijo para cada alumno (la hoja se encuentra al final de este Plan de Clase). Lleve ya recortado el bebé y la mamá. Recorte las líneas de puntos que están en la barriga de la mamá.

Indíqueles que deben poner el bebé en la barriga de la mamá y explíqueles que Dios creó a los canguros con esa bolsita en su barriga para llevar a los bebés canguros. Pida a cada niño que diga el versículo bíblico: "Mi familia y yo serviremos al Señor". — Josué 25:15 mientras mete y saca el bebé. Guarde los canguros para la próxima clase.

Vamos a ordenar

Pida a los niños que le ayuden a recoger los papeles del suelo, a poner en su lugar las bancas y si tiene acceso a un baño lleve a los niños a lavarse las manos. Dígales que se están alistando para ir a su casa y quiere que sus padres y hermanos estén felices cuando les vean por eso se asean y limpian su salón de clase.

Lista de materiales

❑ Iniciar--arca de cartón y crayones

❑ Escuchar—dibujo de "lo adentro" del arca, pintado de antemano

❑ Recordar—fotocopia de canguros para cada niño, ya recortados, línea abierta

❑ Y lo más importante siempre: LA BIBLIA

Autoevaluación

○ ¿Mis alumnos saben que Dios desea familias felices y obedientes?

○ ¿Mis alumnos muestran deseo de obedecer y ayudar con gozo en familia?

○ ¿Mis alumnos pueden decir de memoria Josué 24:15?

○ ¿He orado por cada niño y su familia?

○ ¿He anotado los logros en la hoja de control

○ Hubo algo deficiente en la clase?

_____

_____

_____

○ ¿Qué debo cambiar o mejorar para la próxima clase?

_____

_____

_____

Plan de Clase #4

Dios da su promesa a todos

Trasfondo bíblico:

Génesis 8:1-9:17

Versículo bíblico:

"Mi familia y yo serviremos al Señor".
—Josué 24:15

Enfoque del mes:

"Familias Felices"

Meta general:

"Dios desea que mi familia y yo seamos felices y obedientes a Él".

Objetivos:

* Que los alumnos sepan que Dios desea familias felices y obedientes.

* Que los alumnos deseen obedecer y aprendan a ser felices en su familia.

* Que los alumnos digan de memoria Josué 24:15.

Vamos a iniciar

Tenga a la mano varios objetos que tengan olor, por ejemplo: un frasco pequeño de vainilla, astillas de canela, colonia, jabón, talco, u otras cosas comunes y corrientes para los niños. Manténgalos en una caja pequeña o algo semejante.

A medida que van llegando los niños, indíqueles que se tapen los ojos con las manos para oler algo muy rico. Pregúnteles si pueden identificar de qué es ese olor. Si algún niño mira, no se preocupe, pero como un juego procure que ninguno lo haga hasta que puedan identificar la fragancia. Mientras los alumnos están disfrutando de los olores buenos, mantenga una conversación con ellos acerca de "como a Dios le gustan las cosas que huelen bien, nuestra obediencia es para Él como un olor mucho más rico que las cosas que estamos oliendo".

Vamos a alabar

Prepare una cajita de jabón para recoger la ofrenda. Pida a un niño voluntario que ore por ella. Ore por los niños que sus padres están pasando dificultades económicas para que Dios supla trabajo.

Vamos a citar

Pida a un voluntario que diga una de los siguientes: el lema de Arco Iris, la cita bíblica, la promesa. Todos canten el coro de Arco Iris.

Vamos a orar

Forme un círculo con todos los niños y empiece diciendo: "Yo doy gracias a Dios por_____". Ayude a los niños a dar gracias a Dios por cualquier cosa que ellos recuerden, la mascota, la familia, por los padres, etc. Cuando todos hayan participado, pídales que se sienten en un círculo en el piso.

Vamos a memorizar

"Mi familia y yo serviremos al Señor".—Josué 24:15.

Pasando la Biblia de mano en mano, pida a los niños que digan el versículo. Recuérdeles que para servir al Señor, tenemos que obedecerle y también decirle "gracias" por todo lo que Él nos da. Al final que todos lo digan juntos.

Vamos a cantar

Al ritmo de "Somos soldaditos" entone la siguiente canción:

Somos Arco Iris nos gusta cantar

de las manos juntos vamos a marchar (marchen)

y daremos gracias a nuestro Señor

Puede variar la palabra "marchar" con saltar, orar, etc.

Vamos a escuchar

Tenga a mano el mismo arca que se usó en la clase anterior, con la copia del arca por dentro pegada al dorso. Prepare un arco iris de cartón o cartulina, más o menos del mismo tamaño del arca. Decore con los seis colores del programa en el orden correcto (morado, azul celeste, verde, amarillo, anaranjado, y rojo en la frenja más afuera).

Muestre el arca y permita a los niños que comenten todo lo que recuerdan de la clase anterior. Ayúdeles cuando sea necesario. Guarde el arca y continúe con la historia. "Tenemos que saber lo que pasó con Noé y su familia y con todos los animales en familia que estaban dentro del arca, ¿verdad? Todos ellos permanecieron en el arca muchos días. Durante 40 días llovió muy fuerte sin parar. ¿A cuántos les gusta cuando deja de llover? Claro que sí, porque pueden salir a jugar, ¿verdad? De la misma manera le sucedió a Noé y a su familia—y me imagino que todos los animales en el arca también—se pusieron bien contentos cuando dejó de llover. Dios le dijo a Noé que saliera del arca junto con toda la familia. ¡Ay, qué felices estaban! Después de muchos días en el arca y de ver sólo agua por todos lados, ellos podían salir y pisar en la tierra una vez más. Vamos todos a pararnos y a caminar alrededor de las sillas, como si estuviéramos con Noé y su familia, saliendo del arca. Todo estaban contentos y extendieron los brazos, y respiraron bien profundo el aire fresco. Vamos a dar brincos como hacían los canguros, también a caminar muy despacio como las tortugas, y a volar como las aves. ¡Ay, qué alegría estar fuera del arca por fin! Pero bueno, antes que nada, debemos pararnos y dar gracias a Dios por cuidarnos todos los días que estuvimos dentro del arca. Todos levantemos las manos y digamos bien fuerte, ¡GRACIAS, DIOS!

Ahora sí podemos sentarnos para descansar un momento. ¿Saben algo? Cuando damos gracias a Dios, Él se pone muy contento. Sí, le es muy agradable, como cuando olimos las cosas al iniciar la clase de hoy, ¿se acuerdan? Así mismo se sintió Dios cuando Noé y su familia le dijeron "Gracias" después de salir del arca. ¿Saben lo que apareció en el cielo? ¡UN GRAN ARCO IRIS¡ ¡El primer arco iris del mundo!

Saque el arco iris que tenía preparado antes de iniciar la clase. Pregunte a los niños si han visto alguna vez un arco iris. ¿Saben lo que dijo Dios cuando Él hizo el primer arco iris? Dios hizo una promesa a todos, dijo que nunca más iba a mandar tanta lluvia sobre este mundo. Y cada vez que vemos un arco iris, podemos recordar que Dios nos hizo a todos una promesa muy importante: ¡que nos ama mucho y nos va a cuidar siempre!

¿Cuántos están contentos por esta gran promesa de Dios? ¡Qué bueno, yo también!

Vamos a jugar

Saque las galletas y el pan que llevó para esta clase. Forme dos filas con los alumnos mirándose unos a otros. Dígales que todos van a participar en el juego. A los niños de una fila reparta galletas, a los niños de la otra fila reparta un pedazo de pan. Pida a la fila que tiene las galletas, que cada uno se acerque al niño que está al frente y que le diga; te doy la mitad de mi galleta a ti. Pida que vuelvan a su lugar. Ahora los niños con el pan van a hacer lo mismo. Te doy la mitad de mi pan. Si tiene problemas con algunos niños para compartir, enséñeles que es bueno compartir. Dios nos dio el arco iris a todos. Él desea que nosotros seamos como es Él, para vivir felices en familia y en obediencia a Él. Anime a los niños a compartir lo que tienen. (Que todos coman, después de una oración breve.)

Vamos a recordar

Saque los canguros de la clase anterior, un cuadro de cartulina para cada alumno y pegamento o goma blanca. Tenga a mano un arco iris pequeño, pintado por usted de manera correcta, uno para cada niño.

Pida que los alumnos peguen la mamá canguro en la cartulina y coloquen el bebé en la barriga, mientras conversan sobre familias felices y el arco iris que Dios nos dio como su promesa de cuidarnos; entregue a cada uno el arco iris, para pegarlo en la cartulina (al dorso). Recuérdeles que Dios cumple sus promesas. Los niños pueden llevar a la casa su trabajo.

Vamos a ordenar

Pida la ayuda de los niños para arreglar el salón de clase. Agradézcales por la ayuda que han brindado. Ore por ellos para que Dios les bendiga y ellos sean felices con sus familias durante la semana. (Si hay tiempo, pueden volver a oler lo usado durante Iniciar.)

Lista de materiales

❑ INICIAR: llevar las cosas para oler

❑ ESCUCHAR: el arca de la semana anterior y el arco iris preparado

❑ JUGAR: galletas y pan

❑ RECORDAR: cartulina cortada, pegamento, los canguros de la clase anterior, y los arco iris pequeños ya pintados para cada niño

❑ Y lo más importante siempre: LA BIBLIA

Autoevaluación

○ ¿Mis alumnos saben que Dios desea familias felices y obedientes?

○ ¿Mis alumnos muestran deseo de obedecer y ayudar con gozo en la familia?

○ ¿Mis alumnos pueden decir de memoria Josué 24:15?

○ ¿Hubo algo deficiente en la clase?

_____

_____

_____

_____

○ ¿Qué debo cambiar o mejorar para la próxima clase?

_____

_____

_____

Notas

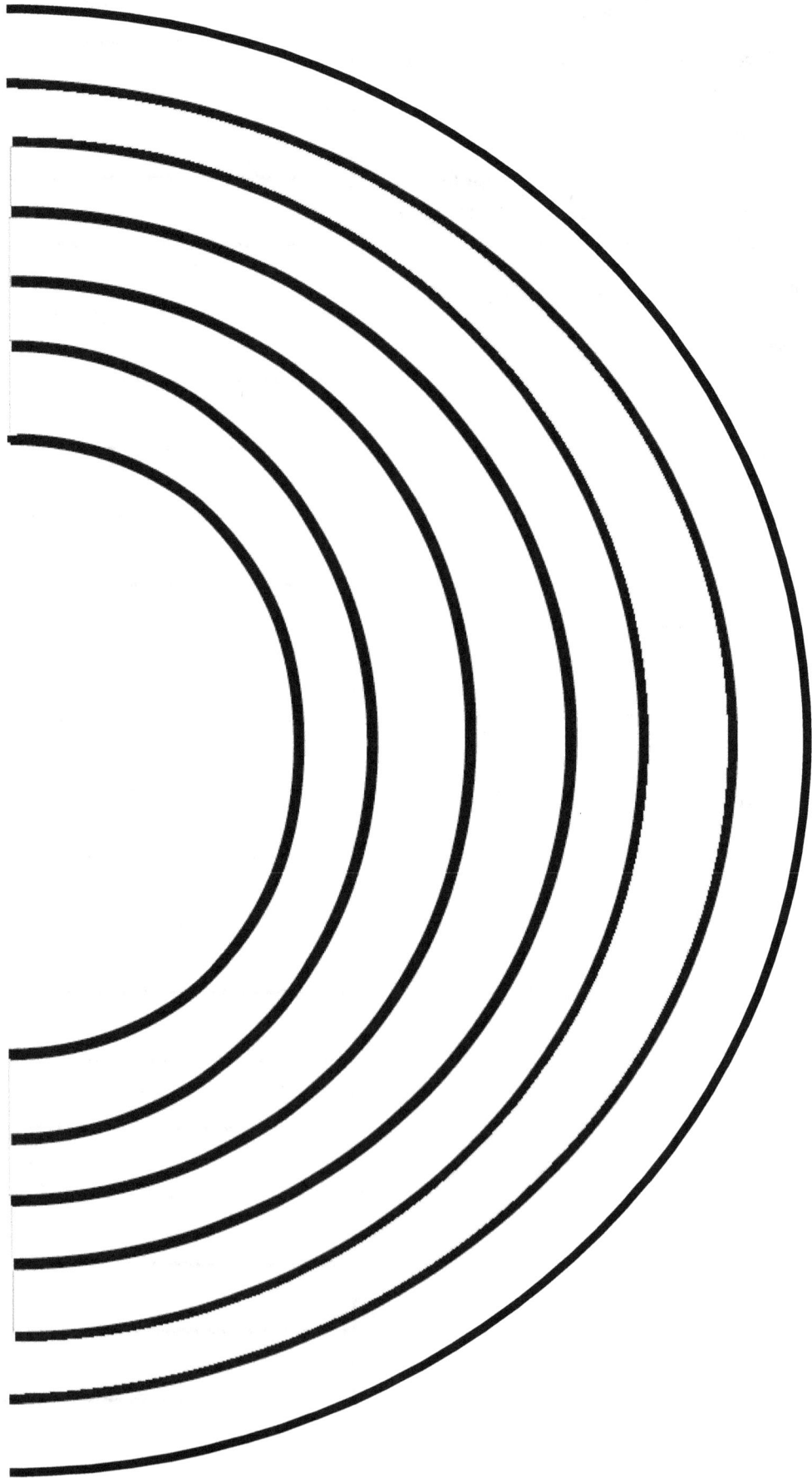

Plan de Clase #5
Soy especial, Dios me hizo como Él quiso

Trasfondo bíblico

Lucas 19:1-10

Versículo bíblico

"Dios nos escogió" —Efesios 1:4

Enfoque del mes

"Dios me hizo especial"

Meta general

"Soy especial para Dios, porque Él me hizo así"

Objetivos

* Que los alumnos entiendan que Dios los hizo como Él quiso.

* Que los alumnos se sientan bien de ser como Dios los hizo.

* Que los alumnos digan de memoria Efesios 1:4.

Vamos a iniciar

Lleve a la clase un espejo o dos, mientras más grande mejor. Cuando vayan llegando los niños invítelos a verse en el espejo y que le digan a usted lo que ellos ven. Pueden hacer diferente caras como feliz, triste, etc. Mientras ellos se miran en el espejo dígales que nuestro rostro puede expresar nuestras emociones. Nombre las partes de la cara y permita que ellos se toquen la nariz o boca, mientras se miran en el espejo. Hábleles de cuán especiales somos todos para Dios y de cómo Él nos hizo precisamente como quería que fuésemos.

Vamos a alabar

Prepare un recipiente para la ofrenda con un recorte de una revista o un dibujo de una cara. Recuerde a los niños que Dios nos hizo como Él quería que fuésemos.

Vamos a citar

Pida a los niños que se pongan de pie y juntos digan: el lema de Arco Iris, la cita bíblica, la promesa, y que canten el coro de Arco Iris.

Vamos a orar

Haga una oración a Dios por nuestro cuerpo y porque Él nos hizo como somos.

Vamos a memorizar

"Dios nos escogió". Efesios 1:4

Con la Biblia abierta en el versículo, repítalo varias veces con todos y explique qué significa "escoger" (tomar o seleccionar algo o a alguien porque nos gusta). Diga a los niños que debemos recordar bien donde se encuentra en la Biblia el versículo y guardarlo bien en el corazón. Vamos a "abrir la puerta" cuando decimos "Efesios 1:4" y cerramos la puerta cuando terminemos de decirlo. Permita que los niños usen las manos como si estuvieran abriendo y cerrando una puerta.

Vamos a cantar

Canten la canción "Todos son de Cristo"

"Ojos, manos, piernas y pies, piernas y pies, piernas y pies; ojos, manos, piernas y pies, todos son de Cristo".

Vamos a escuchar

Pida a los niños que se sienten para que escuchen la historia de hoy. Abra su Biblia en Lucas 19. "La Biblia nos cuenta de un hombre que se llamaba Zaqueo. Un día mientras Zaqueo iba caminando por el pueblo donde vivía, un amigo se le acercó, y le dio buenas noticias, le dijo: "Zaqueo, ¿sabes qué? ¡Hoy viene Jesús a visitar nuestro pueblo! Quiero verlo y escuchar sus enseñanzas. ¿Me quieres acompañar?"

Zaqueo, muy feliz, dijo: "¡Claro que sí, yo quiero ver al Cristo!" Entonces, los dos se dirigieron a donde iba a llegar Cristo, pero llegaron tarde y ya había mucha gente allí. Como Zaqueo era tan bajito, ¡no podía ver nada! No le quedó otro remedio que correr a un árbol, y subirse para poder ver. ¿A cuántos de ustedes les gusta subirse a los árboles? Pues, vamos todos a hacer el papel de Zaqueo subiendo uno por uno a la silla, como si fuera árbol.

Ay, ¡qué bueno! ¡Resultó! Podía ver bien ahora. Y, ¡miren! ¡Allá viene Cristo! Cuando Cristo pasó por donde estaba Zaqueo, lo miró, se paró, ¡y lo llamó por su nombre! –Zaqueo —le dijo—, baja en seguida. Quiero ir contigo a tu casa. Zaqueo asombrado dijo "¿Conmigo? ¿Quieres ir hoy, conmigo a mi casa? ¿Quieres pasar el día conmigo?" Y Cristo, con una gran sonrisa, movió la cabeza para decir que sí.

Lleno de emoción, Zaqueo se bajó del árbol, le dio un abrazo a Cristo, y lo llevó a su casa. Estaba tan feliz porque a Cristo no le importaba si él era bajito o alto, gordito o delgado, blanquito o morenito. Lo que sí sabía era que él era muy especial para Cristo, y eso le llenó de mucha alegría. Todos nosotros podemos sentir la misma alegría, el mismo gozo, porque sabemos que cada uno de nosotros somos muy especiales para nuestro Dios. ¿Cuántos lo creen? Pues, vamos a tomarnos de la mano, y decir todos juntos: "Gracias Dios, porque sé que soy muy especial, y porque me hiciste como Tú querías que yo fuera ".

Vamos a jugar

El Espejo animado

Pida que los niños escojan a un compañero, se paren mirándose y que digan el versículo bíblico "Dios nos escogió". Todo gesto o movimiento que haga uno, lo imita el otro, como "espejo." Recuérdeles que Dios nos ha escogido a todos, y nadie queda fuera de su amor.

Pida que uno de los niños de cada pareja haga un movimiento con el cuerpo o con la cara. Ahora pida al otro compañero que haga el mismo movimiento que su compañero hizo. Pídales que cambien de turno para que participen todos.

Vamos a recordar

Entregue a cada niño tres hilos de lana cortos, de diferente colores. Explique a los niños que entreguen sus tres hilos a tres compañeros diferentes, diciendo cada vez unas de las palabras del versículo bíblico "Dios—nos—escogió". (Guarde los hilos.)

Vamos a ordenar

Pida la ayuda de los niños para ordenar el aula mientras esperan a los padres. Si hay tiempo canten"Todos son de Cristo".

Lista de materiales

❑ INICIAR: llevar espejo(s)

❑ CITAR: CD del coro "Arco Iris" y grabadora

❑ ESCUCHAR: silla fuerte, donde "Zaqueo" puede subirse

❑ RECORDAR: hilos de lana de tres colores diferentes, cortados en tiras de unos 15 cm. (6 pulgadas) cada uno; un juego por niño

❑ Y lo más importante siempre: LA BIBLIA

Auto-evaluación

○ ¿Mis alumnos saben que Dios los hizo?

○ ¿Mis alumnos pueden decir de memoria Efesios 1:4?

○ ¿Oro a diario por cada niño y su familia?

○ ¿Hubo algo deficiente en la clase?

_____

_____

○ ¿Qué debo cambiar o mejorar para la próxima clase?

_____

_____

○ ¿Mantengo al día la lista de asistencia y los datos de logros?

_____

_____

Plan de Clase #6
Hago cosas especiales

Trasfondo bíblico

Hechos 8:26-40

Versículo bíblico

"Dios nos escogió"　　　—Efesios 1:4

Enfoque del mes

"Dios me hizo especial"

Meta general:

"Soy especial para Dios, porque Él me hizo así"

Objetivos

* Que los alumnos sepan que Dios los hizo como Él quiso.

* Que los alumnos estén contentos de cómo Dios los hizo.

* Que los alumnos digan de memoria. Efesios 1:4.

Vamos a iniciar

Forre dos cajas pequeñas vacías con papel liso de cualquier color. Copie, recorte y pegue el gato y el perro de la Hacienda Arco Iris en las cajas. Procure que las figuras estén colocadas hacia la misma dirección. Así quedará un animal completo (de dos lados) en cada caja.

Mientras llegan los niños permítales que escogan una caja de un animalito. Una vez que ellos decidan qué caja, pídales que hagan los sonidos que hace ese animal y que caminen como ese animal. Dígales que estos animales viven en la Hacienda Arco Iris donde caminan, comen, juegan, etc. Ellos hacen todas estas cosas porque Dios los hizo de esta manera. Coménteles sobre las cosas especiales que hacen los niños como jugar, saltar, comer, caminar, etc. Gracias a Dios que nos hizo como somos. Pida a los niños que se sienten en el piso. Ponga en una bolsa las cajas. Ahora saque una caja y pídales que hagan lo que el animal hace. Si está sentado, que permanezcan sentados; si está parado, que todos se pongan de pie. Juegue con ellos por unos minutos.

Vamos a alabar

Prepare un recipiente para recoger la ofrenda. Pida a los niños que den gracias a Dios por los animales, mencionándolos a cada uno. Al final dé gracias a Dios por la ofrenda y la provisión que Dios ha dado a cada familia.

Vamos a citar

Pida a los niños que se pongan de pie. Pídales que digan el lema de Arco Iris, la cita bíblica, la promesa, y que canten el coro de Arco Iris.

Vamos a orar

Pida a los niños que todos se arrodillen con usted, porque "Vamos a orar". Ya de rodillas, pida peticiones y ore por ellas. Permita que los niños repitan, frase por frase, la oración que usted les dirige. Dé gracias a Dios porque nos ha hecho hábiles para hacer muchas cosas.

Vamos a memorizar

Es el momento para repasar el versículo bíblico: Efesios 1:4, "Dios nos escogió". Pida a los niños que hagan dos filas, una de niñas y la otra de niños. Pida que todos digan el versículo. Haga una competencia para ver cuál grupo lo puede decir mejor.

Vamos a cantar

Cante "Todos son de Cristo", señalando las partes del cuerpo al mencionarlas. Ayude a los niños nuevos a aprender el canto.

Vamos a escuchar

Lea de antemano Hechos 8:26–40. Esta es una historia muy bonita y queremos que los niños aprendan la importancia de compartir las buenas nuevas de la salvación de Cristo. Hay algunos puntos principales de la historia que se deben enfatizar a los niños:

A. Felipe amaba mucho a Cristo, y quería que otros también lo amaran.

B. Felipe estaba dispuesto a caminar muy lejos para compartir con otros la salvación.

C. Felipe habló a muchas personas en una ciudad, y muchos creyeron.

D. Un ángel de Dios lo dirigió muy lejos de la ciudad para que hablará con un hombre al cual le explicó la palabra de Dios, y él creyó en Dios.

Pida la ayuda de una persona de la iglesia para hacer el papel de Felipe, o bien puede contar la historia con un títere. No necesita mencionar los nombres de lugares ni de otros personajes de la historia, pues para los niños de esta edad esto no es de mucha importancia. Permita que los niños hagan los movimientos que Felipe va a hacer como: caminar, sentarse, saltar.

Soy Felipe, amo mucho a Dios. ¿Ustedes aman a Dios? Me gusta contar a los demás de las grandes cosas que Dios hace. No sólo en mi vida sino en la vida de aquellos que creen en su nombre. ¿Ustedes creen en Dios?

Un día un ángel de Dios me dijo que debía ir a un pueblo pequeño para predicar a cierto hombre. Así que caminé y caminé. A veces salté y salté. Pero hacía tanto sol que tuve que sentarme para descansar. Llegué a dónde estaba un hombre leyendo una parte de la Biblia. Me acerqué y le pregunté si entendía lo que leía. Me dijo que no. Empiecé a compartir con él acerca de Jesús. Él creyó en Jesús y lo aceptó en su corazón.

¿Ustedes han aceptado a Jesús como Salvador? Es necesario que digamos a otros niños que Jesús nos ama. ¿Quieren compartir con otros niños que Jesús nos ama?

Aceptar a Jesús es creer en Él y dejar que nos ayude a ser obedientes y a vivir felices. ¿Cuántos quieren aceptar a Jesús como Salvador de su vida? (Dé tiempo para que los niños decidan y ore por ellos.)

Vamos a jugar
Abiertos y cerrados

Dios nos hizo muy especiales. Somos capaces de hacer muchas actividades físicas con nuestro cuerpo. Pida que los niños formen una ronda. Dé la oportunidad a cada niño de hacer algún gesto como: abrir y cerrar los ojos, la boca, las manos, los dedos, los brazos, las piernas, etc., y pida que los demás niños lo imiten. Como líder usted debe comenzar el juego y ayudar a los alumnos durante éste.

Vamos a recordar

Así en círculo como están, dígales que se tomen de la mano para decir juntos Efesios 1:4 "Dios nos escogió". Pida a los niños que marchen para decir el versículo varias veces.

Vamos a ordenar

Pida la ayuda de los niños para poner todo en orden en su salón. Recuérdeles que los Arco Iris ayudan y obedecen.

Lista de materiales
❑ INICIAR: arte de gato y perro, pintados y preparados en cajitas; una bolsa o caja donde guardarlos

❑ CITAR: CD del coro "Arco Iris" y grabadora

❑ CANTAR: letra de "Todos son de Cristo"

❑ ESCUCHAR: "disfraz" para Felipe o títere

❑ Y lo más importante siempre: LA BIBLIA

Autoevaluación
○ ¿Mis alumnos saben que Dios los hizo?

○ ¿Mis alumnos pueden decir de memoria Efesios 1:4?

○ ¿Oro a diario por cada niño y su familia?

○ ¿Hubo algo deficiente en la clase?

_____

_____

○ ¿Mantengo al día la lista de asistencia y los datos de logros?

_____

_____

Animales de la Hacienda Arco Iris

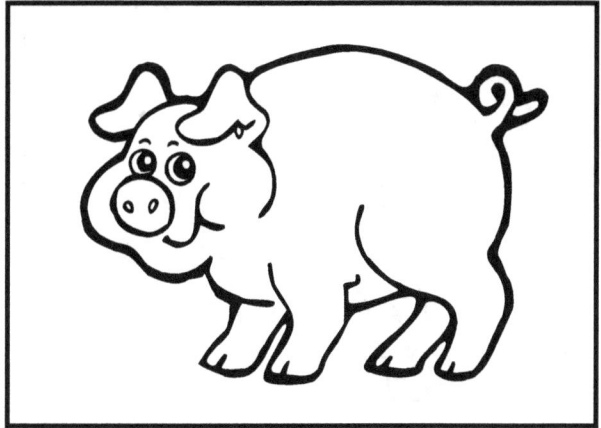

Plan de Clase #7

Soy especial por dentro

Trasfondo bíblico

Lucas 8:41-42, 49-56

Versículo bíblico

"Dios nos escogió".   —Efesios 1:4

Enfoque del mes

"Dios me hizo especial"

Meta general

"Soy especial para Dios, porque Él me hizo así"

Objetivos

* Que los alumnos sepan que Dios los hizo como Él quiso.

* Que los alumnos estén contentos de cómo Dios los hizo.

* Que los alumnos digan de memoria. Efesios 1:4.

Vamos a iniciar

Si es posible, consiga un estetoscopio. También prepare dos frascos plásticos pequeños, cada uno con "algo que huela bien rico" (por ejemplo: canela, jabón de baño, una flor que da olor, etc.), y cubra los frascos para que los niños no vean qué hay en ellos.

A medida que lleguen los niños a la clase, invítelos a "oler algo bien rico" y permita que descubran de qué es ese olor. Mantenga una conversación amena acerca de lo especial que Dios nos hizo por dentro, con habilidades excelentes para hacer muchas cosas como jugar, pensar, amar, etc. Explíqueles que los olores nos protegen del peligro. Por ejemplo, el humo nos advierte sobre un incendio y el olor feo de alimentos en mal estado nos dice que no debemos comer algo que nos podría enfermar. Si logra conseguir prestado un estetoscopio, también hábleles a los alumnos de otra cosa muy especial que tenemos por dentro, algo muy importante que Dios nos dio: el corazón, sin el cual ninguno de nosotros podríamos vivir. Al permitir a todo niño, por turno, escuchar el palpitar de su corazón, siga comentando de lo especial que somos por dentro y cuán especiales somos para Dios, porque Él nos hizo así.

Vamos a alabar

Pida a los niños que formen dos filas y canten "Cristo ama a los niñitos".

Prepare un recipiente si va a recoger una ofrenda. Ore por ella y recuerde a los niños que Dios nos ha dado todas las cosas. Agradézcales por la ofrenda.

Vamos a citar

Pida a los niños que digan con usted: el lema de Arco Iris, la cita bíblica, la promesa, y canten todos el coro de Arco Iris.

Vamos a orar

Oren agradeciendo a Dios por cómo nos hizo por dentro, con partes muy especiales que no podemos ver pero que necesitamos para vivir. Pregunte a los niños si tienen alguna petición de oración para orar por ellas.

Vamos a memorizar

Versículo bíblico, Efesios 1:4, "Dios nos escogió"; pida a los niños que junten las manos y que cuando usted diga "Biblia", ellos abran las manos formando un librito con ellas. Diga: "Con la Biblia en mi mano, la abro y leo en Efesios 1:4, Dios nos escogió". Haga este ejercicio varias veces para que los niños puedan memorizarse el versículo bíblico.

Vamos a cantar

Vuelvan a cantar los mismos coros que cantaron durante la sesión de "Alabar".

Vamos a escuchar

Lea Lucas 8:41,42, 49-56 antes de la clase. Prepare para cada alumno una copia de la niña enferma/sana, con el pelo y las sandalias pintadas. No pinte donde va el corazón ni el vestido; péguela sobre una ficha de 10 cm x 15 cm (4 x 6 pulgadas) o cartulina cortada. Tenga a mano un corazón de papel rojo o pintado y el vestido para la niña de cualquier color.

Prepare un ejemplo que se usará durante la historia bíblica, sin colocar el vestido hasta el momento en la historia cuando "la niña se levanta y se viste para poder ir a jugar con sus amigos". Si puede, prepare una caja pequeña que usará como la cama de la niña. Pida a los niños que se sienten en el piso para escuchar la historia de la Biblia:

—Un hombre llamado Jairo estaba muy triste. ¡No sabía qué hacer! Su hijita, su preciosa niñita estaba muy enferma, y él temía que ella muriera. La niña tenía muchos días de estar en cama (saque la cama y la niña en ella). Estaba tan débil que no podía levantarse de la cama. ¡Con razón el papá estaba triste! ¿Cuántos de ustedes han estado enfermos y en cama? (Pida que los niños se coloquen la mano en la frente, para ver si tienen calentura.) Ah, ¡qué bueno! Estamos todos bien, y no enfermos como la niña de la historia en la Biblia. ¿Saben lo que decidió hacer el papá de la niña? Decidió buscar a Jesús. Cuando lo encontró, le dijo: "Querido Jesús, mi pequeña hija está muriendo; por favor, ven conmigo a mi casa donde ella está enferma en cama, y tócala. Yo sé que la puedes sanar". ¿Saben lo que hizo Jesús? Se fue con Jairo a su casa. Mientras iban de camino, vino un hombre de la casa de Jairo a su encuentro y le dijo: "No es necesario molestar más al Señor Jesucristo, porque tu hija ya está muerta, su corazón no palpita más." Pero Jesús miró al padre y le dijo: "No temas, sólo confía en mí y la niña vivirá". Cuando llegaron a la casa, Jesús entró donde estaba la niña en su cama, la tomó de la mano y le dijo: "pequeña, es el momento de levantarte". La niña comenzó a moverse y se levantó de la cama, con una gran sonrisa. ¡El Señor Jesucristo la sanó! Ahora su corazón palpita como debe, tal como el nuestro lo hace. Pida a los niños que se pongan la mano sobre el pecho para sentir el latido de su corazón. La niña estaba bien y no le dolía nada. ¡Qué bueno! "Denle algo de comer", dijo Jesús. Pero, le falta algo, ¿verdad? Sí, su ropa. Vamos a ponerle un vestido, para que después de comer, se pueda ir a jugar con sus amigos, ¿les parece? (Pegue el vestido a la niña). ¿A cuántos les gustaría comer algo como la niña que sanó el Señor Jesucristo? Reparta entre todos porciones pequeñas de pan o galleta, algo común y corriente del pueblo donde viven. Antes de comerlo, haga una corta oración dando gracias a Dios por lo especial que Él nos hizo por dentro y por el gozo de poder comer cosas tan buenas como el pan.

Vamos a jugar

"La carrera soplada"

Lleve a la clase dos objetos iguales, que se muevan fácilmente cuando los niños soplen, como bolas de algodón, pelotas para jugar ping pong, plumas, hojas, etc. Si no dispone de una mesa en el aula, lleve una bandeja, una cartulina o algo plano sobre el cual se puedan colocar los objetos para la "carrera soplada".

Anunciar que "vamos a hacer un juego, en el cual vamos a utilizar algo muy especial que todos tenemos, que Dios nos dio, por el cual podemos respirar—¡tomen aire y soplen!". Formen dos equipos para hacer la carrera soplada. Coloque los objetos sobre la mesa o cartulina, dejando una distancia de 50 cm. (20 pulgadas) entre ellos, pida a los primeros alumnos de cada equipo que "tomen aire" y luego soplen con toda su fuerza para mover su objeto lo más lejos posible del lugar de partida hasta llegar al otro extremo de la mesa. Permita que todos participen en el concurso.

Vamos a recordar

Tenga a mano la niña de papel que se usó en Escuchar. Entregue a cada alumno una ficha con la niña y un corazón. Indíqueles que peguen el vestido y el corazón donde indica el dibujo. Pegue el vestido sólo en los hombros, para que se pueda ver luego el corazón, que es una parte muy especial de lo que somos por dentro. Durante esta actividad de repaso, mantenga una conversación con los niños sobre la historia bíblica y también repase el versículo bíblico, Efesios 1:4, "Dios nos escogió".

Vamos a ordenar

Como siempre, dirija a los alumnos para ayudar a ordenar el salón de clase mientras esperan a los padres.

Lista de materiales

❑ INICIAR: estetoscopio, frascos con algo para oler

❑ CITAR: casete del coro "Arco Iris" y toca casete (grabadora)

❑ ESCUCHAR: una niña de papel con su corazón y vestido, según las indicaciones; pan o galletas

❑ JUGAR: dos objetos iguales para "la carrera soplada"

❑ RECORDAR: "niñas" preparadas de acuerdo a las indicaciones, corazones y vestidos; pegamento y fichas o cartulina

❑ Y lo más importante siempre: LA BIBLIA

Autoevaluación

○ ¿Mis alumnos saben que Dios los hizo?

○ ¿Mis alumnos están contentos de cómo Dios los hizo?

○ ¿Mis alumnos pueden decir de memoria Efesios 1:4?

○ ¿Mantengo al día la lista de asistencia y los datos de logros?

○ ¿Hubo algo deficiente en la clase?

_____

_____

○ ¿Qué debo mejorar para la próxima clase?

_____

_____

Notas

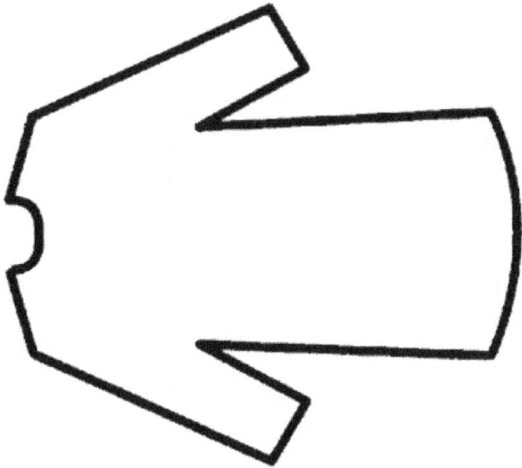
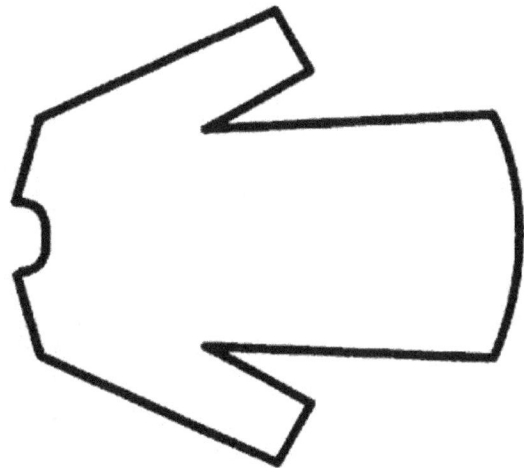

Plan de Clase #8

Soy especial por fuera

Trasfondo bíblico:

Marcos 10:13–16

Versículo bíblico:

"Dios nos escogió".   — Efesios 1:4

Enfoque del mes:

"Dios me hizo especial"

Meta general:

"Soy especial para Dios, porque Él me hizo así"

Objetivos:

* Que mis alumnos sepan que Dios los hizo como Él quiso.

* Que mis alumnos estén contentos de cómo Dios los hizo.

* Que mis alumnos digan de memoria Efesios 1:4.

Vamos a iniciar

Antes de la clase escriba el nombre de cada niño en la cartulina donde van a ir las huellas, y que cada niño la imprima bajo el nombre de cada uno.

Mientras llegan los niños al salón de clase, dígales lo especial que Dios nos hizo por fuera. Somos diferentes el uno del otro y Dios nos conoce a todos bien. Pídales que se miren a los dedos de la mano y que se toquen las yemas de los dedos para ver si pueden sentir algo especial. Explíqueles que aunque no se pueden distinguir bien con los ojos, cada uno tiene huellas digitales, esas pequeñas líneas en las puntas de los dedos que nos hacen diferentes a todos los demás.

¡No hay dos personas en todo el mundo que las tengan iguales—ni papá, ni mamá, ni los hermanos, ni los abuelos, ni los tíos, ni los primos, ni los amigos! Permita que cada uno haga la impresión del pulgar de la mano derecha, presione con algo de firmeza el pulgar sobre la almohadilla y después aplíquela sobre la cartulina. Limpie el dedo del alumno inmediatamente. Anime a los alumnos a examinar bien su propia huella digital para apreciar lo especial que Dios nos hizo a todos por fuera. Permita que los niños vean todas las huellas cuando haya terminado de imprimirlas todas. Aunque se parecen mucho, no son iguales, ¡porque cada uno es único y especial!

Vamos a alabar

Si va a recoger ofrenda, puede hacerlo en este momento. "Vamos a alabar a Dios con nuestras ofrendas". Cante uno de los coros que se han usando en los estudios "Soy Especial".

Vamos a citar

Pida a los niños que digan con usted el lema, la cita bíblica, la promesa, y que canten el coro de Arco Iris.

Vamos a orar

Haga una ronda, para participar en una "oración dramatizada". Pida a los niños que hagan los siguientes movimientos después de usted (brazos levantados) "Gracias, Dios por hacernos tan especiales," (dando palmadas) por manos que dan palmadas 1-2-3, (brincando) por pies con que podemos brincar 1-2-3, (abriendo y cerrando los ojos) por ojos que se abren y se cierran 1-2-3, (manos sobre rodillas) por rodillas que se mueven bien, y por la cabeza; (brazos levantados) gracias Dios, por hacernos especiales, amén.

Vamos a memorizar

En ronda, pida a los niños que digan todos juntos "Dios nos escogió, Efesios 1:4", parados sobre un pie y luego sobre el otro.

Vamos a cantar

Cante "Cristo me ama" y "Cristo ama a los niñitos".

Vamos a escuchar

"Abrazos de Jesús"

Estudie antes Marcos 10:13–16. Con todos los niños sentados y su Biblia abierta en Marcos 10:13–16, comience con las siguientes preguntas: "¿A cuántos de ustedes les gusta recibir abrazos? ¿A cuántos de ustedes les gusta dar abrazos? Pues hoy, nuestra historia bíblica tiene que ver con los abrazos de Jesús.

Jesús ama mucho a los niños. Todos los niños, tanto ustedes como los niños en el mundo son muy amados y especiales para Jesús. La Biblia nos narra de un día que Jesús andaba con sus amigos visitando a personas, orando por ellas, y las personas recibiendo bendiciones. A lo lejos había muchos niños con sus padres. Los padres querían que Jesús los tocara, les diera abrazos, y que orara por ellos también. Así que los niños corrieron hacia Jesús. Pero, ¿saben algo triste? Los amigos de Jesús no dejaron a los niños acercarse a Él. Ellos pensaban que iban a molestar a Jesús. ¿No podían ver que Jesús estaba muy ocupado? Ah, me imagino que los niños se pusieron muy tristes. Vamos todos a poner la cara triste como los niños lo hicieron. Pero, ¡un momento! Cuando Jesús vio lo que sus amigos hacían, lo que estaba pasando, dijo: "¡No digan a los niños que se vayan! Dejen que los niños vengan a mí, porque son muy importantes y muy especiales para mí". Entonces los niños corrieron hacia Él. Él los tomo en sus brazos, y dio a cada uno un abrazo. También les dijo cuán especiales son los niños en el Reino de Dios. Hoy no podemos recibir un abrazo directamente de Jesús, pero sí podemos darnos abrazos los unos a los otros, como si estuviera Él aquí con nosotros, y así sentir su amor y saber que somos todos especiales para Él. (Pida a los niños que se den un abrazo y se digan los unos a los otros, "Jesucristo nos ama a todos".)

Vamos a jugar

"Concierto de piano"

Los niños se sientan y colocan las manos sobre las rodillas como para tocar el piano. Comience a cantar una canción conocida por todos, mientras hacen los movimientos con los dedos y con las manos como si estuvieran tocando un piano. Ahora cante la canción pero esta vez "tocando el tambor". Diga a los niños de lo bueno que es Dios al darnos habilidad para tocar instrumentos y cantar.

Vamos a recordar

Lleve a la clase una cinta de medir o un metro. Tenga tres hojas grandes de papel en blanco (tipo periódico), ya pegadas anticipadamente a la pared del aula; tenga a mano crayones o lápices de color.

Pida a dos alumnos—un niño y una niña—que sirvan "de modelo" para dibujar la silueta de el/ella, en la hoja, mientras los demás observan. Hágalo rápidamente. Luego entregue a cada alumno un crayón o lápiz de color, para dibujar dentro de la silueta lo que todos podemos ver por fuera: pelo, ojos, nariz, labios, ropa, zapatos, etc. Se puede distribuir el trabajo como desee para "completar" la silueta del niño y de la niña. Mientras van marcando lo indicado, usted los llama, uno por uno, "para ver qué tan grande eres" y lo mide a cada uno, parado en la tercera hoja, y escribiendo el nombre del alumno junto a la raya que corresponde. Pídale a cada uno que repita "Dios nos escogió". Al combinar las dos actividades artísticas, se mantienen a todos los alumnos ocupados. Mantenga una conversación amena, recordándoles "lo especial que somos para Dios" y "cómo Él nos escogió a todos para ser amados por Él y para amarnos los unos a los otros".

Vamos a ordenar

Mientras esperan a los padres, que los alumnos ayuden a ordenar el área de la clase, "porque los Arco Iris ayudan y obedecen". Deje las tres hojas puestas hasta que hayan llegado los padres, para que cada niño muestre a sus padres su altura y su arte, diciéndoles "lo especial que somos cada uno para Dios".(Que se lleven las huellas hechas durante Iniciar.)

Lista de materiales

❑ INICIAR: almohadilla con tinta, paño húmedo, cartulina recortada en cuadros

❑ CITAR: casete del coro "Arco Iris" y toca casete (grabadora)

❑ RECORDAR: cinta o regla de medir, tres hojas grandes de papel, cinta "masking" o escotch, crayones o lápices de color

❑ Y lo más importante siempre: LA BIBLIA

Autoevaluación

○ ¿Logramos cumplir con los objetivos?

○ ¿Mis alumnos saben que Dios los hizo?

○ ¿Mis alumnos están contentos de cómo Dios los hizo?

○ ¿Mis alumnos pueden decir de memoria Efesios 1:4?

○ ¿Hubo algo deficiente en la clase?

_____

_____

_____

○ ¿Qué debo mejorar para la próxima clase?

_____

_____

_____

○ ¿Mantengo al día la lista de asistencia y los datos de logros?

_____

_____

_____

Notas

UNIDAD PALOMA

"Dios provee"

"Doy gracias"

Requisitos para obtener la insignia PALOMA

- Asistir a las clases con un mínimo de 60% (5 de 8 clases)

- Hacer un mandado o pequeño trabajo

- Orar antes de comer

- Decir de memoria Salmo 115:12

- Decir de memoria Salmo 75:1

Unidad Paloma

Hoja de control de asistencia y progreso de plan de premios

Fecha												
Nombre y apellido	Clase #9	Clase #10	Clase #11	Clase #12	Clase #13	Clase #14	Clase #15	Clase #16	Mandado o trabajo	Oración	Salmo 115:12	Salmo 75:1
1												
2												
3												
4												
5												
6												
7												
8												
9												
10												
11												
12												
13												
14												
15												
16												
17												
18												
19												
20												

Plan de Clase #9
Dios nos da el aire y el agua

Trasfondo bíblico

Génesis 8:1–12

Versículo bíblico

"El Señor nos recuerda y nos bendice".
—Salmo 115:12

Enfoque del mes

"Dios provee lo que necesitamos"

Meta general

"Dios me da las cosas y las personas que necesito"

Objetivos

* Que mis alumnos sepan que Dios provee lo que necesitamos.

* Que mis alumnos se sientan felices con lo que Dios provee.

* Que mis alumnos digan de memoria el Salmo 115:12.

Vamos a iniciar

Antes de la clase haga copias de Paco (con el pañuelo) y Patti (con las pestañas), las palomas. Recorte el cuerpo y las alas y péguelas a cartulina o cartón delgado para reforzarlas. No pase las alas por el cuerpo. Entregue a cada niño un par de palomas conforme vayan llegando a la clase. Deles crayones o colores para que pinten unas "avesamigas que nos van a ayudar en la clase de hoy y también nos van a servir para decorar nuestra aula". Explíqueles que muchas palomas son blancas, por esta razón no vamos a pintar el cuerpo del ave, pero sí podemos dar un toque de color al pico, las patas y al pañuelo de Paco. Mantenga una conversación con ellos acerca de cómo Dios provee el aire necesario para que las aves vuelen, el mismo aire que nosotros necesitamos para respirar y poder vivir.

Indique a los niños cómo doblar el cuerpo de las palomas y pasar las alas por la abertura. Dé un poco de pegamento para que peguen por debajo de la cabeza, la cola y la parte inferior del cuerpo. Una vez armadas las palomas, pase un hilo (cordón o alambre) para poder amarrarlas y colocarlas alrededor de la clase.

Una vez que todas las palomas tengan el hilo, pida a los niños que "tomen aire y lo boten", para soplar y hacer mover un poco las palomas.

Pida a los niños que le pasen las palomas terminadas y escriba el nombre de cada uno en ellas. Puede sujetar las palomas con prensas de ropa en lana que vaya de un extremo a otro del aula, o pegarlas a la pared, lo que sea más facil para removerlas o dejarlas en el salón de clase según sea el caso de su aula.

Vamos a alabar

Pida a los niños que se pongan de pie y formen un círculo. Pida que los niños canten la siguiente estrofa al ritmo de la música de la canción "Porque nos interesamos servimos" de Misioneritas. Usaremos sólo las dos primeras frases de la canción: "Porque nos interesamos servimos, como Misioneritas del Rey".

//Por el aire que recibimos
te agradecemos Señor.
Por el pan que hoy comemos
te agradecemos Señor
Por el cuerpo que nos diste
te agradecemos Señor//

Pida a los niños que cierren los ojos y hagan una oración por cada uno y su familia. Agradezca a Dios que nos da lo que necesitamos.

Si va a recoger una ofrenda, pida a un Arco Iris que pase el recipiente. Recuérdeles que Dios nos da lo que necesitamos.

Vamos a citar

Pida a los niños que digan con usted, o dé la oportunidad a un niño que quiera decir uno de los siguientes: el lema, la cita bíblica, la promesa, y que todos canten el coro de Arco Iris.

Vamos a orar

Ore con todos, levantando las manos y dándole gracias a Dios por proveernos el aire y el agua que necesitamos. Luego pida peticiones de parte de los alumnos y pida que uno o dos de ellos oren por las peticiones, ayudándoles si es necesario. (Recuerde que los alumnos de Arco Iris deben aprender a orar individualmente y en grupo.)

Vamos a memorizar

Lleve a la clase lana de color celeste o azul si es posible. Pida a los alumnos que se sienten en el piso, en un círculo. Diga a los niños que una de las cosas que Dios ha provisto es el agua. ¿A cuántos les gusta la lluvia? La lluvia es necesaria para las plantas y los ríos, también para los animales. Nosotros necesitamos la lluvia para tener alimentos. Pida a los niños que levanten las manos hacia arriba y las bajen moviendo los dedos como gotas de lluvia. ¿Quién nos da el agua que necesitamos? Vamos a pretender que acaba de llover, y que hay un charco (poza) de agua de lluvia (forme con el hilo un círculo de unos 30 cm., o 12 pulgadas de diámetro, permitiendo que todo el hilo sobrante caiga adentro del círculo).

Con la Biblia en la mano, lea el versículo: Salmo 115:12, "El Señor nos recuerda y nos bendice". Comente que Dios nos recuerda y nos bendice al proveernos la lluvia y el agua. Repítalo con todos dos o tres veces, entonces invite a los niños a que puedan decirlo solos. Cuando usted llame a los niños, uno a uno—por el nombre, pídale que salte dentro del charco de agua, ¡sin "mojarse los pies"! Todos van a querer jugar, entonces se esforzarán para decir de memoria el versículo bíblico.

Vamos a cantar

//Tis tis oye bien es la canción de la lluvia
tis tis oye bien es la canción de la lluvia
¿quién hizo el arco iris?
ni tú ni yo, pues ¿quién?
¿quién hizo el arco iris?
lo hizo el Salvador//

Vamos a escuchar

Tenga para la clase los dibujos del arca que usó en la clase No. 3 y una hoja verde de un árbol.

¿Cuántos de ustedes recuerdan la historia bíblica de Noé y su familia dentro del arca, mientras llovía mucho? ¿Recuerdan cómo llovió por muchos días? Vamos a ver este dibujo. ¿Quiénes son todos éstos que estaban dentro del arca? *(Permita que los alumnos señalen con los dedos y mencionen las personas y los animales que están en el arca.)* Miren estas dos aves aquí. La Biblia nos dice que había palomas en el arca, a lo mejor algo parecidas a las que vemos aquí y también a las que preparamos al principio de la clase de hoy. ¡Qué lindas se ven las palomas que hicieron ustedes! La Biblia nos dice que Dios no olvidó a Noé ni a los que estaban en el arca con él. ¡Se acordó de ellos como Él nos recuerda y nos bendice a nosotros! Dios envió un viento muy fuerte que sopló sobre toda el agua de lluvia para secarla. Vamos todos a soplar fuerte, ¡más fuerte! Así sopló Dios para proveer el aire necesario para secar el agua. Después de muchos días, Noé abrió una ventana, envió fuera del arca una paloma, para ver si había lugares secos fuera del arca. Vamos todos a mover los brazos como si estuviéramos volando con la paloma.

Por la tarde, la paloma regresó al arca. Noé extendió la mano (que todos extiendan la mano) para que la paloma se posara en ella y la metió en el arca. ¿Saben lo que trajo en el pico la paloma? ¡Una hoja verde! Tal vez algo como esta hoja. Por esta hoja es que Noé sabía que afuera ya había árboles creciendo. ¡Qué bueno! Ya pronto podrían todos salir del arca, donde habían pasado muchos días. Fue la paloma quien ayudó a Noé y a todos en el arca para darles a conocer que Dios los recordaba y que los iba a bendecir, tal como Dios nos recuerda siempre a nosotros y nos bendice. ¿Cuántos están felices de que Dios provee lo que necesitamos?

Vamos a jugar

Tenga todo lo necesario para preparar jugo en la clase. Mientras prepara el jugo o refresco, llame a los niños para que observen el agua y los ingredientes.

Recuerde a los niños que Dios provee para todas nuestras necesidades. Debemos creer y esperar en Él. Al echar el agua, hábleles acerca de cómo "sin el agua que Dios nos da, sería imposible disfrutar de un jugo tan rico como vamos a disfrutarlo, pero antes, debemos dar gracias a Dios, ¿verdad?".

Haga una oración corta, dando gracias a Dios por el agua y la fruta que Él nos provee. Ponga una porción pequeña en vasos desechables para que tomen todos.

Vamos a recordar

Para repasar el versículo bíblico y verificarlo, se va a practicar usando las dos manos. Se dan palmadas con cada sílaba mientras dicen la cita: SAL – MO – CIEN – TO – QUIN – CE – DO - CE. Después pida a los niños que hagan puños y al levantar cada dedo, que repitan cada frase del versículo: "El Señor / nos / recuerda / y / nos bendice".

Vamos a ordenar

Mientras esperan que lleguen los padres, permita que los alumnos le ayuden a ordenar las sillas y limpiar el aula. Entregue a los niños las palomas que hicieron y recuérdeles cómo una paloma ayudó a Noé. Dígales que todos podemos ayudar a los demás, especialmente en nuestra casa.

Lista de materiales

❑ INICIAR—palomas preparadas, crayones, pegamento, hilo, etc.

❑ MEMORIZAR—hilo de lana o cuerda

❑ ESCUCHAR—dibujo de "lo adentro" del arca ya pintado, de la Clase No. 3; hoja verde

❑ JUGAR—lo necesario para hacer jugo: ingredientes y utensilios

❑ Y lo más importante siempre: LA BIBLIA

Autoevaluación

○ ¿Los alumnos entienden que Dios provee?

○ ¿Los alumnos están felices porque Dios ha provisto?

○ ¿Pueden decir de memoria el Salmo 115:12?

○ ¿He orado durante la semana por cada niño y su familia?

○ ¿Llevo el control de logros?

○ ¿Hubo algo deficiente en la clase?

_____

_____

_____

○ ¿Hay cambios que hacer para la próxima clase?

_____

_____

_____

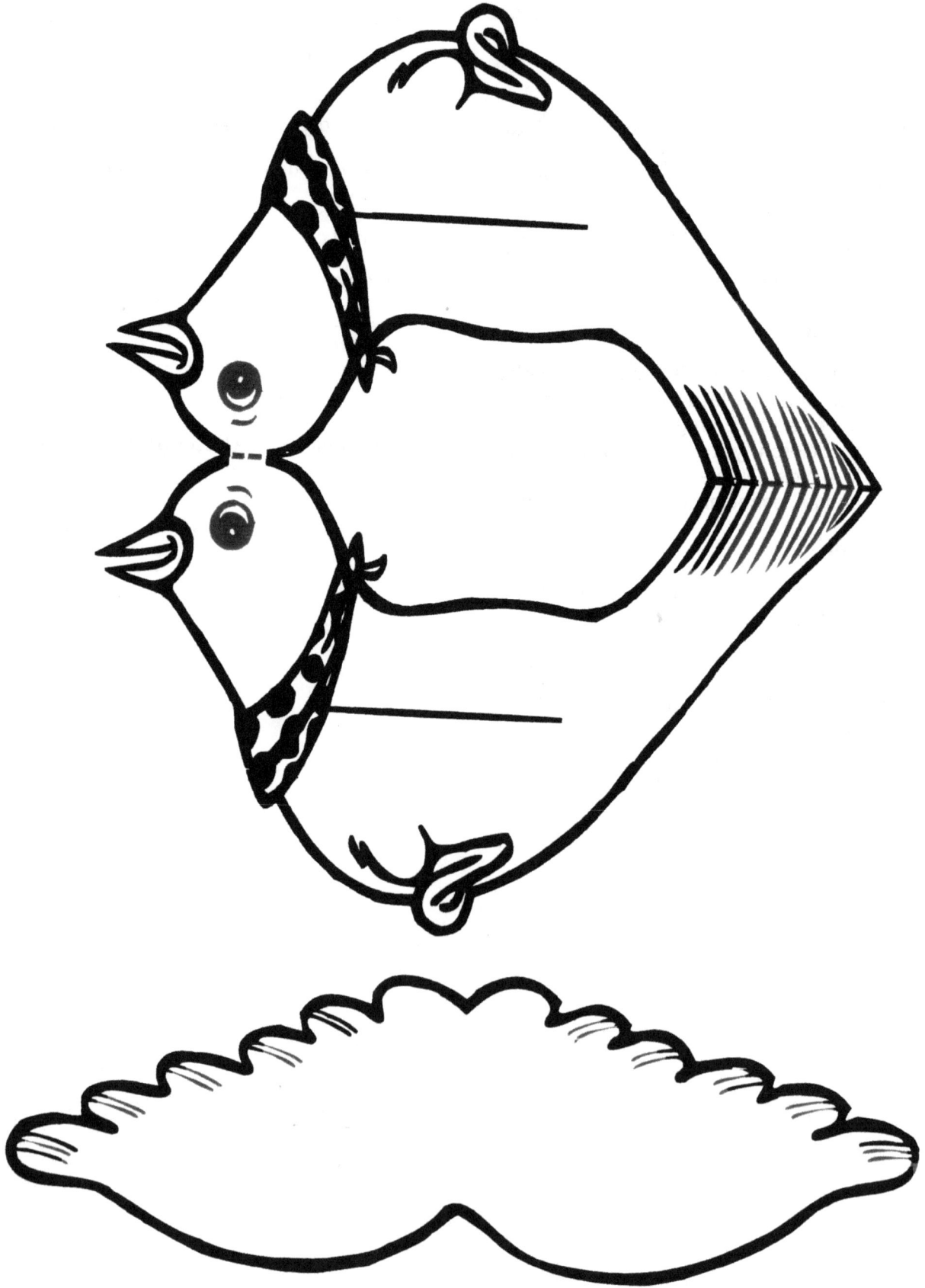

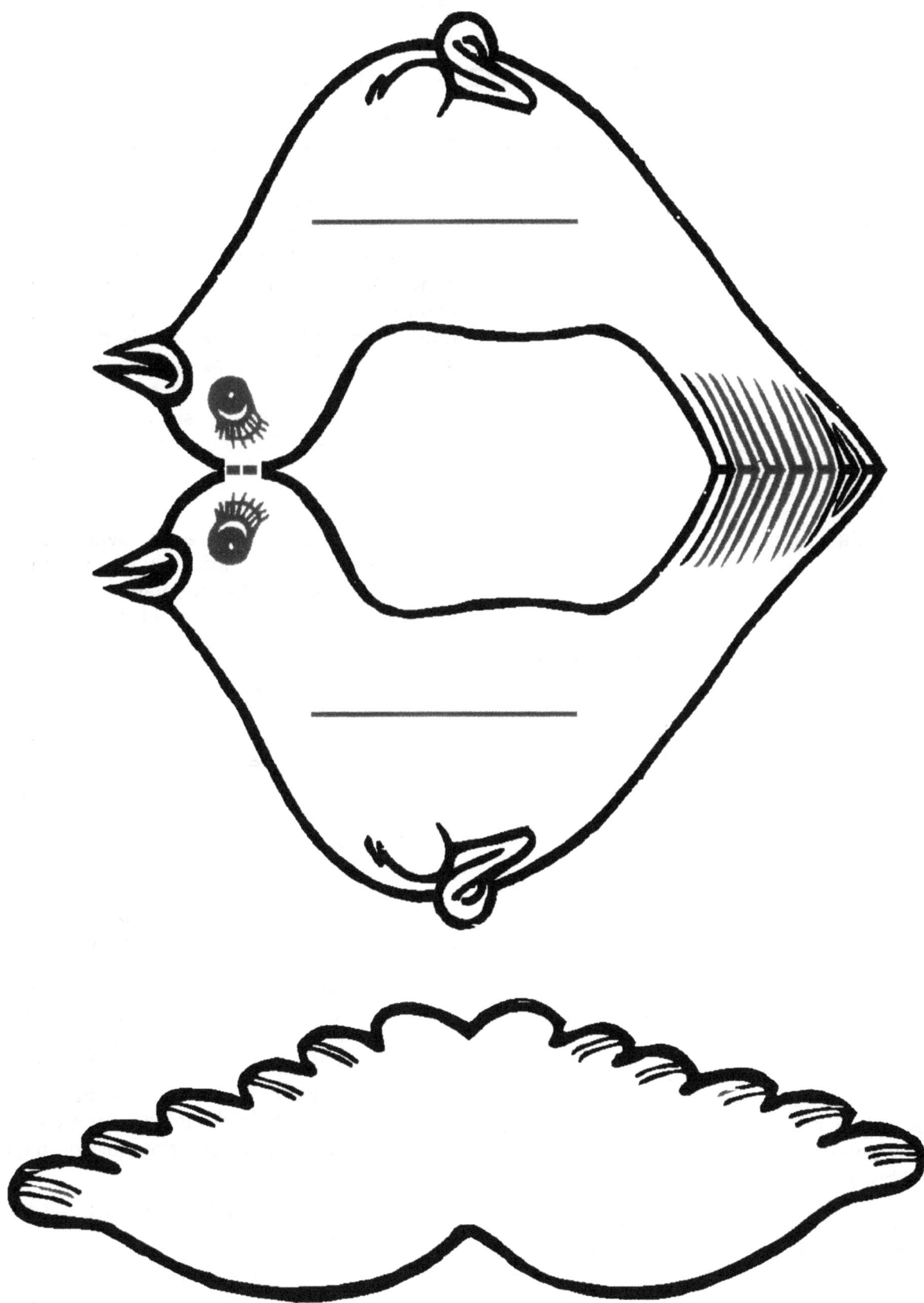

Plan de Clase #10
Dios nos da la comida

Trasfondo bíblico

Génesis 9:1-3

Versículo bíblico

"El Señor nos recuerda y nos bendice".
—Salmo 115:12

Enfoque del mes

"Dios provee lo que necesitamos"

Meta general

"Dios me da las cosas y las personas que necesito"

Objetivos

* Que mis alumnos sepan que Dios provee lo que necesitamos.

* Que mis alumnos se sientan contentos con lo que Dios provee.

* Que mis alumnos digan de memoria el Salmo 115:12.

Vamos a iniciar

Prepare una copia de la vaca y de la gallina píntelas y péguelas en dos cajitas (ver Plan de Clase #6).

También lleve a la clase un poco de queso cortado en cubitos para los alumnos, y huevos duros ya hervidos pero sin pelar. Tenga a mano servilletas de papel (nota: averigüe si algún alumno es alérgico a productos lácteos o a huevos para evitar problemas de salud), y agua para beber después de probar el queso y el huevo.

Invite a cada alumno según vayan llegando a sentarse a la mesa "para jugar un rato con dos de los animalitos que viven en la Hacienda Arco Iris". Saque las cajas con la gallina y la vaca y pídales que hagan los sonidos de estos animalitos.

Pídales que piensen en nombres para una vaca y para una gallina, y pregúnteles qué clase de comida recibimos de cada uno de estos animales. Cuando ya han llegado la mayoría de los alumnos, conversen acerca de la bendición de Dios al provee la buena comida que necesitamos. Haga una corta oración de gratitud por la comida que Dios nos da y dé los bocadillos a cada alumno, uno por uno para mantener el orden. Si los niños desean agua, tenga algunos vasitos plásticos con agua. Guarde la vaca y la gallina para usarlas durante "Escuchar".

Vamos a citar

Si tiene acceso fácil a un lavamanos, pida a los niños que formen una fila y que vayan juntos a lavarse las manos. Mientras van al lugar y esperan su turno, pídales que digan el lema de Arco Iris, la cita bíblica, la promesa, y el coro de Arco Iris.

Vamos a escuchar

Abra la Biblia en Génesis 9:1-3. Tenga a mano cuatro animales de la "Hacienda Arco Iris" ya preparados: el perro, el gato, la vaca y la gallina. Pida a los niños que sugieran un nombre para cada animalito. Tenga a mano también el dibujo de Noé y su familia que usó en la Clase No. 2.

Presente a los niños los cuatro animales que nos acompañarán durante la historia.

Líder: ¡Oh, pero miren! Estos animales han venido para ayudarnos hoy con la historia. Se acuerdan de ellos, ¿verdad? ¿Cómo se llaman? ¿Dónde viven? ¡Claro, en la Hacienda Arco Iris! Ellos nos van a contar una historia dentro del Arca de Noé. Escuchemos lo que nos quieren decir, ¿les parece?

Gato   *(con voz muy fina)*: Ay! Ay!, Ay! Me duele el estómago.

Perro: *(con voz algo áspera)*: Eh, ¿qué te pasa, Gato _____?

Gato: No sé, Perro _____, pero parece que comí algo que no debí haber comido, y ahora me duele MUUUUCHO el estómago.

Perro: Pero, Gato _____, Noé y su esposa y sus hijos y las esposas de ellos siempre nos preparan buena comida, de acuerdo a lo que debemos comer cada uno de los animales, y también la cantidad correcta.

Gato: Sí, yo sé, pero yo hice algo malo, malo. Yo me cansé de comer todos los días ese alimento para gatos, y decidí probar algo de la comida de los hipopótamos. Entonces me metí donde están ellos y comí un poco de su comida.

Vaca: *(con voz mediana, suave y tierna)*: No puedo creer, Gato _____, que hicieras algo tan tonto. Pero, dime la verdad ¿fue sólo un poco lo que comiste?

Gato: Ay, Vaca _____, ¿Cómo lo sabes? Para decir la verdad, comí mucho, pero ¡MUUUUUCHO! Demasiado. Mucho más de lo normal. Y ahora sé que lo que hice no fue bueno, no fue correcto. Lamento haberlo hecho, ¡de veras! No sabes cuánto yo quisiera que se me quite este HORRIBLE dolor de estómago.

Gallina: *(con voz "cortada" y un poco "cantada")* Pues–Gato_____ yo–tengo–una–idea. ¿Por–qué–no–vamos–donde–el–Señor—Noé–y–su–familia–están–para–preguntarles–qué–se–debe–hacer–para–aliviar–el–dolor?

Vaca: Sí, Gallina _____, me parece una excelente idea. Vámonos todos… ¡YA!

Saque el dibujo de Noé y la familia

Noé: *(con voz varonil)* Mira, familia, aquí vienen unos animales de la Hacienda Arco Iris. ¿Qué desean, mis animalesamigos?

Gato: Oh, Señor Noé, necesito su ayuda. Necesito que me diga qué hacer para aliviarme del dolor de estómago. Yo sé que hice mal en comer algo que era bueno para mí, y sé que hice mal en comer más de lo necesario. Por favor, ¿me puede ayudar?

Noé: Bueno, veo dos cosas buenas aquí. Una es que has aprendido, por el dolor de estómago, que no es bueno comer lo que no nos conviene y la otra es que no es bueno comer más de la cuenta.

Perro: Así mismo le dije yo, sí, se lo dije, ¡sí señor!

Noé: Lo cierto es que—sean animales como ustedes o niños y niñas—necesitamos comer bien para vivir bien, pero siempre lo correcto y lo necesario. Saben algo más, Gato _____, Perro _____, Vaca _____ y Gallina _____, la Biblia nos enseña que Dios provee para todos nosotros lo que debemos comer. La Biblia en Génesis 9:3 dice: "Yo, Dios, se los doy para comer de animales y de verduras". Estas son las palabras que Dios le dijo a Noé, para darnos a conocer la verdad de que es Dios quien ha provisto para nosotros todos los alimentos que comemos.

Gallina: A–mí–me–gusta–comer–maíz,que–es–uno–de–los–alimentos–que–Dios–nos–ha–provisto, ¿verdad—Señor—Noé?

Noé: Sí, Gallina _____, tienes razón.

Gato: Pero, ¿qué me dice?, Señor Noé. ¿Cómo me quito el dolor?

Noé: Pues, lo que siempre vi a la señora hacer cuando nuestros hijos tenían dolor de estómago, y es tomar un poco de agua y acostarse un rato, hasta que se les quite el dolor. Te sugiero que hagas lo mismo.

Gato: Está bien, así mismo lo haré. Y prometo no volver a comer lo que no me conviene, ni tampoco comer demasiado, pues no quiero volver a tener otro dolor como éste.

(Guarde los animalitos y la familia.)

Vamos a alabar y recordar

Cante con los niños "En el Arca de Noé", o

*//Tis tis oye bien es la canción de la lluvia
tis tis oye bien es la canción de la lluvia
¿quién hizo el arco iris?
ni tú ni yo, pues ¿quién?
¿quién hizo el arco iris?
lo hizo el Salvador//*

En una cajita decorada con los animales de la Hacienda Arco Iris, ore por la ofrenda, si es que la va a recoger. Pase la caja por los niños para que pongan la ofrenda. Dígales que no se avergüencen si no pueden dar. Dios los ama y les dará lo que necesiten siempre.

75

Vamos a orar y memorizar

Pida a los niños que se pongan de pie. Haga una oración corta por los alimentos que Dios ha provisto y por mantener sanos a los niños. Repita una vez más el texto bíblico, Salmo 115:12.

Vamos a jugar

"La papa caliente"

Lleve a la clase una papa cruda mediana. Pida a los niños que formen un círculo. Entregue la papa a uno de los niños y dígale que la pase a sus compañeros. Dé gracias a Dios por la papa porque es un alimento que Él ha provisto para que nos alimentemos. Pero no la vamos a comer, sino vamos a hacer un juego con ella, que se llama "La papa caliente".

Explique que vamos a jugar que la papa está muy caliente y que debemos pasarla lo más rápido posible para no quemarnos. Cuando usted diga ALTO, el niño que se quedó con la papa diré el versículo bíblico, Salmo 115:12: "Dios nos bendice y nos recuerda".

Siga la ronda hasta que todos hayan tenido la oportunidad de decir el versículo.

Vamos a cantar

Pida a los niños que canten después de usted las siguientes frases:

"Dios provee / yo sé / yo sé,
Las cosas / para / sostenerme.
Feliz / estoy / oh, sí / oh, sí,
Que Dios / me ama / tanto a mí"
(Puede hacerlo cantando, hablado,
y/o con palmadas.)

Vamos a ordenar

Como de costumbre, que los alumnos Arco Iris participen en ordenar el aula antes que lleguen los padres.

Lista de materiales

❑ INICIAR: vaca y gallina preparadas, queso y huevo duro, servilletas de papel y agua.

❑ ESCUCHAR: Dibujo de la clase No. 2, y vaca, gallina, perro y gato (animales de la "Hacienda Arco Iris").

❑ JUGAR/RECORDAR: papa mediana cruda, u otro vegetal

❑ Y lo más importante siempre: LA BIBLIA

Autoevaluación

○ ¿Los alumnos saben que Dios provee lo que necesitamos?

○ ¿Los alumnos pueden decir de memoria el Salmo 115:12?

○ ¿Llevo el control de logros?

○ ¿Hay algo deficiente en la clase?

_____

_____

_____

○ ¿Hay cambios que hacer en la clase?

_____

_____

_____

Plan de Clase #11
Dios nos da abuelos, tíos y primos

Trasfondo bíblico

Ester 2:5-7; Lucas 1:57-58; 2 Timoteo 1:1-5

Versículo bíblico

"El Señor nos recuerda y nos bendice".
—Salmo 115:12

Enfoque del mes

"Dios provee lo que necesitamos"

Meta general

"Dios me da las cosas y las personas que necesito"

Objetivos

- Que mis alumnos sepan que Dios provee lo que necesitamos.

- Que mis alumnos estén contentos con lo que Dios provee.

- Que mis alumnos digan de memoria el Salmo 115:12.

Vamos a iniciar

Si es posible invite a dos o abuelos o abuelas o tíos o tías de los alumnos para que estén presentes por unos momentos en la clase. *(Si no hay abuelos o tíos "de verdad" entonces invite a personas para hacer esos papeles.)*

Coloque dos sillas dejando un espacio abierto en medio, de un metro más o menos (36 pulgadas), para servir de "entrada a la casa".

Mientras están llegando los niños presente a los invitados a cada uno. Indique a los niños que les saluden respetuosamente. Pídales que pasen y se sienten. Dígales que es muy importante compartir con nuestra familia. Es muy agradable recibir a nuestra familia cuando nos visitan.

Cuando estén sentados todos en el salón de clase, pida a los niños que "pretendan abrir la puerta", para tener la oportunidad de recibir al abuelo/a tío como si estuviera llegando a visitarlos en la casa. Que los niños saluden a los invitados una vez más y que tomen asiento. Agradezca a las visitas por haber venido a la clase de hoy.

Vamos a escuchar

Antes de la clase lea los tres pasajes del trasfondo bíblico y medite sobre ellos en cuanto a la importancia de mantener buenas relaciones con familiares que no son ni padres ni hermanos o que no viven en la misma casa donde vive uno. Coloque separadores o papelitos en la Biblia para marcar los pasajes y señalarlos en la clase.

Tenga a mano un muñeco envuelto en una mantilla para representar a Juan el Bautista recién nacido. Coloque las palomas que se prepararon en la clase No. 9 en un lugar visible del salón de clase.

Señale las palomas y pregunte cuántos se acuerdan de ellas. Ayúdeles a recordar y permita que algunos digan algo de las palomas en el arca con Noé y la ayuda de ellas. Mencione que los nombres de las palomas son Paco y Patti, son primos, y les gusta ir al árbol donde vive la otra para jugar juntos, contar chistes, y conversar.

Pida a los niños que se pongan de pie y pretendan que están volando como las palomas. Que vayan de asiento en asiento como si fueran de un árbol a otro.

Diga a los niños que Paco y Patti son de papel y por lo tanto no son "de verdad", pero vamos a escuchar historias que sí son reales y pasaron hace muchos años.

Al mostrar los tres pasajes bíblicos marcados, mencione a los niños personas de la Biblia que tenían algún familiar: (1) Ester y su primo Mardoqueo, quien la cuidó cuando sus padres murieron; (2) Elisabet y sus parientes que fueron a visitarla y gozarse con ella cuando Ir nació su hijo; y (3) Loida, la abuela de Timoteo, que le había enseñado de la Biblia las verdades que él necesitaba saber.

Escoja a varios niños para dramatizar de manera sencilla cada historia. Los demás van a poner atención al drama de cada grupo.

Puede empezar con Ester: Necesitará 2 personas, Mardoqueo y Ester. Mardoqueo dice a la niña Ester que no debe preocuparse, que él la va a cuidar ahora que sus padres fallecieron.

Para Elisabet, una niña sentada con el muñeco y Zacarías parado al lado de ella, varios familiares, "tíos y primos", que pasan para ver al bebé y felicitarlos.

Para la abuela Loida, una niña sentada en una silla con la Biblia en la mano, "instruyendo" al pequeño Timoteo, sentado en el piso.

Pida a los niños que están representando a los personajes, que digan a quienes están representando. Pregunte a cada niño si sabe a quien está representando. Agradezca a los niños y pida que tomen asiento.

Pregunte a los niños si tienen familiares que visitan con regularidad. Pregúnteles si algún tío o primo les ha enseñado a manejar bicicleta, o cuenten alguna manera en que sus familiares les ayudaron alguna vez.

Vamos a memorizar

"El Señor nos recuerda y nos bendice". Salmo 115:12. En ronda, todos marchando, que digan el versículo palabra por palabra con cada pisada.

Vamos a orar

Todavía en ronda, sin marchar, pregunte cuántos están felices de que Dios nos haya dado abuelos, tíos y primos. Tomados de la mano den gracias a Dios por los familiares que Dios nos da, y por proveer lo que necesitamos en nuestra familia. Pregunte si tienen peticiones por sus familiares y ore por ellas.

Vamos a citar

Dirija a los niños en decir: el lema de Arco Iris ("Los Arco Iris ayudan y obedecen"), la cita bíblica (Exodo 24:7 "Obedeceremos"), la promesa, y que todos canten el coro de Arco Iris.

Vamos a alabar

Diga con los niños la siguiente alabanza (puede hacerla cantada o recitada):

Gracias, Dios, por mi familia que me das;
gracias, Dios, por mis papás.
Gracias, Dios, por mis hermanos que juntos jugamos;
gracias, Dios, por mis primos a quienes amamos.
¡Gracias Dios por la familia!

Vamos a jugar y recordar

"La reina Ester y el joven Timoteo"

Necesitará una corona y una gorra para este juego. Pida que un niño y una niña voluntarios pasen al frente para que representen a la reina Ester y a Timoteo. Coloque la corona de cartulina a la niña y la gorra al niño. Pregunte a los niños si recuerdan la historia de la reina Ester y de Timoteo. Si tienen dificultad en recordar, explíqueles brevemente quienes fueron.

Divida a la clase en dos grupos. El primer grupo estará con la reina Ester, y el otro grupo con Timoteo. Permita que la reina Ester empiece el juego.

La reina Ester llamará a un niño del grupo de Timoteo para preguntarle si sabe uno de los siguientes: el versículo bíblico, los colores, el lema, la canción de Arco Iris o si recuerda la lección de este día. Si el alumno lo hace bien, se mantiene en su grupo. Si el Arco Iris no pudo responder, deberá dejar su grupo e ir al grupo de la reina Ester. Permita que jueguen alternadamente, y si el tiempo le permite, que participen todos los niños.

Vamos a cantar

Cante "Cristo me ama" y "Cristo ama a los niñitos".

Si desea, puede cambiar la letra y decir: "Cristo ama a los primos bien lo sé", tíos, abuelos, etc.

Vamos a ordenar

Pida a los alumnos que le ayuden a limpiar el salón de clase.

Lista de materiales

- ❑ INICIAR: tíos/tías y/o primos/primas invitados a participar

- ❑ ESCUCHAR: las palomas (Paco y Patti) de la clase anterior, un muñeco

- ❑ JUGAR/RECORDAR: corona de cartulina, gorra

- ❑ Y lo más importante siempre: LA BIBLIA

Autoevaluación

- ○ ¿Mis alumnos entienden que Dios provee lo que necesitamos?

- ○ ¿Mis alumnos pueden decir de memoria el Salmo 115:12?

- ○ ¿Llevo el control de logros?

- ○ ¿Hay algo deficiente en la clase?

  _____

  _____

  _____

- ○ ¿Hay cambios que hacer en la clase?

  _____

  _____

  _____

Plan de Clase #12

Dios nos da amigos y amigas

Trasfondo bíblico

2 Reyes 2:2; Romanos 16:12

Versículo bíblico

"El Señor nos recuerda y nos bendice"
—Salmo 115:12

Enfoque del mes

"Dios provee lo que necesitamos"

Objetivos

- Que mis alumnos sepan que Dios provee lo que necesitamos.

- Que mis alumnos se sientan felices con lo que Dios provee.

- Que mis alumnos digan de memoria el Salmo 115:12.

Vamos a iniciar

Al llegar los alumnos, comience a hablarles de la manera tan especial que Dios nos bendice, dándonos amigos y amigas. Explíqueles que una de las cosas más especiales que hacen los amigos es confiar el uno al otro. Para demostrar nuestra confianza en nuestros amigos y amigas vamos a vendar los ojos de uno para que el otro lo guíe por el salón de clase tomándole del brazo. Permítales que caminen un rato y después cambien la venda al otro niño. Dígales que repitan con usted: ¡Qué bueno que el Señor nos recuerda y nos bendice, dándonos amigos y amigas en quienes *confiar*!

Después, deles un sombrero o gorro para que se lo pongan. Pídales que cuenten algo de lo que hicieron durante la semana. Recuérdeles que los amigos y amigas también conversan y se ayudan entre sí. Que ellos repitan con usted: ¡Qué bueno que el Señor nos recuerda y nos bendice, dándonos amigos y amigas con quienes *hablar*!

Vamos a citar

Pida que los niños digan todos juntos el lema, la cita bíblica, la promesa con mímicas, y que canten el coro.

Vamos a alabar

Pida a los niños que se pongan de pie y canten: "En el arca de Noé". Recoja la ofrenda.

Vamos a escuchar

Cuando los niños estén sentados, tome su Biblia en la mano para empezar la lección. Explíqueles que la Biblia nos da buenos ejemplos de personas que eran muy buenos amigos. Estas personas vivieron hace muchos años en un país muy lejano de donde vivimos nosotros. Usaban ropa diferente a la nuestra. Para conocer un poco acerca de estos amigos y amigas mencionados en la Biblia, vamos a pedir a dos niños y dos niñas que nos ayuden. *(Vista a los niños con otra ropa o partes de algún disfraz.)* Los niños serán "los hombrecitos bíblicos"—Elías y Eliseo. Y las niñas serán "las mujercitas bíblicas"—Trifena y Trifosa.

Cuente brevemente la historia de Elías y Eliseo. Los dos eran profetas, personas que daban el mensaje de Dios al pueblo judío. A veces iban por caminos diferentes *(que caminen en direcciones opuestas)* predicando y enseñando, y a veces iban juntos *(que caminen juntos)*. Ellos eran buenos compañeros y se ayudaban cuando les era posible. Así deben ser los buenos amigos, ¿verdad? ¡Qué bueno que Dios nos da a las personas que necesitamos para que sean nuestros amigos! *(Que se sienten los dos "hombres amigos" y se paren las dos "mujeres amigas".)* También la Biblia nos cuenta de dos mujeres, Trifena y Trifosa, quienes amaban mucho a Cristo. Trabajaban duro con su líder Pablo, haciendo muchas cosas importantes. Tal vez hacían panes o tortillas para los otros seguidores de Cristo *(que hagan las mímicas con las manos)*, y a lo mejor ayudaban a lavar la ropa *(que hagan la mímica)*. Pero me imagino que lo más importante que hacían juntas—como buenas amigas que aman a Dios—era orar juntas. ¡Qué bueno que Dios nos da amigos con quienes podemos orar! *(Agradezca a los cuatro alumnos que participaron en el drama.)*

Vamos a orar

Pida a los niños peticiones por los amigos. Ore por estas necesidades. Después, forme parejas para "orar con amigos", ¡dando gracias a Dios por escucharnos cuando oramos!

Vamos a memorizar y recordar

Pida a los niños que formen dos filas. Cuando usted les indique, un niño de cada fila correrá a donde usted está y deberá decir de memoria Salmo 115:12— "El Señor nos recuerda y nos bendice". Cuando lo diga, regresará al final de la fila y continuará el siguiente niño. Ayude a los niños que tengan dificultad en recordar todo o que son nuevos en la clase.

Vamos a jugar

Dibuje en el pizarrón o en una hoja un corazón y un círculo. Pida a los niños que formen parejas. Entregue a cada niño un cordón. Pídales que entre los dos, formen con los 2 cordones un corazón y luego un círculo. Conversen sobre el amor que nos une como amigos.

Vamos a cantar

Canten coros afines al tema de la clase.

Vamos a ordenar

Como de costumbre, que los alumnos ayuden a ordenar el aula mientras esperan a los padres. Si hay tiempo, vuelvan a decir el versículo bíblico, todos juntos y/o a hacer las actividades de Iniciar.

Lista de materiales

❑ INICIAR: paños o cintas anchas, gorras

❑ CITAR: casete y grabadora

❑ ESCUCHAR: toallas (paños) o tela, cordones

❑ JUGAR: cordoncitos

❑ Y lo más importante siempre: LA BIBLIA

Autoevaluación

○ ¿Mis alumnos saben que Dios provee lo que necesitamos?

○ ¿Mis alumnos están felices de que Dios provee lo que necesitamos?

○ ¿Mis alumnos pueden decir de memoria el Salmo 115:12?

○ ¿Llevo el control de logros?

○ ¿Hay algo deficiente en la clase?

_____

_____

_____

○ ¿Hay cambios que hacer en la clase?

_____

_____

_____

Plan de Clase #13

Doy gracias a Dios porque me ama

Trasfondo bíblico

Salmo 146

Versículo bíblico

"Te damos gracias, oh Dios".   —Salmo 75:1

Enfoque del mes

"Aprendo a dar gracias a Dios"

Objetivos

* Que mis alumnos aprendan cómo dar gracias a Dios.

* Que mis alumnos deseen decir "gracias" a Dios, con alegría.

* Que mis alumnos expresen con frecuencia y dondequiera: "gracias a Dios".

* Que mis alumnos aprendan Salmo 75:1.

Vamos a iniciar y alabar

Antes de la clase prepare un corazón por alumno. Haga como 9 perforaciones en la orilla de cada uno, no muy cerca de la orilla. Escriba el nombre de cada alumno en los corazones y la frase "Doy gracias a Dios porque Él me ama". Tenga algunos sin nombre para las visitas. La lana debe ser cortada lo suficientemente grande para pasar por las perforaciones del corazón y poder colgarlo al cuello de cada niño.

Entregue a cada niño el corazón con su nombre. Deles la lana y explíqueles que deben pasar la lana por las perforaciones del corazón. Ayúdelos a hacer un nudo y que se lo cuelsuen al cuello. Lea lo que cada corazón dice y recuérdeles que Dios nos ama como somos y nos acepta. Él quiere que seamos felices y quiere que aprendamos que nos ama. Pídales que digan con usted la frase que está en el corazón. En ronda, guíelos a brincar hacia un lado diciendo una palabra con cada brinco, luego brincando hacia la otra dirección. (Retire los corazones de los niños y guárdelos hasta el final de la clase. Ellos pueden llevar su corazón a casa.) Que todos se arrodillen y digan bien suave, "Doy gracias a Dios porque me ama".

Vamos a citar

Pida a los niños que formen dos filas. La primera fila repetirá: el lema y la cita bíblica. La otra fila dirá la promesa y todos cantarán el coro de Arco Iris.

Vamos a orar

En ronda, pregunte a los alumnos si hay peticiones o necesidades por las que ellos quieren que ore. Dé gracias a Dios por escucharnos y por ayudarnos, porque nos ama tanto.

Vamos a escuchar

Con todos sentados en el piso, explique que la Biblia, en el Salmo 146, nos dice que hay por lo menos 5 maneras en que Dios nos muestra su amor. ¿Cuántos tienen cinco dedos en cada mano? Levántenlos todos, para ver. Muévanlos rápido, rápido. Ahora vamos a construir una "casita del amor de Dios" con los cinco dedos. *(Dígales que junten las manos.)* Ahora vamos a ponerle nombre a cada parte de nuestra "casita del amor de Dios". Comencemos con el dedo del medio, lo vamos a llamar "Dios me ama". *(Que lo digan todos moviendo los dedos del medio.)* Ahora al dedo anular le vamos a llamar "Dios cumple sus promesas". *(Que muevan los dedos anulares adentro y afuera.)* Esto quiere decir que Dios siempre hace lo que dice, qué bueno, ¿verdad? Ahora vamos con el dedo índice, y lo llamaremos "Dios nos cuida y nos guarda". *(Que los muevan y digan la frase.)* Vamos ahora con el dedo meñique o el más chiquito, y lo vamos a llamar "Dios provee lo que necesitamos". *(Que los muevan y repitan la frase.)* Ahora le toca a los dedos pulgares. ¿Saben ustedes cómo los vamos a llamar? Los llamaremos "Dios nos ayuda a levantarnos si nos caemos". *(Permita que repitan la frase moviendo los dedos pulgares.)*

Ya construimos cada uno nuestra propia "casita del amor de Dios", y siempre la vamos a tener con nosotros, porque siempre tenemos las manos con nosotros, ¿verdad? La Biblia nos enseña que Dios nos ama, nos cuida, quiere que seamos felices, y que provee para nuestras necesidades.

Vamos a jugar

"La banda de Dios"

Pida a los niños que formen dos filas (mirándole a usted). Dígales que todos vamos a tocar un instrumento y a marchar como si estuviéramos en la banda de Dios. Queremos mostrar a Dios nuestra gratitud por su gran amor. Vamos a empezar con la trompeta: "toquen la trompeta" y marchemos alrededor del aula. Vamos a cambiar de instrumento al tambor, o la flauta, o al trombón, etc. Cuando hayan tocado varios instrumentos, dígales que griten juntos: "¡Gracias, Dios, porque me amas!"

Vamos a cantar

Canten "Así es el amor de Dios" y "El amor de Dios es grande".

Vamos a memorizar

Tengo escondidos en una caja los siguientes animales de la Hacienda Arco Iris: el perro, el gallo, la vaca, la gallina, el cabrito y el burrito, cada uno preparado en una cajita(ver Plan de Clase #6).

"Hoy tenemos unos amigos animalitos de la Hacienda Arco Iris quienes nos van a ayudar a memorizar nuestro versículo bíblico". Saque los animales uno por uno y diga, imitando la voz del animalito que sacó: "Te damos gracias, oh Dios", Salmo 75:1. Permita que los niños hagan lo mismo. (Guarde los animales para futuras lecciones.)

Vamos a recordar

Vuelvan a practicar un par de veces la "casita del amor de Dios" con las manos. Entregue a los niños los corazones hechos al principio de la clase, colgándolos al cuello. Si desea, puede incluir un refrigerio, tal vez galletas en forma de corazón.

Vamos a ordenar

Mientras esperan que lleguen los padres, dirija a los alumnos en ordenar el salón de clase.

Lista de materiales

❑ INICIAR: corazones de cartulina preparados, e hilo de lana o cordones para todos los alumnos

❑ CITAR: CD del coro de Arco Iris

❑ MEMORIZAR: Los seis "amigos animalitos" preparados (pintados y pegados en cajitas)

❑ RECORDAR: refrigerio sencillo

❑ Y lo más importante siempre: LA BIBLIA

Autoevaluación

○ ¿Mis alumnos saben cómo dar gracias a Dios?

○ ¿Mis alumnos saben de memoria Salmo 75:1?

○ ¿Llevo control de logros?

○ ¿Hay algo deficiente en la clase?

_____

_____

_____

○ ¿Hay cambios que hacer en la clase?

_____

_____

_____

Plan de Clase #14
Doy gracias porque nació Jesús

Trasfondo bíblico

Lucas 2:1-7, Juan 3:16

Versículo bíblico

"Te damos gracias, oh Dios". —Salmo 75:1

Enfoque del mes

"Aprendo a dar gracias a Dios"

Objetivos

- Que mis alumnos sepan cómo dar gracias a Dios.

- Que mis alumnos deseen dar "gracias" a Dios, con alegría.

- Que mis alumnos expresen con frecuencia y dondequiera: "gracias a Dios".

Vamos a iniciar

Para esta clase, se va a construir un pesebre sencillo, utilizando una caja de cartón, y hojas secas (paja/heno) además del dibujo al final de este Plan de Clase, ya pintado (menos la parte de la paja) y recortado.

Al entrar los alumnos, pídales su ayuda para formar un pesebre para representar el lugar donde Jesús nació. Entre todos vayan pegando hojas (o paja) en las paredes de la caja, tanto adentro como afuera, y también alrededor del niño Jesús en el dibujo. Coloque el dibujo dentro de la caja. Límpiense las manos con el paño húmedo.

Explique a los niños, mientras trabajan juntos, que ese fue el lugar donde nació Jesús. Era muy pobre, muy rústico y muy lejos de su pueblo. Era necesario que Jesús naciera y creciera para después morir en la cruz del Calvario para darnos la salvación.

Vamos a escuchar

Con los niños sentados en el suelo alrededor del pesebre que hicieron, abra su Biblia en Lucas 2 y cuénteles el relato del nacimiento de Jesús de manera sencilla pero interesante. Haga las siguientes preguntas: ¿Alguien recuerda cómo se llamaba la mamá de Jesús? (María) ¿Y el esposo de María? (José)

Antes de que Jesús naciera, José y María tuvieron que hacer un viaje muy largo. Caminaron mucho. Vamos todos a caminar alrededor del pesebre que hicimos. ¿Estamos cansados? Sentémonos para descansar. Cuando María y José se cansaron de su largo viaje comenzaron a buscar un lugar donde descansar. Fueron a un lugar y otro y otro lugar *(que toquen todos el piso con el puño, como si estuvieran tocando una puerta)*, pero no encontraron dónde descansar. Después de buscar mucho sólo encontraron un lugar donde había animales. ¿Cuáles animales creen que había allí? *(Permitir respuestas)* Sí, claro, había vacas, ovejas, y tal vez unos perritos. *(Si tiene a mano los animales de la Hacienda Arco Iris es un buen momento para usarlos. Permita que los alumnos hagan los sonidos de estos animales.)* Fue allí, entre los animales, donde nació Jesús. Él nació como un bebé, igual que todos nosotros. ¿Cómo hacen los bebés cuando tienen hambre? Sí, igual hacía Jesús cuando era un bebé. María, su mamá, con mucho amor y mucho cuidado lo envolvió en pañales para que no tuviera frío, y lo acostó en un pesebre—un lugar algo parecido al modelo aquí que hicimos nosotros. Me imagino que José y María dieron gracias a Dios porque Jesús había nacido. ¿Qué creen ustedes? Vamos nosotros también a darle gracias a Dios porque nació Jesús. *(Dirija a los niños en una oración breve.)*

Vamos a citar

Pida que todos se pongan de pie. Indique a los niños que levanten la mano derecha para decir el lema y la promesa. Formen con las dos manos el libro más importante del mundo, la Biblia, para decir la cita bíblica. Canten el coro lema.

Vamos a jugar

"Gracias, Dios, por ..."

Forme dos filas una frente a la otra. Usted se para a un extremo de las dos filas, dirigiendo al grupo para que repitan las siguientes frases:

- Gracias, Dios, por manos que palmean, UN, DOS, TRES (3 palmadas)

- Gracias, Dios, por piernas que caminan, UN, DOS, TRES (3 pisadas)

- Gracias, Dios, por ojos que miran, UN, DOS, TRES (abrir y cerrar los ojos)

- Gracias, Dios, por un corazón que late, UN, DOS, TRES (3 palmadas al pecho)

- Gracias, Dios, por rodillas que se doblan, UN, DOS, TRES (agáchese 3 veces)

- Gracias, Dios, por dedos que se mueven, UN, DOS, TRES (muevan los dedos)

- Gracias, Dios, por las sonrisas en la cara, UN, DOS, TRES (3 sonrisas amplias)

- Gracias, Dios, porque nació Jesús, UN, DOS, TRES (3 "mecen a un bebé")

Vamos a alabar y cantar

// Gracias Dios por lo que Tú me das
aprendo cada día que me amas más.
A Jesús enviaste por mi salvación
contaré a otros de tu redención.
Miro mis manitas, te agradeceré
miro a mis amigos, te alabaré.//

Vamos a memorizar

Pida a los niños que hagan un círculo. Todos van a mirar al líder o maestro (a) para imitar los movimientos que va a hacer mientras dice el versículo para memorizar: Salmo 75:1, "Te damos gracias, oh Dios".

Empiece moviendo un brazo en círculos y diga el versículo. Permita que los niños hagan el mismo movimiento y digan el versículo después de usted. Repita con otros movimientos como: marchando, levantando los brazos, mirando al techo, etc.

Vamos a recordar

Tenga a mano papel de crespón o retazos de tela de los cuales hará disfraces para "María y Jose." También usará el muñeco y un paño en el que estará envuelto el muñeco. Todo esto lo usará para dramatizar el nacimiento de Jesús con los alumnos de Arco Iris.

Pida la ayuda de un niño y una niña que quieran hacer el papel de María y José. Vístalos con papel o tela. A los niños que harán los sonidos de las ovejas, deles orejas de papel para que se las sostengan con los manos sobre la cabeza. Guíe a los alumnos a recrear la historia presentada durante "Escuchar", así recordando el nacimiento de Jesús.

Vamos a orar

Permita que dos o tres alumnos oren, dando gracias a Dios por Jesús.

Vamos a ordenar

Procure la participación de los niños en ordenar el aula mientras esperan a sus padres.

Lista de materiales

❑ INICIAR. caja, hojas, pegamento y paño húmedo

❑ CITAR. CD del coro de Arco Iris

❑ RECORDAR. retazos de tela o papel de crespón; muñeco o algo para hacer el bebé; orejas de ovejitas hechas de cartulina

❑ Y lo más importante siempre: LA BIBLIA

Autoevaluación

○ ¿Mis alumnos saben cómo dar gracias a Dios?

○ ¿Mis alumnos desean darle las gracias a Dios?

○ ¿Mis alumnos han expresado gracias a Dios?

○ ¿Llevo el control de logros?

○ ¿Oro por mis alumnos?

○ ¿Hay algo deficiente en la clase?

_____

_____

○ ¿Hay cambios que hacer en la clase?

_____

_____

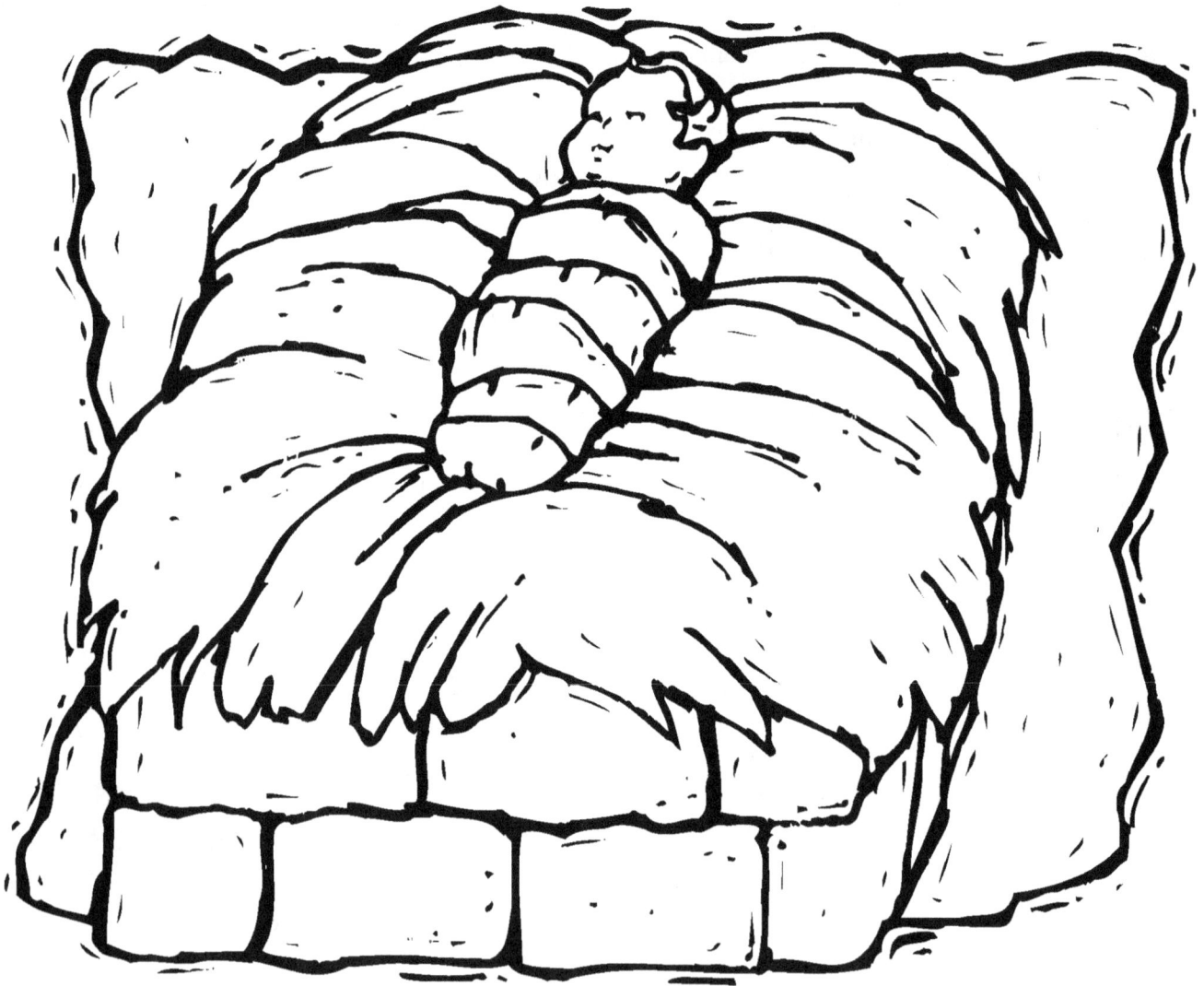

Plan de Clase #15

Doy gracias a Dios como lo hizo Nehemías

Trasfondo bíblico

Nehemías 12:24, 27-43

Versículo bíblico

"Te damos gracias, oh Dios." —Salmo 75:1

Enfoque del mes

"Aprendo a dar gracias a Dios"

Meta general

"Debo dar gracias a Dios, siempre y en todo lugar".

Objetivos

* Que mis alumnos aprendan cómo dar gracias a Dios.

* Que mis alumnos deseen dar "gracias" a Dios con alegría.

* Que mis alumnos aprendan de memoria Salmo 75:1.

Vamos a iniciar

Lleve a la clase una hoja grande de papel o un pliego de cartulina, color blanco, también unos crayones o lápices de color. Antes que lleguen los alumnos, pegue la hoja o la cartulina en un lugar donde los niños la puedan alcanzar, para dibujar en ella "un muro" de ladrillos o de bloques.

A medida que lleguen los niños al salón de clase, entrégueles a cada uno un crayón o un lápiz de color. Indíqueles que dibujen un rectángulo o un ladrillo en el papel. "Con la ayuda de todos vamos a formar un gran muro".

Si tiene muchos alumnos, prepare dos o tres "secciones" del muro para tener espacio donde todos puedan trabajar. Mantenga una conversación con ellos sobre cómo debe ser un muro, para qué sirve, quiénes lo construyen, y el tiempo que se toma para hacer un muro firme y fuerte.

Vamos a cantar

En esta ocasión puede pedir a los niños que repitan después de usted la siguiente poesía. O si tiene una persona que puede ponerle música, sería mejor. Si desea, puede poner un poco de música en su voz mientras dice las palabras (estilo rap):

"A mi Dios, con alegría, debo dar gracias todos los días.

Como Nehemías, que trabajó, no se quejó, no se quejó.

Voy a contarles de mi gran Dios, decir a otros de su perdón.

A ser buen niño aprenderé, con mi gran Rey caminaré.

Quiero cantarle, quiero adorarle toda mi vida le serviré".

Vamos a orar

Pida a los alumnos que mencionen cosas por las cuales desean dar gracias a Dios, entonces diríjalos en oración.

Vamos a citar

Pida a los niños que se pongan de pie y que formen dos filas. La primera fila debe decir el lema y la cita bíblica. La otra fila debe decir la promesa. Todos canten el coro de Arco Iris.

Vamos a escuchar

Consiga un títere para representar a Nehemías. *(Si no hay títeres disponibles, puede fabrican un títere sencillo de acuerdo al modelo incluido al final de esta lección.)*

La historia de hoy se encuentra en el libro de Nehemías. Presente al títere "Nehemías, el constructor fiel y feliz". Permita que conversen los niños con Nehemías.

Nehemías: ¿Quién soy yo?

Niños: Nehemías, el constructor fiel y feliz.

Nehemías: Gracias, niños, por recordar mi nombre. Ahora les quiero contar una historia. ¿Está bien? Hace mucho, muy lejos de aquí, estaba muy triste. ¿Saben por qué? ¡Porque el gran muro alrededor de mi ciudad, se había caído... este muro nos protegía, pero se derrumbó! Yo oré a Dios para que Él me ayudara para poder repararlo. ¿Y saben qué? Dios me ayudó a conseguir el permiso del rey, ya que sin el permiso de él no hubiera podido hacer ninguna construcción. ¡Qué feliz me puse! Pedí a otras personas del pueblo que me ayudaran en la construcción y lo hicieron.

El peligro estaba alrededor de nosotros. Había muchos hombres malos que no querían que construyéramos el muro, pero Dios nos ayudó a trabajar con el martillo en una mano y la espada en la otra, para así defendernos contra los hombres malos. ¿Ustedes creen que fue fácil trabajar así? ¡Claro que no! Pero con la ayuda de Dios y todos nosotros trabajando fielmente, por fin terminamos el gran muro alrededor de mi ciudad, que se llama Jerusalén. ¿Cómo se llama mi ciudad? (Jerusalén)

¿Saben algo? El muro se parecía al dibujo del muro que ustedes hicieron al entrar hoy a la clase de Arco Iris. ¡Gracias por ayudarme a recordar del gran muro que hicimos! Cuando lo terminamos, decidimos tener una gran fiesta para dar gracias a Dios. ¿A cuántos les gustan las fiestas? ¡Claro, a todos nos gustan! Pues esta fiesta fue algo tan especial, vinieron los hombres que trabajaron conmigo y también las mujeres y niños del pueblo. ¿Saben ustedes que una de las mejores maneras de darle gracias a Dios es cantándole a Él? Algunos cantamos y otros tocaron trompetas, címbalos y arpas. A ver, ¿quién de ustedes me mostrará cómo se toca la trompeta? ¡Muy bien—GRACIAS!

¡La fiesta de gratitud fue tan grande que hasta gente de muy lejos de Jerusalén nos oyó! Me alegro mucho que ustedes me escucharon hoy. Adiós niños, gracias por haberme escuchado.

Vamos a alabar

Pregunte a los niños, ¿Cómo fue que Nehemías y su pueblo alabaron y dieron gracias a Dios? (¡Cantando!) Nosotros también podemos alabar y dar gracias a Dios cantando.

Pregunte a los niños qué coros desean cantar para agradecer a Dios. Puede pedirles que pretendan tocar los instrumentos que se mencionaron en la historia.

Vamos a memorizar

Tenga a mano un espejo para reflejar la cara. Mientras usted sostiene el espejo, pida a cada niño que se mire en el y que diga el versículo bíblico de Salmo 75:1, "Te damos gracias, oh Dios". Los demás niños darán un aplauso al que esté participando.

Vamos a jugar y recordar

"Viaje a Jerusalén"

Diga a los niños que "vamos a hacer un viaje imaginario", para conocer la ciudad de Jerusalén, donde estaba Nehemías cuando él y los otros repararon el gran muro que se había caído.

Pida a los niños que mencionen varios artículos que deben y pueden llevar en su "maleta imaginaria" y dígales que van a imaginar que cargan su maleta mientras "van caminando hacia Jerusalén". Después de "una caminata muy larga", se para frente al muro dibujado durante el segmento INICIAR. Frente al muro deben "colocar las maletas en el suelo", para poder levantar las manos y darle gracias a Dios por haber ayudado a Nehemías y a sus hombres a terminar su trabajo, a pesar de las dificultades. Luego "que levanten la maleta" para el viaje (otra caminata) de regreso a casa—las sillas donde nos sentamos. Durante el "viaje de regreso", haga preguntas a los niños sobre distintos aspectos de la historia que les contó "Nehemías".

Vamos a ordenar

Mientras esperan a los padres, pida a los alumnos que le ayuden a ordenar el área de la clase, "porque los Arco Iris ayudan y obedecen".

Lista de materiales

❑ INICIAR: hoja grande de papel o pliego de cartulina, color blanco; crayones o lápices de color, cinta o tachuelas para pegar el papel (o la cartulina)

❑ CITAR: CD del coro de Arco Iris

❑ ESCUCHAR: títere para el papel de Nehemías

❑ MEMORIZAR: espejo

❑ Y lo más importante siempre: LA BIBLIA

Autoevaluación

○ ¿Mis alumnos saben cómo dar gracias a Dios?

○ ¿Mis alumnos desean darle las gracias a Dios?

○ ¿Mis alumnos han expresado gracias a Dios?

○ ¿Registré los logros en la lista de control

○ ¿Hay problemas que corregir o cambios que hacer en la clase?

_____

_____

_____

_____

Notas

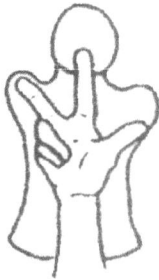

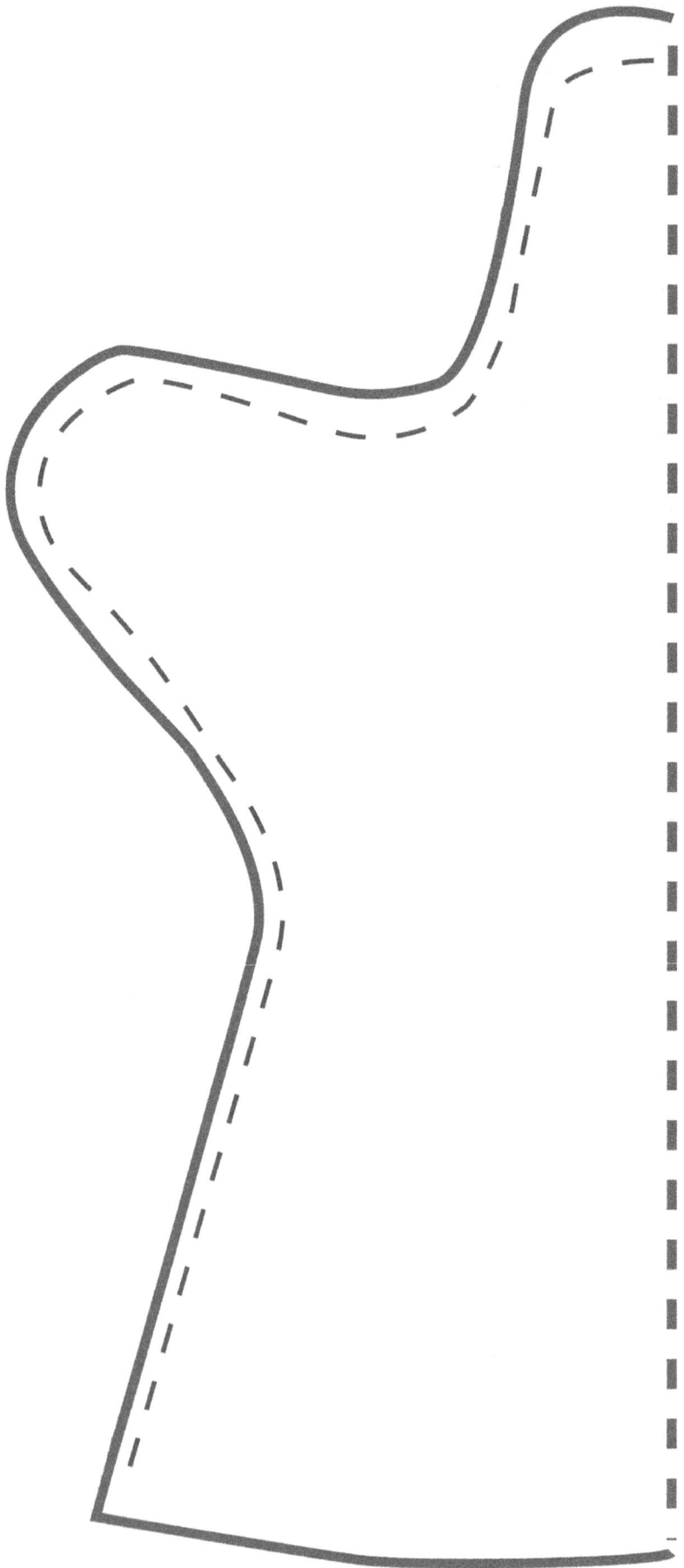

Plan de Clase #16

Doy gracias a Dios cuando estoy en mi casa

Trasfondo bíblico:

Génesis 8:8-12

Versículo bíblico:

"Te damos gracias, oh Dios". —Salmo 75:1

Enfoque del mes:

"Aprendo a dar gracias a Dios"

Meta general:

"Debo dar gracias a Dios, siempre y en todo lugar".

Objetivos:

- Que mis alumnos aprendan cómo dar gracias a Dios.

- Que mis alumnos deseen dar "gracias" a Dios, con alegría.

- Que mis alumnos digan de memoria -Salmo 75:1.

Vamos a iniciar

Lleve una sábana y haga una "casita" colocándola sobre una mesa en el aula.

Al entrar los alumnos a la clase, invítelos a visitar la casa del "Barrio Arco Iris". Ellos pueden entrar y salir, sentarse dentro de la casa y conversar con otros niños, etc. Si desea, entregue a los niños unos platos plásticos o desechables para que jueguen como si estuvieran comiendo dentro de la casita. Mantenga una conversación con los niños sobre lo bueno que es tener una casa donde vivir, dormir, comer y estar con nuestra familia. Recuérdeles que es importante dar gracias a Dios cuando estamos en casa.

Permita que todos participen, luego guarde todo y pida a los niños que se sienten.

Vamos a citar:

Dirija a los niños en decir el lema, la cita bíblica, la promesa, y cantar el coro de Arco Iris.

Vamos a escuchar y a orar

Vamos a utilizar las palomas que usamos en la lección No. 9 de esta unidad. Tenga a la mano las palomas "Paco" y "Patti" para este segmento. Lleve a la clase unos granos de maíz seco (o migajas de pan) para fingir el dar de comer a Paco y Patti.

Lleve además maíz (elote, choclo) en grano cocinado, (puede ser enlatado) o pan para que coman los niños, servilletas de papel, y un paño húmedo para limpiarles las manos a los alumnos antes de comer. Lleve agua para beber y vasos desechables pequeños. Tenga también una ramita de un árbol con hojas.

Coloque las palomas en un lugar visible para que todos puedan verlas. Pregúnteles si se acuerdan en qué historia nos ayudaron Paco y Patti. Pídales que le digan lo que recuerdan acerca de Noé y el arca. Después de escuchar sus comentarios, dígales que hay un detalle muy importante de la historia que tiene que ver con una paloma. Pero antes de escuchar lo que nos dice la Biblia acerca de Noé y la paloma, vamos a jugar que estamos en el arca con Noé, y vamos a dar de comer a las palomas.

Permita a los niños echar unos granos del maíz seco (o migajas de pan) a las palomas, "hablándoles" e invitándoles a comer. Pregunte a los niños si no desean acompañar a las palomas a comer maíz (o pan). Pero antes de comer, ¿qué debemos siempre hacer? Debemos orar y lavarnos las manos para no enfermarnos. Debemos dar gracias a Dios, siempre y en todo lugar.

Pregunte a los alumnos cuántos oran en su casa antes de comer. Dirija a los niños en oración, "dando gracias a Dios por el gozo de escuchar historias lindas e importantes de la Biblia, y por la comida que vamos a compartir en la clase de Arco Iris".

Reparta las servilletas y luego el maíz (o pan), y permita que los niños coman mientras usted relata brevemente la historia de Noé y la paloma, según el trasfondo bíblico de Génesis 8:8-12.

En el arca había muchos animales de toda clase. Al cumplirse muchos días en el arca, Noé se preguntó qué había pasado afuera del arca.

Noé pensó a quién podría mandar en esta peligrosa aventura para descubrir lo que estaba pasando fuera del arca. Había mucha agua, eso era de seguro. Así que no podía enviar a ningún animal de tierra. Pensó en algún animal que podía volar, así no habría peligro con el agua. Una gallina, no, no vuela muy alto, ni un halcón, que es muy grande y pesado. Vio Noé a Paco. Él sería perfecto para esta aventura.

Paco se preocupó mucho porque Él se sentía seguro en su casa con su familia. ¿Qué me esperará afuera? Tal vez ya no pueda regresar, pensaba Paco.

Noé pidió a Paco que fuera en esta aventura, y él aceptó. Paco salió y voló y voló y voló. Ya cansado de volar y no ver ningún árbol donde asentarse, decidió regresar al arca. Cuando Noé vio que Paco regresaba, cansado y fatigado, supo de inmediato que no había tierra seca todavía, había sólo agua por todas partes.

Después de varios días Noé pidió a Paco que fuera otra vez. Paco salió y voló y voló, y voló. Después de algunos días, se preocuparon porque Paco no regresaba. Un día regresó y traía en el pico una ramita con varias hojas. Era una rama muy fresca y tierna. Noé abrazó a Paco y entendió que ya había tierra seca donde ellos podían bajar y empezar una vida nueva. Todos en el arca estaban muy felices.

La ayuda de Paco fue valiosa. Él sentía mucha seguridad en su casa, pero entendió que Dios lo cuidaba y le daba seguridad fuera del arca también. Paco demostró su confianza en Dios y pudo regresar al arca para compartir con todos las nuevas de que ya había árboles en dónde construir su nido. Paco estaba muy agradecido con Dios por su casa, el arca y por su familia.

Nosotros también nos sentimos seguros y felices en nuestra casa, y debemos dar gracias a Dios cuando estamos en casa. Debemos sentirnos seguros de que Dios cuida de nosotros siempre.

Vamos a jugar

"La casita de las palomas"

Use la misma casita que usó en la sección *Iniciar*. Ésta será la casita de las palomas. Pida que un niño voluntario haga el papel del gato que atrapará palomas.

Cuando los niños estén dentro de la casita o alrededor de ella estarán protegidos. Indique a los niños que deben dejar la casa para poder jugar. Cuando un niño sale de la casa y es atrapado por el gato, debe sentarse. Cuando ellos estén en la casa, o tocándola por fuera, el gato no podrá atraparlos.

Pida que otros niños voluntarios se turnen en el papel del gato.

Vamos a cantar y alabar

//Demos gracias al Señor, demos gracias, demos gracias por su amor//

Por las mañanas las aves cantan las alabanzas a Cristo el Salvador, y los cristianos todos cantamos las alabanzas a Cristo el Salvador.

Vamos a memorizar

Con la Biblia en la mano y abierta al Salmo 75:1 lea a los alumnos: "Te damos gracias, oh Dios".

Permita que cada niño tome en la mano la Biblia y diga el versículo bíblico. Felicite a todos por haber completado un paso importante en la Unidad Paloma.

Vamos a recordar

Pida la ayuda de Paco y Patti para "ayudarnos a recordar" la historia de Noé, y pida a las palomas que hagan preguntas sencillas a los niños sobre el relato bíblico.

Vamos a ordenar

Como de costumbre, procure la ayuda de los alumnos en dejar "bien ordenada nuestra aula de Arco Iris". Pídales que digan juntos una vez más Salmo 75:1.

Lista de materiales

❑ INICIAR: una sábana grande, platos y vasos (plásticos o desechables)

❑ CITAR: CD del coro "Arco Iris" y grabadora

❑ ESCUCHAR Y ORAR: palomas de papel (de la Clase No. 9), maíz seco, maíz en lata, servilletas, paño húmedo, agua y vasitos desechables y una ramita con hojas verdes.

❑ JUGAR: la "casita" de INICIAR

❑ Y lo más importante siempre: LA BIBLIA

Autoevaluación

❍ ¿Mis alumnos saben cómo dar gracias a Dios?

❍ ¿Mis alumnos desean darle las gracias a Dios?

❍ ¿Mis alumnos han expresado gracias a Dios?

❍ ¿Mis alumnos saben de memoria Salmo 75:1?

❍ ¿He registrado los logros en la lista de control?

❍ ¿Hay problemas a corregir o cambios que hacer en la clase?

_____

_____

_____

_____

_____

UNIDAD ROJO

"La Biblia"

"Cristo mi amigo"

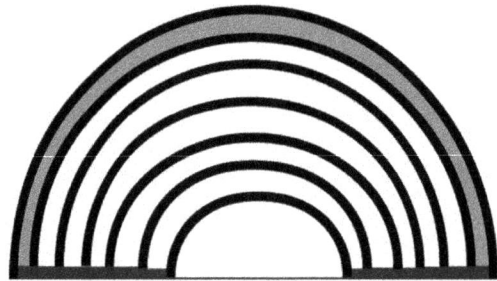

Requisitos para obtener la insignia ROJO

- Asistir a las clases con un mínimo de 60% (5 de 8 clases)

- Orar en la clase

- Cantar un coro acerca de la Biblia

- Decir de memoria Salmo 119:97

- Decir de memoria Juan 15:14

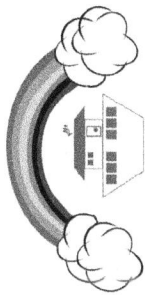

Hoja de control de asistencia y progreso de plan de premios

Unidad Rojo

	Fecha Nombre y apellido	Clase #17	Clase #18	Clase #19	Clase #20	Clase #21	Clase #22	Clase #23	Clase #24	Orar en clase	Canción	Salmo 119:97	Juan 15:14
1													
2													
3													
4													
5													
6													
7													
8													
9													
10													
11													
12													
13													
14													
15													
16													
17													
18													
19													
20													

Plan de Clase #17

La Biblia me enseña a confiar en Cristo

Trasfondo bíblico

Marcos 4:35-41

Versículo para memorizar

"Cuánto amo tu enseñanza, Oh Dios".
—Salmo 119:97

Enfoque del mes

"La Biblia me enseña lo más importante"

Meta general

"En su Palabra, la Biblia, Dios me enseña cosas importantes"

Objetivos

- Que mis alumnos sepan que la Biblia nos enseña a confiar en Cristo.

- Que mis alumnos deseen confiar más en Cristo.

- Que mis alumnos demuestren la seguridad de confiar en Cristo a través de la oración.

Vamos a iniciar

Lleve a la clase una hoja grande de papel periódico, y crayones o lápices de color azul y celeste. Coloque la hoja de papel periódico (mientras más grande, mejor) y los crayones sobre la mesa, para que los niños dibujen y coloreen olas grandes como si estuviéramos en medio del mar. Luego, pídales que hagan sonidos de olas grandes y vientos fuertes. Si algún niño menciona su temor de las tormentas, explíqueles que la Biblia nos enseña que podemos confiar en el Señor para que nos cuide durante las tormentas, y en todo momento.

Vamos a adorar

Canten un coro acerca de la Biblia y recoja la ofrenda.

Vamos a citar

Pida a los niños que se pongan de pie y que digan: el lema, la cita bíblica, la promesa y que canten el coro de Arco Iris.

Vamos a orar

Pida a dos niños que digan la siguiente oración: "Señor, te pedimos que nos ayudes a confiar en ti cuando tenemos miedo".

Pida a otros dos voluntarios que digan esta oración: "Señor, gracias por enseñarnos en tu Palabra, la Biblia, que es importante confiar en ti en todo momento y en todo lugar".

Pregunte si hay peticiones y anime a los niños a orar los unos por los otros.

Vamos a memorizar

Abra la Biblia en Salmo 119:97. Dirija a los alumnos a decir, palabra por palabra, el versículo y la cita, tocando la Biblia al hacerlo. Después, que lo digan con ademanes, a su criterio.

Vamos a escuchar

Pida a los niños que se sienten formando un círculo y dígales: Un día el Señor Jesucristo estaba enseñando junto al mar. Había mucha gente cerca de Él. Jesús tuvo que subirse a un barco para que todos lo pudieran escuchar mejor. Había mamás, papás y también niños que querían escuchar las enseñanzas de Jesús. ¿Saben ustedes dónde podemos ver las enseñanzas de Jesús? ¡Sí, en la Biblia!

Ya en la tarde, Jesús estaba muy cansado. ¿Qué hacen ustedes cuando están cansados? (*Permita unas pocas respuestas.*) Sí, dormir. Como decíamos, Jesús decidió ir en el barco mar adentro y descansar un poco. Tomaron los remos y comenzaron a remar. ¡Todos a remar el barco! (*Hagan todos la mímica de remar.*)

El Señor Jesucristo se acostó. Mientras Jesús dormía en el barco, sus amigos observaban que el clima estaba cambiando. El viento que antes soplaba suavemente, de repente cambió a un viento fuerte. ¿Cómo es que suena un viento fuerte? (*Que todos los niños hagan el sonido del viento fuerte.*) Las olas se hicieron grandes y golpeaban contra el barco. (*Que todos golpeen el piso con las manos para imitar el sonido de las olas.*)

Los amigos de Jesús tenían mucho miedo. ¡No querían que el barco se llenara de agua! Enseguida despertaron a Jesús para que les ayudara. "¡Jesús, Jesús!", gritaron sus amigos. "¿No te importa que nos vamos abajo en el agua, que nos vamos a morir?" De una vez Jesús se despertó. Tal vez se preguntó por qué sus amigos tenían tanto miedo. Ellos podían confiar en Él. Los cuidaría siempre. ¿No lo sabían ellos? En ese momento, Jesús habló al viento y al mar diciendo "¡Calla! ¡Quieto!" ¿Saben lo que pasó? De inmediato el viento dejó de soplar. (*Todos deben soplar suavemente.*) Las olas se calmaron, y el barco dejó de moverse de un lado a otro. Ahora los amigos de Jesús se sentían seguros, ya no tenían miedo. Jesús les preguntó a sus amigos "¿Por qué tenían tanto miedo? ¿No confían en mí?

¿Saben algo muy importante, niños? El Señor Jesucristo tenía razón. Sus amigos debían de haber confiado en Él cuando tenían miedo. Igual nosotros hoy podemos confiar en Él cuando tenemos miedo. ¿Cuántos dan gracias al Señor por esta lección tan importante que tenemos en la Biblia? Levantemos todos las manos para decirle "gracias" a Dios porque podemos confiar en Él siempre.

Vamos a jugar

Tenga a mano galletas de soda y agua potable con suficientes vasos desechables para todos. Explique a los niños que se le va a dar una galleta a cada uno, y que vamos a jugar que somos "artistas de galletas". Cada uno tiene que morder su galleta para tratar de formar un barco de ella. Pídales que cada uno muestre su "barco" antes de comérselo. Después de tomar todos un poco de agua, pueden jugar de "capitán de barco", levantando la mano y halando un cordón invisible para hacer sonar la bocina del barco. Pregúnteles de los momentos cuando necesitamos confiar en Dios.

Vamos a cantar

Canten "Con Cristo en mi barco, viajo feliz; él me cuidará".

Vamos a recordar

Entregue a cada niño una hoja en blanco tamaño carta. Ayúdeles a hacer un barco de papel. Al final de esta lección están las instrucciones para que usted lo pueda practicar antes de la clase. Ayude a los niños que tengan dificultad con este proyecto.

Después de hacer los barcos, separe a los niños en dos grupos, parados en filas y mirándose de frente, cada uno con su barco en la mano. Diríjalos a levantar los barcos muy alto y decir con usted, "La Biblia me enseña a confiar en Cristo". Luego que todos bajen los barcos hasta el suelo y lo digan de nuevo. Al final, que lo digan sosteniendo el barco a nivel del pecho. Hágales preguntas sencillas acerca de la historia bíblica a manera de repaso. Permítales jugar con sus barquitos sobre las olas que dibujaron en *Iniciar*.

Vamos a ordenar

Pida a los niños que le ayuden a limpiar el salón de clase antes que lleguen los padres de familia. Si hay tiempo, que digan varias veces el versículo bíblico.

Lista de materiales

❑ INICIAR: papel grande, crayones azules y celestes

❑ CITAR: CD del coro "Arco Iris" y grabadora

❑ JUGAR: galletas de soda, agua y vasitos

❑ RECORDAR: hojas de papel blanco, tamaño carta

❑ Y lo más importante siempre: LA BIBLIA

Autoevaluación

○ ¿Mis alumnos aprendieron que la Biblia nos enseña a confiar en Cristo?

○ ¿Demostraron deseos de confiar en Cristo?

○ ¿Hay cambios que hacer, cosas que corregir?

_____

_____

Barco de papel

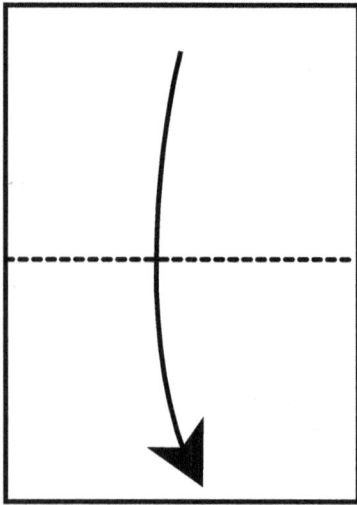

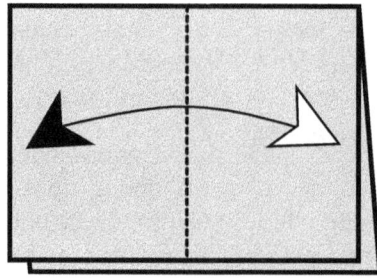

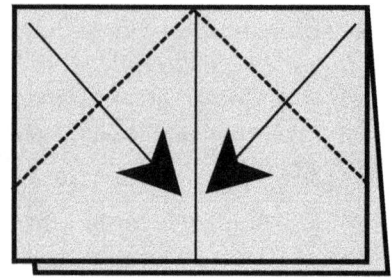

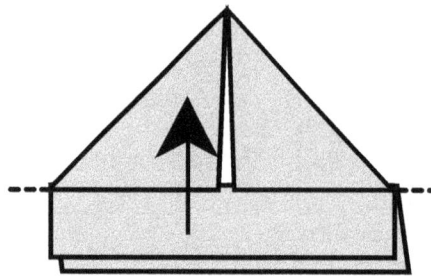

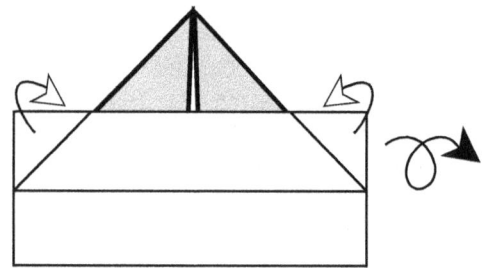

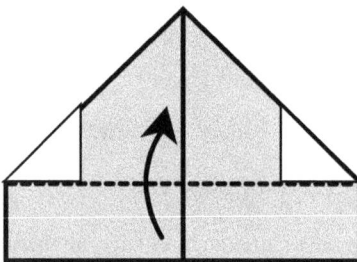

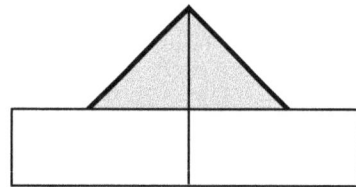

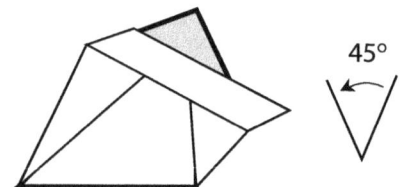

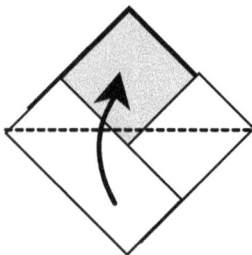

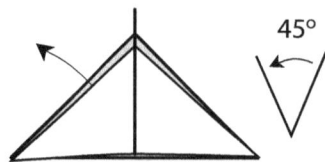

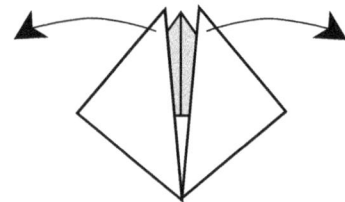

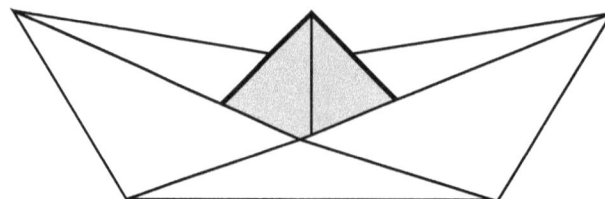

Plan de Clase #18

La Biblia me enseña a hacer lo bueno

Trasfondo bíblico

Éxodo 31:1-11, 35:30-36:2

Versículo para memorizar

"Cuánto amo tu enseñanza, Oh Dios".
—Salmo 119:97

Enfoque del mes

"La Biblia me enseña lo más importante"

Meta general

"En su Palabra Dios me enseña cosas importantes"

Objetivos

*   Que mis alumnos sepan que la Biblia nos enseña a hacer lo bueno.

*   Que mis alumnos quieran hacer lo bueno, como dice la Biblia.

*   Que mis alumnos practiquen haciendo cosas buenas en la clase.

Vamos a iniciar

Tenga puesto lo que va a usar para proteger la mesa antes de llegar los alumnos. Al entrar ellos, entréguele a cada uno un poco de plasticina (masilla) y un palito de helado. Explique que entre todos vamos a construir un modelo sencillo de una iglesia—la casa de Dios—algo parecido a lo que se nos cuenta la Biblia en el libro de Éxodo. Dirija a los niños para que hagan tablas con la plasticina, usando los palitos "como martillos" para aplanar y clavar.

Entonces "construyan" una iglesia sencilla como lo hizo Moisés y sus ayudantes. Junte las tablas de plasticina, entremezclando los palitos de helado para darle forma y fuerza a la estructura de cuatro paredes. Al final coloque el papel o paño de tela o cartón encima, como techo. Felicite a los Arco Iris por ayudar en este proyecto. Al terminar, pídales

que se sienten en un círculo para escuchar una historia bíblica muy buena.

Vamos a escuchar

Tenga a mano la colonia para que los niños puedan oler cuando se mencione el aceite.

Niños, ¿saben ustedes dónde están las mejores historias verdaderas? Sí, claro, en la Biblia. Hoy vamos a escuchar una historia sobre dos hombres muy importantes, dos hombres que hicieron cosas muy buenas para Dios, porque la Biblia nos enseña a hacer lo bueno, ¿verdad? ¿Qué nos enseña la Biblia? (a hacer lo bueno).

Uno de ellos se llamaba Bezaleel. Digan todos "Bezaleel". Y el otro se llamaba Aholiab. Digan todos "Aholiab". Nosotros vamos a hacer más fáciles sus nombres y los llamaremos Beza y Aholi, ¿está bien? Hace mucho, Dios le dijo a Moisés, el jefe de Beza y Aholi: "Moisés llama a Beza y a Aholi porque los necesito para trabajar y para ayudar a construir una casa especial para mí, donde toda la gente puedan venir para orar, cantar y escuchar mis enseñanzas".

Moisés llamó a Beza y Aholi y ellos dijeron "Sí, con mucho gusto haremos todas las cosas buenas que Dios quiere que hagamos". ¿Saben ustedes lo que Dios quería que ellos hicieran? Pues, exactamente lo mismo que ustedes acaban de hacer, construir. Ellos usaron palos y madera para hacer las paredes de la casa para Dios. ¿Cuántos de ustedes jugaron a construir las casas? Qué bueno, hicieron lo bueno jugando. (*Saque la colonia.*)

¿Saben qué más hicieron Beza y Aholi? También Dios les dijo que prepararan un aceite especial, que tuviera muy buen olor para usar en el culto a Él. Les voy a dejar oler esta colonia para tener una idea de algo parecido al buen trabajo que hicieron Beza y Aholi. (*Sujetando siempre la colonia, pásela de manera que todos la puedan oler.*) ¡Qué rico huele! ¿Verdad? Todos nosotros podemos hacer lo bueno para Dios, como nos enseña la Biblia, y como lo hicieron Bezaleel y Aholiah. (*Pida a los niños que mencionen otras cosas buenas que podemos hacer, como la Biblia nos manda.)*

Vamos a orar

Permita que los alumnos compartan peticiones o necesidades, y deje que oren unos por otros, "porque esto es una de las cosas buenas que podemos hacer—orar los unos por los otros". Al final, que todos den "gracias a Dios por habernos escuchado".

Vamos a citar

Pida a los niños que digan con usted el lema, la cita bíblica, la promesa, y que canten el coro de Arco Iris.

Vamos a memorizar

Lleve una campana u otra cosa con que hacer un sonido que capte la atención de los niños.

Diga con ellos el Salmo 119:97, "Cuánto amo tu enseñanza, Oh Dios". Pida a los niños que todos se sienten en el piso formando un círculo. Pase la Biblia entre los niños mientras hace sonar la campana. Cuando usted deje de tocar la campana, el niño que se quedó con la Biblia debe decir el versículo. Ayude a los niños en el proceso. Siga jugando hasta que todos hayan participado.

Vamos a alabar y cantar

Con la Biblia en la mano cante la siguiente canción:

Santa Biblia, para mí
eres un tesoro aquí;
(mano sobre el corazón)
me dirás qué debo hacer
y me llenas con poder.
Santa Biblia, para mí
eres un tesoro aquí.

Vamos a jugar

Tenga a mano un pañuelo. Explique a los niños que "Vamos a jugar, a los Señores Beza y Aholi. Divida la clase en dos grupos y que cada grupo se coloque en un extremo del salón de clase. Indíqueles que van a tener una competencia de equipos. Numere a los niños de cada fila. Ponga el pañuelo en la mitad del salón. Usted llamará un número, por ejemplo: 5. Los niños que al ser numerados les tocó el número 5, deben correr hacia el pañuelo. Cada niño debe tratar de agarrar el pañuelo y regresar a su fila. El niño que no logró agarrar el pañuelo, puede seguir al niño que

tiene el pañuelo para tratar de quitárselo antes de que llegue a su fila. Si lo logra, consigue un punto. El equipo que cruce con el pañuelo consigue un punto.

Vamos a recordar

Pida a los niños que digan, uno por uno, el versículo bíblico de la lección, mientras usted registra en su lista de control la participación de los alumnos.

Vamos a ordenar

Como de costumbre, que los alumnos ayuden a ordenar el aula, "porque los Arco Iris obedecen y ayudan". (Si hay tiempo vuelvan a cantar o a jugar.)

Lista de materiales

❑ INICIAR: plasticina (masilla), paños, papel o cartón, palitos de helado, algo para proteger la mesa

❑ ESCUCHAR: colonia

❑ MEMORIZAR: campanita u otra cosa para hacer sonido

❑ JUGAR: gorra y pañuelo

❑ Y lo más importante siempre: LA BIBLIA

Autoevaluación

○ ¿Mis alumnos saben que la Biblia nos enseña a hacer lo bueno?

○ ¿Mis alumnos quieren hacer lo bueno, como nos dice la Biblia?

○ ¿Mis alumnos demostraron su conocimiento al decir bien el versículo bíblico?

○ ¿Apunté los logros de cada niño?

○ ¿He orado por cada niño/niña y su familia?

○ ¿Hay cambios que hacer en la clase?

_____

_____

_____

○ ¿Hay problemas que corregir?

_____

_____

_____

Plan de Clase #19

La Biblia me enseña a decir la verdad

Trasfondo bíblico

2 Reyes 5:1-14

Versículo para memorizar

"Cuánto amo tu enseñanza, Oh Dios".
—Salmo 119:97

Enfoque del mes

"La Biblia me enseña lo más importante"

Meta general

"En su Palabra, la Biblia, Dios me enseña a hablar la verdad".

OBJETIVOS

* Que mis alumnos sepan que la Biblia nos enseña a decir la verdad.

* Que mis alumnos quieran siempre decir la verdad.

* Que mis alumnos practiquen decir la verdad en clase.

Vamos a iniciar

Provea para cada alumno media hoja de papel blanco y una pajilla (sorbete, popote) cortada en mitad. Tenga a mano pegamento para que todos puedan pegar las pajilla en los extremos más angostos de la hoja de papel.

Prepare copias del versículo bíblico para memorizar, Salmo 119:97, "Cuánto amo tu enseñanza, Oh Dios", ya cortadas de un tamaño cómodo para pegarlas en el centro de la media hoja. Lleve crayones o lápices de color para que cada niño tenga uno.

Hable con los niños acerca de cómo la Biblia, la Palabra de Dios es el libro más importante de todo el mundo. Explíqueles que antes la Biblia no tenía forma de libro, sino de rollos como los que estamos haciendo.

Nuestro rollo bíblico tiene el versículo que nos vamos a aprender. (*Aproveche el momento para repasar el versículo con ellos un par de veces.*) Felicitaciones porque recordaron el versículo bíblico. Los hombres que escribieron la Biblia escuchaban con atención a Dios para escribir lo que les estaba comunicando. Le voy a entregar un crayón o lápiz de color a cada uno para dibujar sobre el rollo que hicimos. Todos levanten en alto el crayón. Cuando diga lo que deben dibujar, ustedes lo harán. "Dibujen una línea debajo del versículo bíblico", "hagan un punto (o círculo) en la parte de arriba del versículo", "hagan una raya larga desde arriba hasta abajo en la hoja". Ahora diríjalos a enrollar la hoja.

Entregue un cordón de 15 centímetros (6 pulgadas) a cada niño para que amarren el "rollito bíblico". Pida a los niños que le entreguen los rollitos. Escríbales el nombre de cada niño y guarde los rollitos hasta el final de la clase

Vamos a alabar

Recoja la ofrenda y canten el coro "Santa Biblia".

Vamos a citar

Pida a los niños que se pongan de pie y que formen dos filas. La primera fila debe decir el lema y la cita bíblica. La otra fila debe decir la promesa y todos deben cantar el coro de Arco Iris.

Vamos a orar

Pida que varios niños oren voluntariamente para darle gracias a Dios por darnos la Biblia—el mejor libro de todos, que nos enseña las cosas que debemos saber.

Vamos a escuchar

Antes de la clase lea en la Biblia 2 Reyes 5:1-14. Lleve a la clase una muñeca o un títere para representar a la sierva fiel, quien tenía el valor de decir la verdad a pesar de estar en una situación muy difícil.

Quiero presentarles a una amiga. No sabemos el nombre de ella pero la Biblia nos cuenta su historia. La Biblia nos dice que ella se sentía muy triste. ¿Saben por qué estaba tan triste? (*Permita respuestas.*) Esta niña estaba muy triste porque un día alguien la llevó lejos de su casa, a un país muy lejano. En este país tenía que trabajar todos los días y no podía estar con su mamá, con su papá, ni con sus hermanos y hermanas. Pasaban los días y ella recordaba lo que sus padres le habían enseñado de la Palabra de Dios. Recordaba cuánto Dios la amaba. Ella hizo todo lo posible para dejar que el amor de Dios se reflejara en su vida. (*Mueva la muñeca para demostrar alegría.*) Un día ella se dio cuenta que había algo MUY MALO en la casa donde vivía y trabajaba. Algo pasó con el hombre de la casa, que se llamaba Naamán. ¿Sabe lo que había pasado? Pues, le voy a decir a "————" al oído para que les cuente (*susurre a un niño, "Naaman estaba enfermo, MUY enfermo"*). Ahora, tú, cuéntale a todos para que sepan que pasó con este hombre. ¿Qué pasó?

Sí, qué triste, ¿verdad? ¿Cuántos saben lo que es estar enfermos? ¿Les gusta estar enfermos? Pues, tampoco a Naamán le gustaba. (*Haga que la muñeca se pare bien derecha.*) "Pero, bueno", dijo la niña de nuestra historia bíblica, "yo sé algo muy importante, algo que es la verdad, algo que Naamán necesita saber". Entonces ella le dijo a la esposa de Naamán, "me gustaría que el señor Naamán fuera a mi tierra para ver al profeta de Dios allá. ¡Yo sé que es verdad que Dios lo puede sanar de su enfermedad!"

¿Saben lo que pasó? La esposa le contó a Naamán, quien decidió hacer el viaje para ir a ver al profeta de Dios. Naamán emprendió el viaje hacia la tierra de la niña para ver al profeta. Él llegó y vio al profeta. Cuando Naamán hizo lo que el profeta le mandó hacer, ¡Dios lo sanó!

¡Qué bueno que la niña tenía el valor de decir la verdad, a pesar de estar en una situación tan difícil! ¿Verdad?

Vamos a cantar

Canten:"Somos soldaditos, siervos de Señor".

Anime a los niños que deben estar preparados para compartir con los demás que Jesús sana y que deben confiar en Él porque nos cuida.

Vamos a jugar

El semáforo de la verdad

Tenga dos círculos recortados para cada niño, uno verde y otro rojo. El propósito de este juego es ayudar a los niños a tener una noción correcta entre lo que es verdadero y lo que es mentira, entre lo que es real y lo que es fantasía. Pida a los niños que se sienten en un semicírculo en el piso. Pregunte cuántos saben el significado de los colores del semáforo. Hable de que el verde nos dice que está bien seguir hacia delante y el rojo nos dice que debemos pararnos y no seguir. Explíqueles que usted va a decir algunas cuantas cosas y ellos deben decidir si es verdad o es mentira. Ellos van a mostrar o levantar el color verde para indicar "verdad" y el rojo para indicar "mentira". Diga las siguientes frases:

- "Estamos todos sentados en el piso". (verdad, verde)

- "Hay un león aquí en la clase de Arco Iris". (mentira, rojo)

- "La niña de la historia bíblica de hoy dijo la verdad". (verdad, verde)

- "Nuestro lema es 'Los Arco Iris ayuden y obedecen'." (verdad, verde)

- "Todos tenemos cuatro manos y dos cabezas". (mentira, rojo)

- "La Biblia nos enseña cosas muy importantes." (verdad, verde)

- "Ricardo (*nombre de un niño presente*) tiene dientes azules". (mentira, rojo)

- "Susana (*nombre de una niña presente*) tiene un elefante en su casa". (mentira, rojo)

- "Nosotros en Arco Iris amamos la enseñanza de Dios en la Biblia". (verdad, verde)

Siga con otras ideas hasta que note que los alumnos van perdiendo interés en el juego. Recoja los círculos y guárdelos para usar de nuevo en otra clase.

Vamos a memorizar y recordar

Entregue a cada niño el rollito bíblico. Ahora vamos a recordar nuestro versículo bíblico, a ver si todos podemos hacer la mímica de leerlo del rollito. Pida que los niños abran sus rollitos y digan con usted el versículo bíblico. Luego pida que las niñas con pelo largo lo digan, después todos los que comieron arroz hoy (o papas o tortillas) lo lean, etc.

Vamos a ordenar

Invite "a los Arco Iris que saben ayudar y que saben que la Biblia nos enseña siempre a decir la verdad" a limpiar el salón de clase mientras esperan la llegada de los padres. Si hay tiempo, canten un coro que a todos les guste y/u oren todos juntos, dándole gracias a Dios por la Biblia.

Lista de materiales

❑ INICIAR: media hoja de papel (blanco o crema) por alumno, una pajilla partida en dos por alumno, copias del versículo bíblico para todos, cordones para todos de unos 15 cm., crayones o lápices de color, y pegamento

❑ CITAR: el coro lema de Arco Iris en CD

❑ ESCUCHAR: muñeca o "títere niña"

❑ JUGAR: círculos recortados, dos círculos por niño, de los colores verde y rojo

❑ Y lo más importante siempre: LA BIBLIA

Autoevaluación

○ ¿Los alumnos aprendieron que la Biblia nos enseña a decir la verdad?

○ ¿Los alumnos quieren siempre decir la verdad?

○ ¿Los alumnos practicaron decir la verdad en la clase?

○ ¿Los alumnos pueden decir de memoria el Salmo 119:97?

○ ¿Mantengo al día la lista de control?

○ ¿Hay cambios que hacer en la clase?

_____

_____

_____

○ ¿Hay problemas que corregir?

_____

_____

_____

Notas

Plan de Clase #20
La Biblia nos enseña a amarnos unos a otros

Trasfondo bíblico

2 Samuel 9:1-13

Versículo para memorizar

"Cuánto amo tu enseñanza, Oh Dios".
—Salmo 119:97

Enfoque del mes

"La Biblia me enseña lo más importante"

Meta general

"En su Palabra, la Biblia, Dios me enseña cosas importantes"

Objetivos

- Que mis alumnos sepan que la Biblia nos enseña a amar a otros.

- Que mis alumnos deseen amar como la Biblia nos enseña.

- Que mis alumnos expresen y demuestren amor el uno por el otro.

Vamos a iniciar

Lleve unas vendas para "jugar al doctor" con los niños, y si es posible algunos palos para usarlos como muletas o bastones.

Divida a los niños en dos grupos. Unos serán los doctores y otros serán los enfermos. Dé a los doctores las vendas para que las apliquen a los enfermos en las manos, brazos, o piernas. Mantenga una conversación con ellos sobre el dolor y la molestia de tener heridas. Pregúnteles si alguna vez han sufrido caídas o accidentes. Si tiene las muletas o algún bastón, déselas a los enfermos para que intenten caminar con ellas.

Pida a los niños que dejen todo en un rincón del salón de clase y que se sienten para escuchar la historia de hoy.

Vamos a escuchar

Prepare algo sencillo para comer, algo fácil de conseguir y económico en su área, pero a la vez "algo especial" que a los niños les guste. Tenga a mano lo necesario para poder servirlo, unas flores para la mesa u otra cosa para dar "un toque especial".

Comience este segmento preguntando, "¿A cuántos de ustedes les gusta comer? Entonces pídales que algunos mencionen sus comidas favoritas.

Abra la Biblia en 2 Samuel 9 y diga que hay una historia en la Biblia que nos habla de comida y de dos hombres muy especiales. El Rey David, era el hombre más importante en ese tiempo (*algo como un presidente ahora*). David tenía un amigo muy especial que se llamaba Jonatán. Era su mejor amigo. (*Pregunte a los niños si tienen un mejor amigo.*) Pero algo triste pasó. ¿Saben qué? Un día murió Jonatán, el buen amigo a quien amaba David.

Déjenme ver si pueden hacer caras tristes. Porque siempre es triste cuando un amigo querido o un familiar se muere, ¿verdad? Unos días después de la muerte de su buen amigo Jonatán, el Rey David decidió preguntar si había algún familiar de él, alguien a quien pudiera invitar a comer en su casa con él. Alguien le contó al Rey David de un joven que se llamaba Mefi-boset. Él era hijo de su buen amigo Jonatán. ¿Pero saben algo triste? Mefi-boset no podía caminar bien, estaba cojo de os dos pies. ¿Por qué estaba cojo? Pues, cuando era niño—más o menos de la misma edad de ustedes—después de morir su papá Jonatán—la mujer que cuidaba al niño Mefi-boset tuvo miedo de que alguien fuera a hacerle daño, lo alzó y comenzó a correr. Pero, Ay, Ay, tropezó y dejó caer al pequeño Mefi-boset y la caída le hizo tanto daño a los pies de Mefi-boset que él nunca pudo caminar bien, tenía que usar muletas. Cuando el Rey David invitó al joven Mefi-boset a comer en su casa, en la mesa había cosas muy ricas, muy sabrosas. (*Comience a servir lo que ha llevado para comer. Haga una pausa para orar dando gracias a Dios.*) Mefi-boset se quedó a vivir con el Rey para siempre y David le ayudó para que nada le faltara.

Vamos a citar

Pida a los niños que se pongan de pie y juntos digan: el lema, la cita bíblica, la promesa, y todos a cantar el coro de Arco Iris.

Vamos a memorizar

Lleve a la clase una pluma de ave para usar durante este segmento. Pida a los niños que formen dos filas y que se coloquen en lados opuestos del salón. Usted se para en un extremo, entre las dos filas con la Biblia en la mano. Repase un par de veces el versículo con todos, entonces comience una "práctica de pluma". Explique que la meta es decir el versículo, con su cita, durante la caída de la pluma antes que ésta toque el piso. Entonces usted suelta la pluma de una altura con el brazo extendido por encima de la cabeza, y los niños deben decir el versículo con usted. Luego que lo haga una fila a la vez; practíquelo varias veces.

Vamos a alabar

Recite la siguiente poesía, con mímicas apropiadas:

Dios nos creó con un propósito

para amar y amarnos unos a otros

Dios nos creó con un propósito

ser amigos y cuidarnos unos a otros

Dios nos creó con un propósito

jugar y ayudarnos unos a otros.

Vamos a jugar

La Ronda

Lleve a la clase una pelota mediana. Pida que los niños se sienten en el piso con las piernas abiertas, tocando los pies del niño que está a su lado. La pelota se hace rodar en ese espacio, tirándola entre los niños con las manos. El alumno que tira la pelota dice: "Eres mi amigo/a, _____". Siga con el juego hasta que todos participen.

Vamos a orar

Los alumnos se ponen de pie, todavía en ronda, tomándose de las manos y dicen: "Vamos a orar, vamos a orar, a Dios con amor a hablar, ya vamos a orar". Entonces oren juntos, dando gracias a Dios porque "en Su Palabra, la Biblia, nos enseña cosas muy importantes". Permita que los niños expresen sus necesidades y oren por ellas.

Vamos a recordar

Repasen la historia bíblica, dirigiendo a los niños a dramatizarla.

Vamos a cantar

Canten un coro que los niños escojan.

Vamos a ordenar

Como de costumbre, permita que los alumnos ayuden a ordenar el aula mientras esperan a los papás, porque "Los Arco Iris ayudan y obedecen".

Lista de materiales

❑ INICIAR: vendas para vendar y palos para muletas o bastones

❑ ESCUCHAR: comida "rica" para compartir, y lo necesario para servirla

❑ CITAR: CD del coro Arco Iris, grabadora

❑ MEMORIZAR: pluma u otra cosa semejante

❑ JUGAR: pelota mediana

❑ Y lo más importante siempre: LA BIBLIA

Autoevaluación

○ ¿Los alumnos saben que la Biblia nos enseña a amarnos?

○ ¿Los alumnos expresaron su amor los unos a los otros?

○ ¿Los alumnos aprendieron Salmo 119:97?

○ ¿Hay cambios que hacer en la clase?

Plan de Clase #21

Cristo ama a sus amigos

Trasfondo bíblico

Marcos 1:16 al 20

Versículo para memorizar

"Ustedes son mis amigos"   — Juan 15:14

Enfoque del mes

"Cristo es mi amigo"

Meta general

"Cristo, mi amigo que me ama"

Objetivos

- Que mis alumnos entiendan que Cristo es su amigo.

- Que mis alumnos deseen ser amigos fieles de Cristo.

- Que mis alumnos digan de memoria Juan 15:14.

Vamos a iniciar

A medida que llegan los alumnos, forme parejas. Las parejas deben sentarse juntas. Dígales que van a pretender que están en un barco y se van a balancear suavemente, tomandose de las manos, primero hacia un lado y después hacia el otro, con ritmo como si estuvieran en un barco. Luego, imaginen que están pescando y tiran el anzuelo (una red, o lo que sea conocido en su área), lo sostienen, lo mueven un poco y por fin lo sacan del agua. Pida a los niños que finjan pescar algo. Deje que los niños jueguen por un rato.

Vamos a citar

Pida a los niños que se pongan de pie y que formen dos filas. La primera fila debe decir el lema y la cita bíblica. La otra fila debe decir la promesa. Que todos juntos canten el coro de Arco Iris.

Vamos a orar

Pregunte si los niños tienen alguna necesidad por la cual orar. Recuérdeles que en Cristo tenemos un amigo fiel que se preocupa por nosotros.

Vamos a memorizar

Con la Biblia abierta en Juan 15:14 diga: "Miren, niños, aquí en la Biblia tenemos algo muy importante que dijo Cristo. ¿Quieren saber lo que dijo? "Ustedes son mis amigos". ¿Sabían que somos todos amigos de Cristo? Vamos a decirlo todos juntos, "Ustedes son mis amigos". Que lo digan parados sobre un pie, luego el otro.

Vamos a alabar

"Yo tengo un amigo que me ama"

//Yo tengo un amigo que me ama, me ama, me ama;
yo tengo un amigo que me ama,
su nombre es Jesús//

Puede variar con las siguientes frases: Tú tienes un amigo que te ama (señalando a otro)...." y también "Tenemos un amigo que nos ama (tomándose de las manos, marchando en ronda).

Vamos a escuchar

Prepare de antemano un mural sencillo (o en la pizarra) con montañas, el cielo con algunas nubes y un lago. O puede buscar en revistas o calendarios algún cuadro parecido.

Abra la Biblia en el pasaje de Marcos 1:16-20. Pida a los niños que se acerquen a usted y al mural para que escuchen la historia.

Un día salió Jesús a caminar cerca del lago. Él miró hacia las montañas en la distancia, pensando: "¡Qué lindas son las montañas!" ¿Dónde están las montañas en el dibujo? También miró hacia el cielo, y vio las nubes. ¿Dónde están las nubes? Cuando caminaba por la orilla del lago, Cristo se sentó en una roca grande para ver lo que hacían unos hombres allá lejos de la orilla en su barco. Los hombres estaban pescando y poniendo los peces en su barco. Cristo pensó, "Yo quiero que estos hombres sean mis amigos, y que me ayuden a enseñar a otros acerca del amor de Dios". ¿Saben lo que hizo Jesús? Se fue adonde ellos estaban y les hizo una invitación muy especial. Con una sonrisa grande ¡déjenme ver sus sonrisas más grandes!, Cristo les dijo, 'Vengan conmigo'. ¿Qué les dijo Cristo a los pescadores? Sí, que se fueran con Él. Desde ese día los pescadores siguieron a Jesús. Estos hombres fueron sus amigos y ayudantes especiales. Ahora Cristo tenía cuatro amigos que sabían pescar: Pedro, Andrés, Juan y Jacobo. Ellos estaban felices porque sabían que Cristo sería un amigo muy bueno para ellos.

Vamos a jugar

Explique que vamos a jugar al paseo en el lago. Pídales que formen una fila y se tomen de los hombros sin soltarse. Están formando un barco muy grande. Coloque el "lago" en el piso. Pídales que caminen juntos alrededor del "lago," dando una vuelta por el salón de clase. Diríjalos en decir "Cristo es mi amigo" al caminar.

Permítales fingir que tomen cañas de pescar y jueguen como si fueran pescadores.

Vamos a recordar

Dé a cada niño una hoja de papel y crayones. Pida a los niños que hagan un dibujo de la historia que escucharon hoy. Deben dibujar un lago, un barco, a Jesús y a sus amigos. Mantenga una conversación acerca de sus amigos, haciendo preguntas como: ¿Cómo se llama tu amigo/a?, ¿A qué juegas con tu amigo/a?, etc. Pídales que repitan, mientras hacen sus dibujos, el versículo bíblico, "Ustedes son mis amigos", Juan 15:14.

Vamos a cantar

Canten de nuevo "Yo tengo un amigo que me ama".

Vamos a ordenar

Pida a los alumnos que le ayuden a ordenar el salón de clase mientras esperan la llegada de los padres.

Lista de materiales

❏ CITAR: coro de Arco Iris en CD, grabadora

❏ ESCUCHAR: mural dibujado o cuadro de un paisaje con montañas, nubes y lago

❏ JUGAR: algo para imitar un lago (papel, tela, etc.)

❏ RECORDAR: hojas de papel, crayones y/o lápices de color

❏ ORDENAR: corazones de cartulina con la escritura del lema, hilo, cinta o cordoncito

❏ Y lo más importante siempre: LA BIBLIA

Auto-evaluación

❍ ¿Mis alumnos entienden que Cristo es su amigo?

❍ ¿Mis alumnos desean ser amigos de Jesús?

❍ ¿Mis alumnos pueden repetir de memoria Juan 15:14?

❍ ¿Hay deficiencias que mejorar?

_____

_____

❍ ¿Hay problemas que corregir?

_____

_____

Plan de Clase #22

Cristo sana a un amigo que no podía ver

Trasfondo bíblico

Marcos 10:46-52

Versículo para memorizar

"Ustedes son mis amigos".   —Juan 15:14

Enfoque del mes

"Cristo es mi amigo"

Meta general

"Cristo, mi amigo que me sana"

Objetivos

- Que mis alumnos entiendan que Cristo es su amigo y los sana.

- Que mis alumnos deseen confiar en Cristo para ser sanados.

- Que mis alumnos oren por los enfermos.

Vamos a iniciar

Lleve a la clase varios pañuelos para vendar los ojos de los alumnos. A medida que van llegando los niños, forme parejas y vende los ojos a uno de ellos. Pida que el otro niño tome un objeto de los que trajo a la clase y que coloque el objeto en las manos del niño que tiene vendados los ojos. Deles unos minutos para ver si pueden identificar lo que es. Cuando hayan participado todos los niños, explíqueles lo difícil que es vivir sin la vista.

Dígales que hoy van a escuchar una historia de Jesús cuando sanó a un hombre que estaba ciego.

Vamos a escuchar

Tenga a mano una mantilla para que ponerse en la cabeza y representar el papel de Jesucristo, y otra para cuando hable de Bartimeo.

Pida a los niños que se sienten a su alrededor para que escuchen lo que sucedió.

(*Bartimeo*) ¡Hola! Me llamo Bartimeo. Soy ciego, es decir, no puedo ver. Todos los días me siento junto al camino y pido dinero a la gente para poder comprar comida. ¿Qué pasa? ¿oigo muchas pisadas que se acercan? ¿Quién viene? Es Jesús, dice la gente. ¡Ay, que bueno! He oido decir que Jesús puede sanar a los enfermos, como yo. ¡Jesús, Jesús!

(*Póngase el otro manto sobre la cabeza.*) ¿Qué quieres que yo haga por ti?

(*Bartimeo*) Yo quiero ver, quiero ver.

(*Jesús*) Porque tú has creído en mí, serás sano y podrás ver.

(*Bartimeo*) Ya puedo ver, ya veo todo, porque mi amigo Jesús me ha sanado. Veo a Jesús y lo voy a seguir, ¡Sí, voy a seguir a mi amigo Jesús, pues Él me sanó! Que alegría, puedo ver otra vez. Jesús me sanó, y contaré a todos del poder de Jesús y su amor.

Vamos a orar

Tenga un tiempo de oración con los niños, sobre todo por la sanidad de ellos, de su familia, de sus amistades. Enséñeles a orar el uno por el otro, tocando la frente o el hombro suavemente. Concluya el tiempo de oración dándole gracias a Dios "porque Jesucristo es nuestro amigo fiel que nos sana cuando estamos enfermos".

Vamos a citar

Pida a los niños que digan el lema, la cita bíblica, la promesa, y que canten el coro de Arco Iris.

Vamos a memorizar

Explíqueles a los alumnos que aún las personas ciegas se pueden memorizar versículos bíblicos. Entonces hoy vamos a decir nuestro versículo, cerrando los ojos: Juan 15:14 "Ustedes son mis amigos". Ahora pongámonos las manos sobre los ojos para decirlo otra vez. Vamos a decirlo todos juntos con los ojos abiertos, y las manos levantadas dando gracias a Dios por nuestros ojos con que podemos ver.

Vamos a alabar

Formen una ronda, todos tomados de la mano. Pídale a cada uno que diga algo por lo cual él o ella quiere alabar al Señor Jesucristo, nuestro amigo fiel. Después que todos hayan participado, canten:

//Cristo mi amigo fiel
me ama y vela por mi
cuando solo estoy
mi amigo fiel es Él//

Vamos a jugar

¿Sabes qué es?

Saque la bolsa o funda plástica de color oscuro con varios objetos sencillos y conocidos, por ejemplo: un lápiz, una pluma, una tiza, un botón, una moneda, una cuchara, etc. Pregunte a los alumnos que cuántos quieren meter la mano y decir qué hay en la bolsa. Pida que los niños tomen turnos para tocar dentro de la bolsa sin ver. Pregúnteles si han podido identificar el objeto que han tocado. Que digan en qué podemos usarlo.

Cuando todos hayan participado, pídales que se sienten y deles un bocadillo para comer. Haga una oración corta por la comida.

Vamos a recordar

Pida a dos niños que hagan el papel de Jesús y Bartimeo. Pida a los demás que ayuden a recordar la historia que escuchamos el día de hoy. Dé la oportunidad a otra pareja que represente a los personajes de hoy.

Vamos a cantar

Cante: "Oh, que amigo nos es Cristo" (No. 14 en *Himnos de Gloria*) solamente las dos primeras líneas con la siguiente letra:

//"¡Oh, que amigo nos es Cristo!
El llevó nuestro dolor.
Y nos manda que llevemos,
todo a Dios en oración".//

Vamos a ordenar

Como de costumbre, dirija a los alumnos para ayudar a ordenar el aula mientras esperan la llegada de los padres. Si hay un poco de tiempo, practiquen el versículo bíblico, Juan 15:14, "Ustedes son mis amigos", variando la postura del cuerpo al hacerlo.

Lista de materiales

❑ INICIAR: pañuelos para vendar los ojos de los alumnos, y algunos objetos con textura para palpar

❑ ESCUCHAR: dos paños o chales o retazos de tela para hacer los dos disfraces

❑ CITAR: CD con el coro de Arco Iris, grabadora

❑ JUGAR: bolsa (o funda o caja) con unos objetos sencillos para "tocar y adivinar"; comida sencilla para bocadillos.

❑ Y lo más importante siempre: LA BIBLIA

Autoevaluación

○ ¿Mis alumnos entienden que Cristo es su amigo y los sana?

○ ¿Mis alumnos desean confiar en Cristo para la sanidad?

○ ¿Mis alumnos saben orar por los enfermos?

○ ¿He anotado los logros en la hoja de control?

○ ¿Hay deficiencias que mejorar?

_____

_____

_____

○ ¿Hay problemas que corregir?

_____

_____

_____

Plan de Clase #23

Jesús es amigo de los niños

Trasfondo bíblico

Lucas 5

Versículo para memorizar

"Ustedes son mis amigos".   —Juan 15:14

Enfoque del mes

"Cristo es mi amigo"

Meta general

"Cristo, mi amigo que me ayuda".

Objetivos

* Que mis alumnos entiendan que Cristo es su amigo y les quiere ayudar.

* Que mis alumnos deseen tener la ayuda de Cristo en su vida.

* Que mis alumnos aprendan a orar en todo momento.

Vamos a iniciar

Invite a cada niño a pasar a la mesa para que peguen los ojos y la boca de un niño en el plato de papel. Mientras trabajan, mantenga una conversación acerca de nuestro amigo Jesús. Él sabe cómo nos sentimos y qué nos gusta. Jesús desea ser nuestro amigo y cuidarnos en todo momento. Guarde los trabajos.

Vamos a citar

Pida a los niños que digan con usted, o dé la oportunidad a un niño que quiera decir solo, uno de los siguientes: el lema, la cita bíblica, la promesa; que todos canten el coro de Arco Iris.

Vamos a orar

Formen todos una "ronda de oración" y pregunte si hay necesidades por alguien que se siente triste y necesita la ayuda de Cristo. Dirija a los niños en oración, dando gracias porque Jesús quiere ayudarnos y también porque sabe cuándo estamos tristes y necesitamos su ayuda.

Vamos a memorizar

Con la Biblia en la mano, repasen el versículo bíblico Juan 15:14 "Ustedes son mis amigos". Converse acerca de cómo los amigos se ayudan cuando están tristes. Haga grupitos de tres o cuatro, para que tomados de la mano y dando vueltas, digan varias veces el versículo bíblico.

Vamos a escuchar

Saque una copia del niño que viene al final de esta clase, píntelo y péguelo en un cartón. Pida a los niños que todos se sienten en el piso, cerca de donde está usted para escuchar la historia.

Hoy les quiero contar una historia que está en la Biblia. Jesús caminaba mucho con sus discípulos, sanaba a las personas, y ayudaba a muchas personas. Un día, mucha gente siguió a Jesús, más de 5.000 personas. Eso es mucha gente. Era un día muy caliente y todos tenían hambre. Los discípulos estaban preocupados porque no tenían dinero para comprar comida para tantas personas. Un discípulo encontró a este pequeño niño que tenía dos peces y cinco panes. Jesús miró al niño con amor y tomó los dos panes y los peces. Jesús dijo a sus discípulos que pidieran a la gente que se recostara en el suelo. Jesús oró por la comida y pidió a los discípulos que repartieran los panes y los peces. Comieron todos y sobró comida en abundancia.

Este niño ayudó a Jesús, y Jesús ayudó a todos.

Vamos a alabar

Ahora vamos a cantar al Señor Jesucristo porque Él es nuestro amigo que nos ayuda y nos hace felices.

//Sólo Cristo hace al niño feliz//, Él me ama y Él me ayuda. Sólo Cristo hace al niño feliz//

(Del coro "Sólo Dios hace al hombre feliz").

Vamos a recordar

Saque de nuevo el dibujo del niño que se usó durante "Escuchar" y páselo entre los niños. Al sostenerlo en la mano, cada alumno tiene que decir el versículo bíblico, Juan 15:14 "Ustedes son mis amigos".

Vamos a cantar

Yo tengo un amigo que me ama, me ama, me ama.

Yo tengo un amigo que me ama, su nombre es Jesús.

Yo tengo un amigo que me sana...

Yo tengo un amigo que me ayuda...

Vamos a jugar

La ronda

Lleve a la clase una pelota liviana, no muy grande. Pida que los niños se sienten en el suelo con las piernas un poco abiertas, tocando los pies del que está a su lado, formando así un espacio cerrado. Haga rodar la pelota dentro del círculo empujándola con las manos. Cuando un niño hace rodar la pelota hacia otro, debe llamarlo por su nombre y decirle: "———— Cristo es mi amigo". El niño que recibe la pelota tiene que completar la frase diciendo: "Sí, amigo que me ayuda". Sigan jugando hasta que todos hayan podido participar al menos una vez.

Vamos a ordenar

Pida a los niños que le ayuden a limpiar el salón de clase antes que lleguen los padres por ellos. Si hay tiempo, vuelvan a cantar unos de los coros.

Lista de materiales

❑ INICIAR: platos de papel pequeños o círculos de cartulina, ojos redondos y bocas recortadas; pegamento

❑ CITAR: coro de Arco Iris en CD, grabadora

❑ ESCUCHAR: dibujo del niño (que viene en la siguiente hoja) preparado para "contar la historia"

❑ JUGAR: bola (pelota) mediana, liviana

❑ Y lo más importante siempre: LA BIBLIA

Autoevaluación

○ ¿Mis alumnos entienden que Cristo es su amigo y los quiere ayudar?

○ ¿Mis alumnos desean tener la ayuda de Cristo en su vida?

○ ¿Mis alumnos oran confiando en que Cristo les ayudará?

○ ¿He anotado los logros de cada niño en la hoja de control?

○ ¿Hay cosas que mejorar en la clase?

_____

_____

_____

○ ¿Hay problemas que corregir?

_____

_____

_____

Plan de Clase #24
Jesús se hace amigo de Leví

Trasfondo bíblico

Lucas 5:27-32

Versículo para memorizar

"Ustedes son mis amigos".   —Juan 15:14

Enfoque del mes

"Cristo es mi amigo"

Meta general

"Cristo, el amigo de todos"

Objetivos

* Que mis alumnos entiendan que Cristo quiere hacerse amigo de todos.

* Que mis alumnos deseen hablar de su amigo Jesús a otros.

* Que mis alumnos digan de memoria Juan 15:14.

Vamos a iniciar

Tenga a mano un globo terráqueo o mapamundi. Prepare el dibujo de los niños alrededor del mundo pegado a un cartón.

Al llegar los niños, dirija su atención al globo o al mapa, y hablen sobre algunos lugares del mundo por ejemplo: dónde está el país en el que están ústedes, dónde vivió Jesús, dónde viven los niños esquimales dónde hace mucho frío, dónde viven los niños africanos, dónde hace mucho calor, etc. Después de un rato, saque el dibujo de los niños y vayan "alrededor del mundo" con los dedos, señalando a los niños de diferentes lugares. Hable de que Cristo ama y quiere hacerse amigo de todas las personas del mundo. Lo más importante es que las personas que ya tienen a Cristo como su amigo, vayan a otros lugares del mundo para contarles de Jesús a los que no lo conocen.

Vamos a orar

Invite a los alumnos a orar con usted por las personas del mundo que no han oído que Cristo quiere hacerse amigo de ellas. También dé la oportunidad a varios niños para que oren por los niños de otros lugares que necesitan saber del amor de Jesús. Concluyan orando por los niños y los grandes, que viven cerca de usted y que necesitan conocer a Cristo como su amigo.

Vamos a citar

Pida a los niños que digan con usted, o dé la oportunidad a un niño que quiera decir solo, uno de los siguientes: el lema, la cita bíblica, la promesa, y que todos canten el coro de Arco Iris.

Vamos a jugar

Viaje a la selva

Busque y lleve a la clase varios dibujos o fotos de animales que se encuentran en la selva. Clasifíquelos en tres grupos: animales que viven en el agua, animales que viven en la tierra, y animales que tienen alas y pueden volar. También lleve tres canastas (o cajas) pequeñas para usarlas como "jaulas".

Antes que lleguen los alumnos, debe esconder todos los dibujos alrededor del aula. Cuando ya entren a este segmento, muestre a los niños las tres canastas o cajas. Explíqueles que el juego de hoy trata de encontrar los animales de la selva que están en algún lugar del salón de clase. Antes de salir de viaje, tenemos que ponernos las botas, el sombrero, y las gafas de sol (*haga la mímica de estos movimientos*). Ay, también debemos llevar la mochila con algo para comer, ¿verdad? ¿Qué vamos a llevar para comer? Creo que ya estamos listos para comenzar nuestro viaje a la selva.

Pero antes, tenemos que separarnos en tres grupos, porque un grupo va a buscar animales que viven en el agua (*seleccione a varios niños para ese grupo y deles una de las canastas o cajas*), a otro grupo le toca buscar animales que viven en la tierra (*haga lo mismo con este grupo*), y el tercer grupo va a buscar animales que viven en los árboles y vuelan (*entregue una canasta a este grupo también*).

¿Están listos? Uno, dos, tres—¡salgan de viaje a la selva en busca de los animales!

Ayude a los niños a identificar los animales que corresponden a su grupo. Si es posible, consiga a dos ayudantes más para que cada grupo tenga un líder. Después de que hayan encontrado todos los animales, hable de cómo Cristo quiere que nosotros salgamos a buscar—no animales en la selva—sino a personas que no lo conocen y no saben que Él quiere ser amigo de ellos.

Vamos a cantar

Canten "El Arca de Noé" y "Yo tengo un amigo que me ama".

Vamos a escuchar

Lleve algo sencillo para comer y diga a los niños: "Vamos a imaginarnos que hoy comeremos con Jesús en la casa de su amigo Leví". Pida a los niños que todos se sienten alrededor de la mesa.

"Un día salió Jesús a caminar (*camine usted*) y vio a un hombre llamado Leví sentado en una mesa donde trabajaba recolectando los impuestos de la gente (*eso es el dinero que se tiene que pagar al gobierno*). Jesús le dijo , "Sígueme". (*Señale a un niño y llámelo a seguirle*.) Así mismo hizo Leví, se levantó y siguió a Jesús. ¡Qué bueno! Jesús ya tenía un nuevo amigo para ir con Él a contarle a la gente de su amor para todos. ¿Saben lo que Leví preparó para Jesús? Una comida en su casa e invitó a mucha gente que no sabía que bueno era Jesús y cuanto Él quería hacerse amigo de todos. ¿Cuántos quieren jugar que estamos en la mesa con Jesús y Leví? (*Saque la comida y repártala*.) ¡Qué rico! ¿verdad? Jesús quiere que todos sepan que Él nos ama y quiere ser nuestro amigo. Él desea que nosotros también les contemos a otros de su amor y amistad, lo más grande que hay en todo el mundo.

Vamos a memorizar

Los alumnos deben decir de memoria el versículo bíblico, Juan 15:14, "Ustedes son mis amigos". Si algún niño no lo ha aprendido de memoria, ayúdelo hasta que lo pueda decir. Que lo digan juntos varias veces, variando la forma. Escriba en la hoja de control el progreso y cumplimiento de este requisito.

Vamos a alabar

Dé a cada niño dos paletas de helado. Diga a los niños que Dios creó la música para adorarlo y los instrumentos para hacer música. Hoy con las dos paletas vamos a marcar el ritmo. Pueden tocar paleta contra paleta o usarlas como palos de tambor. Si tiene alguna música en C.D. o casete puede tocarla para que los niños sigan el ritmo, si no, canten "Somos soldaditos".

Vamos a recordar

Esta es la última lección de esta unidad. Los niños deben haber cumplido con los requisitos para poder ganará su insignia Rojo. Revise si cada niño ha cumplido con los siguientes requisitos:

❑ Cantar un coro del tema de la Biblia

❑ Orar en la clase de Arco Iris

❑ Asistir al menos a 60% de las clases durante esta unidad (mínimo de 5 de las 8)

❑ Citar de memoria Salmo 119:97 y Juan 15:14

Si tiene tiempo puede hacer una breve ceremonia de premios invitando a los padres de los niños.

Vamos a ordenar

Pida la ayuda de los niños para ordenar el salón de clase. Entregue todos los trabajos que han realizado. Agradezca a cada uno por su participación y, si es posible, entregue a cada uno un caramelo o dulce de agradecimiento y aprobación por el buen trabajo.

Lista de materiales

❑ INICIAR: globo terráqueo o mapamundi, el dibujo de los niños alrededor del mundo pintado y pegado en cartón

❑ CITAR: el coro de Arco Iris en CD, grabadora

❑ JUGAR: dibujos de animales de la selva, tres canastas o cajas pequeñas

❑ ESCUCHAR: algo sencillo para comer

❑ ALABAR: paletas de helado

❑ Y lo más importante siempre: LA BIBLIA

Autoevaluación

❑ ¿Mis alumnos captaron que Cristo quiere ser amigo de todos?

❑ ¿Hay algo que debo cambiar?

Unidad Amarillo

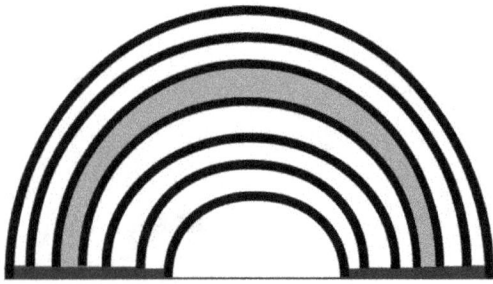

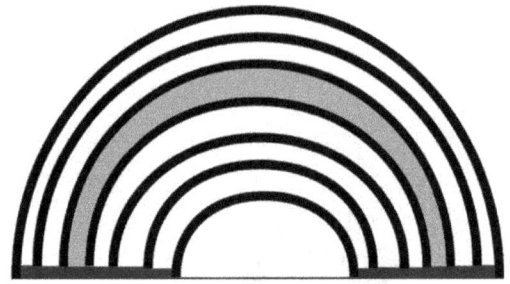

Unidad Azul celeste

Unidad Tortuga

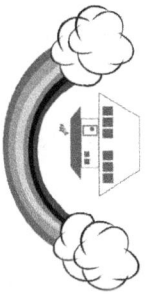

Registro del cumplimiento y progreso por unidad

Arco Iris

| | | AMARILLO | AMARILLO | AZUL | AZUL | TORTUGA | TORTUGA |
	Nombre y apellido	Edad	Fecha cumplimiento	Reconocimiento	Fecha cumplimiento	Reconocimiento	Fecha cumplimiento	Reconocimiento
1								
2								
3								
4								
5								
6								
7								
8								
9								
10								
11								
12								
13								
14								
15								
16								
17								
18								
19								
20								

UNIDAD AMARILLO

"La creación"

"Dios está conmigo"

Requisitos para obtener la insignia AMARILLO

- Asistir a las clases con un mínimo de 60% (5 de 8 clases)
- Cantar un coro
- Decir de memoria 1 Timoteo 4:4
- Decir de memoria Salmo 118:6

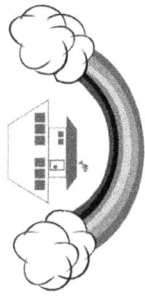

Hoja de control de asistencia y progreso de plan de premios

Unidad Amarillo

Fecha		Clase #1	Clase #2	Clase #3	Clase #4	Clase #5	Clase #6	Clase #7	Clase #8	Coro	1 Timoteo 4:4	Salmo 118:6
	Nombre y Apellido											
1												
2												
3												
4												
5												
6												
7												
8												
9												
10												
11												
12												
13												
14												
15												
16												
17												
18												
19												
20												

119

Plan de Clase # 25
Dios hizo el mundo

Trasfondo bíblico

Génesis 1:1-8, 14-19

Versículo para memorizar

"Todo lo que Dios ha creado es bueno".
—I Timoteo 4:4

Enfoque del mes

"Dios hizo el mundo"

Meta general

"Siempre sucede algo cuando Dios habla"

Objetivos

• Que los alumnos sepan que Dios hizo el mundo.

• Que los alumnos se sientan agradecidos porque hizo Dios al mundo.

• Que los alumnos memoricen I Timoteo 4:4.

Vamos a iniciar

Tenga a mano las copias del sol, la luna, y una estrella, además de crayones o lápices de color.

Al entrar los niños, invítelos "a sentarse para pintar (colorear) unos dibujos que nos recuerdan cosas que Dios creó cuando hizo al mundo". Mantenga una conversación sobre lo maravilloso que es que Dios sólo tuvo que hablar para crear todas las cosas en el mundo que ahora vemos, porque "siempre sucede algo cuando Dios habla". (Póngales nombre y coloque las hojas—o péguelas en la pizarra o pared, o guárdelas, para volver a usarlas en "Escuchar".)

Vamos a alabar

Recoja la ofrenda en un recipiente con el dibujo del arco iris. Cante cuatro coros cortos, conocidos por los niños. (Ej.: "No vengo del mono", "La creación").

Oren en grupo, dando gracias a Dios por todo lo que ha hecho para que nosotros lo disfrutemos, como el sol, la luna y las estrellas.

Vamos a citar

• Lema de Arco Iris ("Los Arco Iris ayudan y obedecen")

• Cita bíblica: Éxodo 24:7 ("Obedeceremos")

• Promesa (con mímica)

• Coro de Arco Iris (con o sin música)

Vamos a orar

Permita que den gracias por lo que Dios ha creado. Ayúdelos con palabras y frases cuando sea necesario y diríjalos a enumerar cosas (elementos) que Dios ha creado. Al final digan todos, "Gracias ,Dios".

Vamos a memorizar

I Timoteo 4:4, "Todo lo que Dios ha creado es bueno".

Con la Biblia en la mano, dirija a los alumnos para que digan varias veces el versículo bíblico, haciendo las siguientes mímicas: TODO (brazos extendidos al máximo) LO QUE DIOS HA CREADO (señalar con el dedo índice hacia arriba) ES BUENO (dar palmadas). Luego que lo digan sólo los niños varones, después las niñas, entonces todos parados sobre un solo pie y después sobre el otro. Y al final, con los ojos cerrados.

Vamos a cantar

Cante "Las estrellitas brillan por Dios."

Vamos a escuchar

Pida a los niños que se sienten en círculo. Tenga los trabajos que hicieron en Iniciar. (Recuerde mantener "contacto visual" con los alumnos, y manatener la Biblia abierta en Génesis 1.)

Hoy hemos hablado de la creación de Dios, hemos pintado la luna, el sol, *(muestre el trabajo que hicieron y felicíctelos por el esfuerzo que hicieron)*. También aprendimos un versículo bíblico acerca de que todo lo que Dios ha hecho es bueno

¿verdad? *(Qué lo digan todos juntos I Timoteo 4:4.)* Dios nos ama tanto que hizo muchas cosas para nuestro bien. ¿A cuántos les gusta la oscuridad? Por un momento vamos a apagar las luces para ver cómo se siente cuando no hay luz. *(Que su ayudante apague las luces mientras todos cuentan 1-2-3, y que las vuelva a encender.)* No nos agrada mucho estar sin luz, ¿verdad? A ver, ¿a cuántos les gusta el sol? *(Que levanten la mano.)* Sí, a todos nos gusta porque nos calienta y podemos salir a jugar y a pasear, ¿verdad? Saben que Dios también hizo en el cielo unas lamparitas para que no fueran las noches tan oscuras. ¿Saben cómo se llaman? Sí, son las estrellas. ¡Claro! Dios pensó en lo que necesitamos en el día y en la noche.

Hace muchos, muchos años, dice la Biblia—que es la Palabra de Dios—que en TODO lugar TODO estaba oscuro y eso no le gustó a Dios. Entonces, Dios hizo una luz enorme en el cielo para que nos alumbrara y calentara en el día, el sol *(que todos formen un gran círculo con los brazos).* ¿Cómo hizo Dios el sol? ¡Sólo habló! ¡SIEMPRE sucede algo cuando Dios habla! Pero, en la noche no podíamos quedar a oscuras, entonces Él hizo también la luna y las estrellas. ¿Cómo hizo Dios la luna y las estrellas? Sí, ¡Sólo habló! ¡PORQUE SIEMPRE sucede algo cuando Dios habla! Hagamos con las manos cómo alumbran esas estrellas *(cerrar y abrir los puños de las manos.)* ¿Y saben algo muy importante? Dios hizo todo para ayudarnos, y cada día debemos darle gracias porque TODO lo hizo para nuestro bien. Vamos a darle gracias a Dios ahora por las luces que El hizo, ¿quieren? (Ore.)

Vamos a jugar

"Noche oscura con estrellas"

Llevar a la clase (que los niños no lo vean hasta este momento) una tela negra grande (mantel, sábana, o plástico) y por lo menos una linterna (foco) de pilas.

Dé a un niño la linterna y explique que debe encenderla sólo cuando se le indique. Todos se sientan en el piso y se extiende la tela encima de todos. Dígales que se van a imaginar que el cielo está oscuro, sin estrellas que alumbren. Indique a los niõs que enciendan una a una las linternas cuando usted diga su nombre. Después que las apaguen y que se turnen. Todavía debajo de la tela, den gracias a Dios por haber hecho las estrellas, la luna y el sol.

Vamos a recordar

Tenga en la mano la Biblia y haga estas preguntas (y otras a su parecer):

❏ ¿Quién se acuerda cómo estaba el mundo hace muchos años? (oscuro)

❏ ¿Cómo se llama la luz grande que está en el cielo que nos calienta y alumbra durante el día? (el sol)

❏ ¿Cómo se llaman las "lamparitas" que Dios puso en el cielo cuando es de noche? (las estrellas)

Vamos a ordenar

Pogan en orden el aula entre todos. Entrege las hojas que pintaron para llevar a casa.

Lista de materiales

❏ INICIAR: fotocopias de los dibujos de estrella, sol y luna, una copia por alumno; crayones o lápices de color

❏ ALABAR: recipiente con el arco iris para recoger la ofrenda

❏ CITAR: el coro de Arco Iris grabado en CD, grabadora

❏ ESCUCHAR: los dibujos pintados por los niños durante "Iniciar"

❏ JUGAR: tela negra grande o algo parecido, uno o varios focos (linternas) de pila

❏ RECORDAR: las preguntas escritas en papel, dentro de la Biblia

❏ Y lo más importante siempre: LA BIBLIA

Autoevaluación

❏ ¿Mis alumnos saben que Dios hizo el mundo?

❏ ¿Mis alumnos están agradecidos de que Dios hizo el mundo?

❏ ¿Mis alumnos pueden decir de memoria 1 Timoteo 4:4?

❏ ¿He anotado los logros de cada niño en la hoja de control?

❏ ¿Oro a diario por cada niño y su familia?

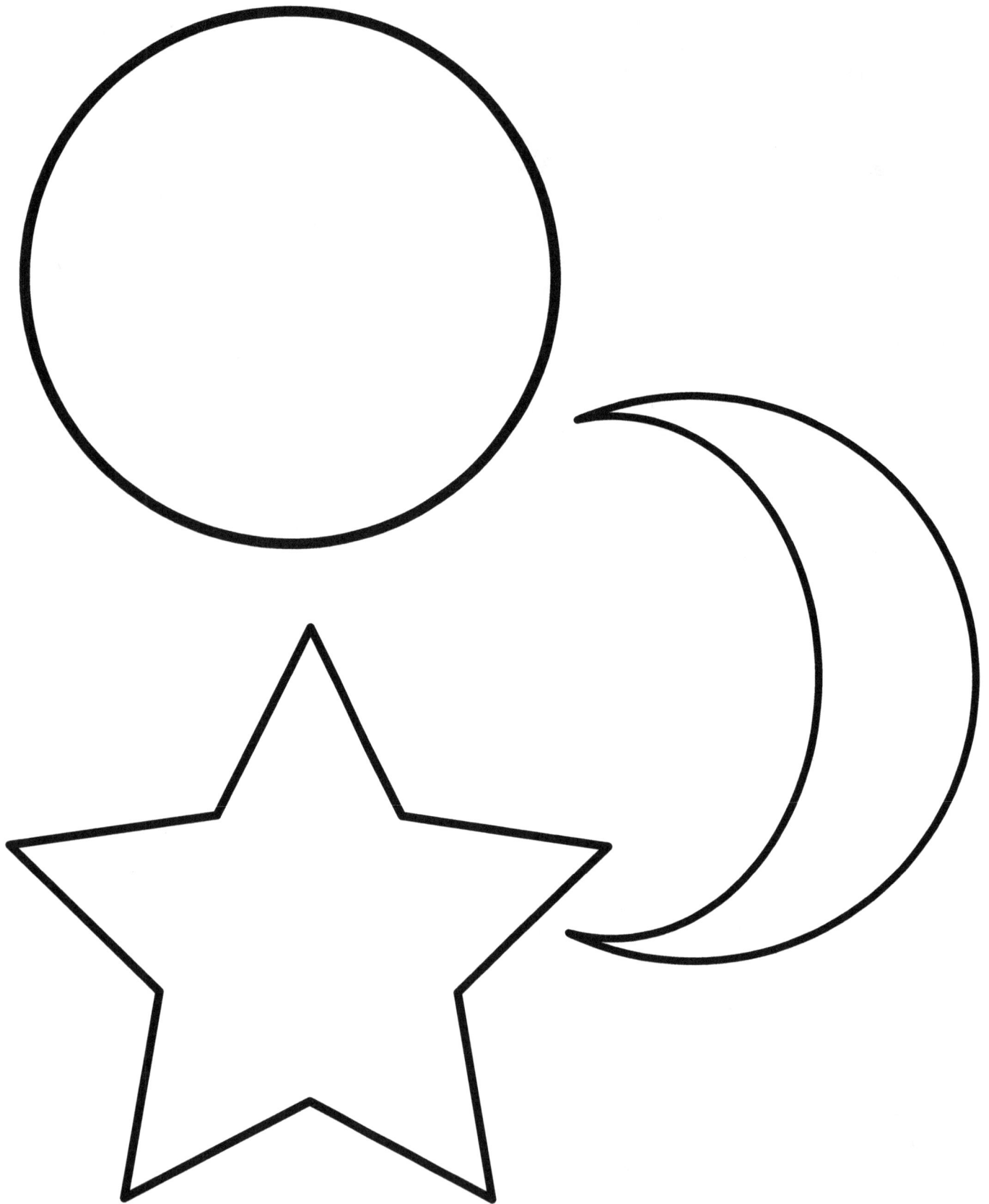

Plan de Clase #26

Dios hace crecer todas las semillas y las plantas

Trasfondo bíblico

Génesis 1:9-13

Versículo para memorizar

"Todo lo que Dios ha creado es bueno". —I Timoteo 4:4

Enfoque del mes

"Dios hizo al mundo"

Meta general

"Dios nos da frutas y verduras para comer"

Objetivos

- Que los alumnos sepan que Dios hizo las plantas y las semillas.

- Que los alumnos deseen probar y consumir frutas y verduras.

- Que los alumnos memoricen I Timoteo 4:4.

Vamos a iniciar

Mientras los niños llegan, invítenlos a servirse un poco de fruta. Mantenga una conversación acerca de lo bueno que es que Dios hizo las plantas y las semillas para que tengamos frutas para comer.

Vamos a alabar

Recoja la ofrenda en un recipiente con "arte frutal" pegado o dibujado, o confeccionado de alguna fruta de la que sacó la pulpa y la dejó secar.

//La lluvia cae, tis, tis, tis// (mueva los dedos mientras cae la lluvia)

Mostrando el gran amor de Dios. (dibuje un corazón en el aire y señale hacia arriba)

//Las plantas crecen ALTAS así, así, así// (mueva las manos hacia arriba)

Mostrando el gran amor de Dios. (dibuje un corazón en el aire y señale hacia arriba)

Vamos a orar

Oren dando gracias a Dios por las frutas, las verduras y todas las plantas que Dios hizo. Pida a los niños que mencionen una fruta o un vegetal cada vez que diga: "Gracias a Dios por…".

Vamos a citar

- Lema de Arco Iris ("Los Arco Iris ayudan y obedecen")

- Cita bíblica: Líder con la Biblia abierta ("Obedeceremos")

- Promesa (con mímicas)

- Coro de Arco Iris (con o sin la música)

Vamos a escuchar

Tenga a mano varias clases de semillas comunes de su área. También lleve frijoles (habichuelas) secos (lo suficiente para que cada alumno pueda sembrar), y un vaso desechable con tierra hasta la mitad.

¿Recuerdan que cuando comimos las frutas, al iniciar la clase, algunas tenían semillas? (Muestre las semillas, y permita que las toquen. Comente cómo Dios creó semillas distintas para cada fruta.) ¿Sabían que todas las plantas necesitan una semilla para crecer? Cuando comemos naranjas, manzanas y limones encontramos semillas. Y si las sembramos en la tierra podemos tener plantitas nuevas.

Les voy a contar una historia de dos niñas que jugaban en el patio de la casa. Una se llamaba Anita y la otra Melissa. ¿Cómo se llamaban las dos niñas de la historia? Quisieron jugar a la casita y cocinar. Anita le dijo a Melissa que trajera tazas y platos. Después, decidieron buscar hojas de los árboles para servir de comida. Pero, para sorpresa de ellas, encontraron que en todo el patio no había plantas sembradas, sólo había tierra. Entonces Anita entró a la casa para buscar algo con qué jugar. Ella le pidió a su mamá unas galletas y un poco de jugo. También le pidió un poco de frijoles crudos. *(Muestre los frijoles.)* Anita y Melissa jugaron largo rato. Cuando debían recoger todo para entrar, se les cayeron al suelo los frijoles y como ya era casi de noche, no los recogieron.

Comenzó a llover, y Anita y Melissa no pudieron jugar en el patio por varios días, hasta que los rayos del sol salieron nuevamente. Entonces las niñas decidieron ir al patio a jugar. ¡Qué sorpresa les esperaba: aquellos frijoles que días atrás se les habían caído, se habían convertido en hermosas plantitas! Melissa y Anita se pusieron muy felices y recordaron que sus mamás les habían leído en Génesis que Dios había creado las plantas. Ellas iban todos los días para regar las plantas. (Entregue un vaso con tierra y ayude a cada alumno a sembrar dos o tres frijoles). Así que en este vaso colocamos frijoles que, con un poco de agua y muchos cuidados, pronto veremos crecer una pequeña planta. Diga a los niños que se la llevarán a casa y que deben colocarla en un lugar donde reciba sol y echarle un poco de agua todos los días. Pregúnteles qué tienen que hacer. Ellos le deben repetir lo que acaba de explicarles.

Vamos a cantar

Canten dos coros de la creación de Dios.

Vamos a memorizar.

Lleve a la clase dos frutas naturales, plásticas o dibujadas, de color amarillo. Póngales ojos y boca con una sonrisa, dibujados o pegados.

Con la Biblia en la mano, dirija a los alumnos—en ronda—a decir el versículo bíblico. Luego que lo digan sólo los varones, después las niñas. Saque las frutas y dija: "Oh, miren niños, quienes nos vienen a visitar hoy, unas frutas de _____, y ellas quieren ayudarnos a aprender mejor nuestro versículo bíblico. Ustedes las irán pasando de mano a manos hasta que yo levante la mano, entonces las personas que se quedan con las frutas en las manos deben decir el versículo bíblico". Ayúdeles si es necesario. Siga jugando hasta que todos hayan dicho el versículo bíblico.

Vamos a jugar

Ensalada de frutas

Los niños se sientan en círculo, cada uno en su silla, y se les asigna el nombre de una fruta (tres frutas diferentes, para que se repita). El líder dice el nombre de una fruta y los niños que tienen ese nombre, se ponen de pie (aquí el líder saca una silla) y se cambian de asiento. El niño/la niña que se quede sin silla debe pararse en el medio y dirigir el juego, y así sucesivamente. No retire más sillas, pues no es juego eliminatorio, jueguen unos minutos, hasta que todos hayan estado en el centro.

Vamos a recordar

Pregunte a los alumnos:

❑ ¿Quién creó todas plantas y las semillas?

❑ ¿Para qué sirven las semillas?

❑ ¿Son iguales todas las semillas?

❑ ¿Qué necesitan las semillas para crecer?

Vamos a ordenar

Entre todos dejen el aula nítido, las sillas o bancas en su lugar. Al llegar los padres, entregue a cada alumno/a sus frijoles sembrados.

Lista de materiales

❑ INICIAR: trozos de fruta, algo en que servirlas;

❑ ALABAR: recipiente con frutas para la ofrenda.

❑ CITAR: coro de Arco Iris en CD, grabadora

❑ ESCUCHAR: semillas variadas, frijoles, vasitos desechables con tierra

❑ MEMORIZAR: dos frutas amarillas iguales (naturales, plásticas o dibujos).

❑ Y lo más importante siempre: LA BIBLIA

Autoevaluación

❍ ¿Logramos cumplir con los objetivos?

❍ ¿Mis alumnos saben que Dios hizo las plantas y las semillas?

❍ ¿Mis alumnos pueden decir de memoria I Timoteo 4:4?

❍ ¿He orado por cada niño/a y familia?

❍ ¿Mantengo al día la lista de asistencia y logros?

Plan de Clase #27

¿Cómo llegaron los animales?

Trasfondo bíblico

Génesis 1:20-25

Versículo para memorizar

"Todo lo que Dios ha creado es bueno".
—I Timoteo 4:4

Enfoque del mes

"Dios hizo el mundo"

Meta general

"Dios hizo animales, aves y peces para hacernos felices"

Objetivos

* Que los alumnos sepan que Dios hizo los animales.

* Que los alumnos deseen cuidar y proteger los animales.

* Que memoricen I Timoteo 4:4.

Vamos a iniciar

Entregue una copia de la oveja a cada alumno/a y permita que todos hagan "la voz" (el balido) de ella. Ponga un poco de pegamento al dibujo mientras los alumnos le aplican un poco de algodón. Comente que Dios hizo los animales para hacernos felices.

Pregúnteles cómo les fue con los frijoles sembrados, si les han hechado agua y han recibido sol. *(Guarde las ovejas para el final de la clase.)*

Vamos a alabar

Recoja la ofrenda en un recipiente con algún dibujo de un animal/es. Enséñeles la siguiente canción:

"Opacaramá, opacaramá, opa, opa, opa;
la ovejita dice: bá, bá, bá;
el pollito dice: pío, pío, pío;
el cerdito dice: ño, ño, ño;
la vaquita dice: mú, mú, mú."

Vamos a citar

* Lema de Arco Iris: "Los Arco Iris ayudan y obedecen"

* Cita bíblica: Éxodo 24:7 "Obedeceremos"

* Promesa (con mímica): "Como Arco Iris, debo obedecer",etc.

* Coro de Arco Iris (con o sin la música)

Vamos a orar

Permitir a cada alumno o alumna que desee hacerlo, orar por los animales que Dios ha creado. Permitir que cada uno mencione al menos uno.

Vamos a memorizar

Con la Biblia abierta dirija a los alumnos para que lo digan varias veces. Luego que lo digan sólo los niños, después las niñas, finalmente que lo dijan todos con los ojos cerrados.

Vamos a cantar

Mariposa de mil colores (consiga o haga dibujo)

Mariposita de mil colores//dime quién te formó//

//Dime quién tus alitas con arte dibujó//

Hoy vuelas junto a las flores de mi jardín.

Gracias a Dios que hizo las flores, a ti y a mí

//Y las maripositas para hacerme muy feliz//

Vamos a escuchar

Haga una copia del puerco y del pato de la "Hacienda Arco Iris". (Los niños no los verán hasta que comience la historia.)

Diga a los niños que se van a poner un cierre en la boca: "Una linda historia vamos a escuchar" (las dos manos detrás de las orejas), "Los Arco Iris todos a callar" (haga como que cierra con un cierre en su boca).

El puerco y el pato nos quieren contar cómo llegaron los animales al mundo. Vamos a escuchar lo que dicen, ¿les parece?

Puerco:	Eh, niños, les vengo a contar...
Pato:	¿A contar, eh? Yo sé contar...uno, dos, tres...
Puerco:	No, no, así no. Yo quiero contar cómo llegaron los animales al mundo.
Pato:	Oh, ya sé. Como la historia bíblica en el libro de Génesis, ¿verdad?
Puerco:	Sí, sí. Porque después de que Dios hizo la luna, el sol y las estrellas...
Pato:	Para que tuviéramos luz para ver...
Puerco:	Sí, sí. Y después de que Dios hizo los ríos y los lagos y mares...
Pato:	Para que nosotros los patos tuviéramos donde nadar...
Puerco:	Sí, sí. Y después de que Dios hizo todas las plantas y los árboles...
Pato:	Para que hubiera comida suficiente para t-o-o-o-o-o-dos los animales...
Puerco:	Sí, sí, es cierto. La verdad es que cuando Dios ya tenía todo listo para que viviéramos bien, entonces El hizo...
Pato:	Sí, sí, El hizo todos los animales que viven en el agua como las tortugas y las ballenas y los peces y tiburones. (Niños "a nadar".) También Dios hizo todas las aves que vuelan y tienen plumas, como las palomas y los canarios y las águilas. (Niños "a volar".)
Puerco:	Sí, sí, y también hizo Dios todos los animales que caminan sobre la tierra, como el elefante, el perro y la oveja. ("Caminar" manos sobre piernas.)
Pato:	Pero no debemos olvidar que, además, Él hizo todos los que se arrastran también, como las culebras y los gusanos. (Hacer mímica de gusano con la mano.)
Puerco:	Sí, sí, es verdad. Y ahora debemos todos darle las gracias a Dios por haber creado todos los animales tan especiales para hacernos felices.

Ore con los alumnos.

Vamos a jugar

"Vamos al bosque (o zológico, etc.)

Llevar a la clase dibujos o recortes de animales silvestres y/o domesticados.

Que los alumnos formen una "fila india" detrás de usted y caminen alrededor del salón, simulando que están paseando por el bosque (o zoológico). Explíqueles qué es un paseo y que andan en busca de animales.

"Miren que grande es el león" (u otro animal). Pida a los niños que hagan el sonido del león. Luego "van encontrando" otros animales en el paseo, más o menos 6 minutos.

Vamos a recordar

Conseguir galletas en forma de animales.

Tenga una corta conversación sobre cómo cuidar a los animales y lo que necesitan. Cuando mencionen "comida", saque las galletas y diga: "todos los animales necesitan comer, igual que nosotros. Un niño que me diga el versículo bíblico. A la medida que van citando el versículo, denles las galletas. Mientras comen, comente acerca de cómo Dios ha creado los animales, aves y peces para que disfrutemos de ellos. Si hay tiempo, pregúnteles si tienen animales o aves o peces en la casa.

Vamos a ordenar

Entre todos, procuren dejar el aula en buen estado, sin papeles en el piso, las sillas o bancas en orden, etc. Si hay tiempo, pueden volver a cantar uno de los coros que cantaron en la clase de hoy.

Lista de materiales

❑ INICIAR: copias de oveja, pegamento, algodón

❑ ALABAR: recipiente, con animal/es

❑ CITAR: coro de Arco Iris en CD

❑ CANTAR: dibujo de mariposa

❑ ESCUCHAR: el puerco y el pato

❑ JUGAR: dibujos/recortes de animales

❑ RECORDAR: galletas

❑ Y lo más importante siempre: LA BIBLIA

Autoevaluación

○ ¿Los alumnos saben que Dios hizo los animales?

○ ¿Los alumnos desean cuidar y proteger los animales?

○ ¿Los alumnos citaron I Timoteo 4:4?

Plan de Clase #28
Agua para todos

Trasfondo bíblico

Génesis 2:8-15 y Apocalipsis 22:1,2

Versículo para memorizar

"Todo lo que Dios ha creado es bueno".
—I Timoteo 4:4

Enfoque del mes

"Dios hizo el mundo"

Meta general

"Sin el agua que Dios nos da, no podemos vivir"

Objetivos

* Que los alumnos sepan que sin el agua no podemos vivir.

* Que los alumnos aprecien el agua.

* Que memoricen I Timoteo 4:4.

Vamos a iniciar

Invite a los niños "a jugar en el agua", y mientras juegan, converse acerca del regalo de Dios al darnos agua. Mencione todo en lo que usamos el agua. Comente sobre lo importante que es cuidar el agua, no dejar llaves (grifos) abiertas. Practiquen la mímica de "abrir" para lo necesario y "cerrar" para no usar más de lo necesario. Luego, converse acerca de los barcos que utilizan el agua para flotar, los peces que viven en el agua, los animales que toman agua, etc. Diga a los niños: "Sin el agua que Dios nos da, no podemos vivir". Deje que los niños se mojen las manos y que luego se las sequen. Deles un poco de agua potable para que beban. En conjunto, den gracias a Dios por el agua que El nos da, "porque sin agua, no podemos vivir".

Vamos a alabar

Recoja la ofrenda en un recipiente de cartón o cartulina, en forma de barquito. Enséñeles a los Arco Iris el siguiente poema (hablado o cantado):

Una gotita (con un dedo golpee la palma de la mano)
Dos gotitas (con dos dedos)
Tres gotitas (tres dedos)
Cuatro gotitas (cuatro dedos)
Cinco gotitas (los cinco dedos)
Gotitas lindas que Dios nos da (manos levantadas al cielo)
Hacen caer un gran AGUACERO (mueva los dedos al bajar)

Vamos a citar

* Lema: "Los Arco Iris ayudan y obedecen"

* Cita bíblica: Éxodo 24:7 "Obedeceremos"

* Promesa: "Como Arco Iris, debo obedecer" etc.

* Cantar el coro de Arco Iris

Vamos a orar

Dé la oportunidad a dos o tres niños voluntarios que dirijan la oración, uno por uno.

Vamos a memorizar

Con la Biblia en la mano, dirija a los alumnos para que repitan varias veces el versículo bíblico.

Vamos a CANTAR

Los pececitos nadan, nadan, nadan;

Los pececitos nadan, porque Dios es amor.

(Cambie el nombre del animal, ej: tortuga, delfín, pato, etc.)

Vamos a escuchar

Llevar a la clase una lámina o cuadro de un jardín, o de un bosque, o un río.

Hoy ustedes han jugado con el agua y han cantado sobre algunos animalitos que viven en el agua, ¿verdad? Dios hizo el agua porque TODOS la necesitamos para vivir. Si no hubiera agua, ¿saben qué nos pasaría? Sí, nos moriríamos, porque no tendríamos qué tomar. Las plantas que nos dan comida no podrían vivir porque se secarían, y los animales no tendrían qué comer. La Biblia nos dice en Génesis que cuando Dios hizo al primer hombre, que se llamaba Adán, y a su esposa, que se llamaba Eva, los puso en un lugar muy lindo. Tal vez fue algo parecido a este cuadro *(sáquelo a la vista de todos)*. Se ve lindo, ¿verdad? ¿A cuántos les gustaría vivir en un lugar tan bonito? ¿Qué hay en los jardines, en los bosques? *(Permita respuestas.)*

Había dos ríos muy grandes bien cerca del jardín donde Dios puso a Adán y a Eva. *(Si en el cuadro hay un río, que los niños lo señalen.)* ¿A cuántos les gusta ir al río o a la playa para nadar, o por lo menos a caminar en la orilla? Vamos TODOS a practicar el nadar en un río.

Ahora, a cada uno de ustedes le voy a indicar qué elemento del jardín va a representar, como árbol, río, mariposa, conejo, pececito, ave, flores, etc. Cuando Adán y Eva caminaban por el jardín, les gustaba ver los árboles mecerse'—aquí el "niño árbol" se mece—y les encantaba ver las mariposas volar—a "volar"—los conejitos saltar, y oir a las aves cantar, mientras el río corría.

¿Saben algo importante? En el último libro nos dice la Biblia que en el cielo Dios nos tiene un gran jardín, con un río bien limpio, que ha preparado para cuando estemos con Él. ¿Por qué hay un río? Porque Dios sabe que sin el agua, no podemos vivir. ¿Qué sabe Dios?

Vamos a jugar

Llevar a la clase un cordón (cuerda, soga) de unos dos metros de largo aproximadamente. Extienda el cordón sobre el piso, en línea recta, sin obstáculos. Diga a los niños que a un lado del cordón va a estar el mar, y al otro lado la tierra. Cuando usted diga "mar", ellos saltarán al lado del mar y harán la mímica de nadar. Cuando dice "tierra" entonces saltarán al otro lado, y marcharán. Use este juego para repasar el versículo bíblico, diciéndolo primero nadando y luego marchando.

Vamos a recordar

Proporcione papel y lápices de color o crayones, de color azul y/o celeste. Coloque una hoja grande de papel en el piso, o póngala en la pared, al nivel de los niños.

Explíqueles que todos van a dibujar gotas de lluvia, el agua que Dios nos da desde el cielo para poder vivir. Recuérdeles que sin el agua que Él nos da, no podemos vivir—ni nosotros, ni las plantas, ni los animales. (Pueden cantar mientras dibujan.)

Vamos a ordenar

Entre todos, procuren dejar el aula ordenado.

Lista de materiales

❑ INICIAR: recipiente con agua, objetos sencillos, paño; agua potable y vasos pequeños

❑ ALABAR: recipiente en forma de barco

❑ CITAR: coro de Arco Iris en casete, grabadora

❑ ESCUCHAR: cuadro de jardín con río

❑ JUGAR: cordón de unos 2 M de largo

❑ RECORDAR: papel, y crayones de color azul y celeste

Autoevaluación

○ ¿Mis alumnos saben que Dios es quien nos da el agua?

○ ¿Mis alumnos tienen deseo de usar sólo el agua necesaria?

○ ¿Mis alumnos pueden decir de memoria I Timoteo 4:4?

○ ¿He orado a diario por cada niño y su familia?

○ ¿Mantengo al día la lista de asistencia y logros?

○ ¿Hay cosas que mejorar o corregir?

_____

_____

_____

Plan de Clase #29
Samuel aprendió que Dios estaba con él

Trasfondo bíblico

I Samuel 1:20-28; 2:18, 26; 3:3-11, 19

Versículo para memorizar

"El Señor está conmigo, y no tengo miedo".
--Salmo 118:6

Enfoque del mes

"Dios está siempre conmigo"

Meta general

"Aunque no lo vea, sí creo que Dios está conmigo"

Objetivos

* Alumnos que sepan que Dios siempre está cerca, para escucharnos y ayudarnos.

* Alumnos que aprecian la presencia de Dios.

* Alumnos que memoricen el Salmo 118:6.

Vamos a iniciar

"Buscando lo escondido"

Antes de la clase, prepare varios recortes (de papel o de cartulina) del sol y de la luna creciente. Escóndalos en el salón de clase. Además, prepare (de papel o de cartulina) una nube más grande que los otros objetos.

Cuando los niños lleguen, dígales que usted necesita su ayuda para encontrar varias cosas escondidas. Acompáñelos mientras buscan, felicitándolos cada vez que logran encontrar uno de los objetos escondidos. Cuando estén todos los alumnos presentes, pídales que se sienten en ronda. Con la "nube" en la mano diga: "Gracias a todos por su ayuda para encontrar las cosas escondidas, cosas que no veíamos antes. Ahora, vamos a juntar todo lo que ustedes encontraron. Al recibir los objetos, haga preguntas como: ¿Qué es esto? ¿Quién hizo el sol, la luna? Ahora vamos a esconder el sol detrás de esta nube. ¿Quién puede ver el sol ahora? (Haga lo mismo con la luna.) Pero sí sabemos que está allí, ¿verdad? Igual en un día

nublado, cuando no vemos el sol en el cielo, siempre sabemos que aunque no lo vemos, todavía está el sol en el cielo. Ahora todos vamos a cerrar los ojos un momento, y me pueden oír, aunque no me vean, ¿verdad? Abran todos los ojos ahora. ¡Qué bueno poder ver! Hay cosas que sabemos que están presentes, aunque no las veamos. Pero hay algo más importante todavía, ¡sabemos que Dios existe y que está con nosotros, aunque no lo veamos! Todos los que creen esto, levanten las manos bien alto.

Vamos a citar

* Lema de Arco Iris: "Los Arco Iris ayudan y obedecen"

* Cita bíblica: Éxodo 24:7, "Obedeceremos"

* Promesa (con mímica): "Como Arco Iris, debo obedecer", etc.

* Coro de Arco Iris (con o sin la música)

Vamos a alabar

Canten "Dios está aquí", "Qué hermoso es", y/o "Quédate, Señor." Luego, deben ir todos marchando alrededor del aula cantando "Mi Dios es tan grande, tan fuerte y poderoso, no hay nada que no pueda hacer". (En este momento recoja la ofrenda.)

Vamos a memorizar

Con la Biblia en la mano, dirija a los alumnos para que digan varias veces el versículo bíblico.

Vamos a cantar

A modo de "rap" cante frase por frase:

A veces me asusto / y no sé porque;
Temo estar a solas / y a la noche también.
Cuando eso me pasa / me pongo a orar,
Y recuerdo que Dios / nunca me va a dejar.
Él ha prometido / estar siempre conmigo,
Y nunca va a fallarme / pues Él es MI AMIGO.

Vamos a escuchar

Hoy hemos escuchado que Dios siempre está a nuestro lado, ¿verdad? ¿Qué hacen desde que se levantan en la mañana? Muy bien, ustedes desayunan, se bañan, juegan, ven televisión, se acuestan, etc. Y saben una cosa, Dios siempre está con ustedes cuando hacen todas esas actividades.

(Abra la Biblia en 1 de Samuel 1) Había unos esposos que querían tener un bebé pero no podían. Ellos oraron mucho a Dios y le pidieron de todo corazón que les diera un hijo. Pasaron unos meses, y Dios escuchó la oración de la mujer. Cuando nació el niño, lo llamaron Samuel. ¿Cómo se llamaba el niño? Sí, Samuel. Samuel creció. *(Que hagan todos la mímica de crecer utilizando las manos.)* Samuel amaba mucho a sus padres y ellos le enseñaron a amar a Dios. Cuando Samuel llegó a ser un poco grande, lo llevaron al templo para ayudar allá. Una noche, mientras dormía *(hagan todos la mímica de dormir)*, se despertó *(todos a despertarse)* al oír una voz que le decía "Samuel, Samuel". El niño Samuel se levantó y fue a donde su amigo Elí, quien era como el pastor, pensando que él lo había llamado. "¿Me llamaste?", preguntó. "No, no te llamé. Vuelve a la cama", le dijo Elí. Dos veces más el niño Samuel oyó la voz que lo llamó por su nombre, "Samuel, Samuel". Quizá Samuel tuvo miedo porque no sabía quién era, ¿qué creen ustedes? *(Permita respuestas.)* A veces nosotros también, cuando vamos a dormir, tenemos miedo que papá y mamá apaguen la luz porque pensamos que nos puede pasar algo malo, ¿verdad? Pero, a Samuel no le pasó nada malo, y por fin Elí se dio cuenta de que era Dios quien llamaba a Samuel. Le dijo que volviera a la cama, y que al oír de nuevo la voz llamándolo por su nombre contestara: "Habla, Señor, que yo escucho". Cuando Samuel le respondió así al Señor, Él le dio un mensaje importante para compartir. Después de esa noche, Dios habló muchas veces con Samuel. Dice la Biblia que Samuel creció y llegó a ser un gran hombre de Dios y muy valiente. Y Samuel SIEMPRE daba al pueblo el mensaje de Dios. ¿Por qué? Porque Samuel no tenía miedo, y él estaba seguro de que Dios iba a estar siempre con él—aunque no lo veía. ¿Y saben algo muy importante? Dios siempre va a estar con nosotros también—aunque no lo veamos—para escucharnos y para ayudarnos. ¡Qué lindo! ¿Verdad? Vamos a darle las gracias por esto, ¿les parece?

Vamos a jugar

"¿Quién es?"

Explíqueles a los alumnos que "vamos a jugar a las visitas". Con las bancas forme un cuadro cerrado y que dos alumnos se queden adentro y hagan el papel de los dueños de la casa, dando la espalda a los demás que estarán afuera. Un alumno llama a la puerta, y "el dueño de la casa" pregunta: "¿Quién es?" El dueño debe reconocer al niño por su voz. Recuérdeles a los alumnos que debemos reconocer la voz de las personas importantes en nuestra vida, así como la de Dios. (Dar oportunidad a todos a ser "dueño".)

Vamos a recordar

Saque copias y tenga recortados los corazones (ver última página de este Plan de Clase) y el versículo bíblico en tiras de papel. Ayude a los niños a pegar las tiras en los corazones y a que "lean" juntos.

Vamos a ordenar

Como de costumbre, pida la ayuda de los alumnos para ordenar el salón de clase. Mande los corazones con ellos al salir.

Lista de materiales

❑ INICIAR: objetos cortados de papel o cartulina para representar el sol y la luna; una nube algo más grande, recortada de papel o cartulina

❑ CITAR: el coro de Arco Iris, grabadora

❑ RECORDAR: corazones recortados, papeles con el versículo bíblico y pegamento.

❑ Y lo más importante siempre: LA BIBLIA

Autoevaluación

○ ¿Mis alumnos entienden que Dios está con cada uno siempre?

○ ¿Mis alumnos pueden decir de memoria Salmo 118:6?

○ ¿Oro a diario por cada niño y su familia?

○ ¿Llevo al día la lista de logros?

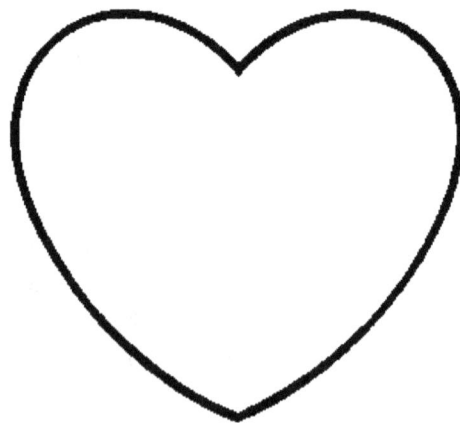

Plan de Clase #30

Cristo sana la suegra de Pedro

Trasfondo bíblico

Marcos 1:29-31

Versículo para memorizar

"El Señor está conmigo, y no tengo miedo".
--Salmo 118:6

Enfoque del mes

"Dios conmigo siempre está"

Meta general

"Yo sé que Dios me cuida y me sana"

Objetivos

* Que los alumnos sepan que Dios siempre está cerca, para escucharnos, cuidarnos y sanarnos, aunque no lo veamos.

* Que los alumnos aprecien la presencia de Dios.

* Que los alumnos se memoricen Salmo 118:6.

Vamos a iniciar

Tenga a mano círculos de cartulina blanca (de menos del tamaño de un vaso pequeño), cruces rojas ya recortadas, pegamento y cinta; además una valija o caja con cosas sencillas que usa un médico o enfermera.

Al llegar los niños explíqueles que cuando estamos enfermos o sufrimos un accidente, hay personas que se han preparado para cuidarnos y curarnos en hospitales y clínicas. Son enfermeras y doctores. También Dios nos sana de nuestras enfermedades. Dirija a los niños a que peguen la cruz roja en el círculo blanco y que se la pongan en la ropa con la cinta adeshiva, para que jueguen a doctores. Permítales usar los objetos que llevó.

Vamos a alabar

Recoja la ofrenda en un recipiente con una cruz roja. Dé gracias a Dios porque los niños están sanos.

Vamos a citar

Lema de Arco Iris. Cita bíblica. La Promesa. El Coro de Arco Iris

Vamos a memorizar

Pida a los niños que cuando escuchen su nombre, digan el versículo. Ayúdelos cuando sea necesario. Aproveche esta oportunidad para anotar el progreso en la hoja de control.

Vamos a cantar

Gracias, Señor, que tú me ves (Bis)

Desde que yo estaba en la pancita de mamá.

Gracias, Señor, que tú me ves (Bis)

Cuando estoy jugando, y comiendo.

Gracias, Señor, que tú me ves (Bis)

Cuando estoy en casa, y estoy durmiendo.

¡Gracias, Señor, Gracias, Señor!

Tú me ves siempre y nunca me dejas,

Por eso yo te doy Gracias, Señor,

Por estar conmigo y cuidarme con amor.

Vamos a escuchar

Prepare un escenario sencillo, puede ser una caja de cartón, y lleve dos títeres o muñecas, (una niña y una mamá). Abra su Biblia en Marcos 1.

Pida a los niños que se sienten al frente del escenario para escuchar la historia de hoy.

Niña   Mami, mami, creo que tengo calentura. ¡Me siento muuuuuuuuuuy mal!

Mamá   Ay, hijita, es seguro que te hizo daño la lluvia de ayer, cuando salíamos de la tienda. ¿Cómo se nos olvidó la sombrilla, ahora que llueve tanto?

Niña	Sí, mami, me duele todo el cuerpo: la cabeza, los brazos, las piernas, hasta los ojos me duelen.
Mamá	Bueno, hija, vamos a tu cuarto para que te acuestes, pero antes, vamos a orar y hablar con nuestro Padre Dios para que te cure y te quite todo dolor, ¿te parece? ¿Sabes, hijita, que Dios tiene poder y te puede sanar?
Niña-	¡Sí, mami, bien lo sé porque así me dijo mi maestra de Arco Iris!
Mamá	¡Qué bueno! Te voy a contar una historia que está en la Biblia:

Jesús, después de salir de una reunión donde se estudiaba la Palabra de Dios, se fue con sus amigos a casa de Simón y Andrés. Al llegar a ese lugar vieron que la suegra de Simón estaba muy enferma, con una calentura muy, muy alta. *(Qué cada uno se toque la frente para ver si tiene calentura.)* A lo mejor ella sentía mucho dolor en todo el cuerpo, igual que tú, hija mía. La suegra de Pedro estaba en cama, pues no tenía fuerzas ni ganas de hacer nada. Cuando le contaron a Jesús de la señora enferma, Él fue a la cama de ella, la tomó de la mano y la ayudó a sentarse. De una vez la fiebre la dejó y todo dolor se le quitó. En seguida ella se levantó a prepararles comida. ¡Qué bueno que estaba Jesús para ayudarla y sanarla!

Hija	Qué bonita historia, mamá, me gustó muuuuuuuuuucho.
Mamá	Pues ves, hijita, así como Jesús sanó a esa mujer, Él te puede sanar a ti. Ahora vamos a orar, creyendo que Él va a hacer un milagro y te va a sanar, porque sabemos que Él todo lo puede.

Vamos a orar

Permita que cada alumno haga peticiones por personas enfermas. Den gracias a Dios porque "Él tiene cuidado de cada uno y está listo para ayudarnos y protegernos del peligro y sanarnos cuando estamos enfermos".

Vamos a jugar

Necesitará una pelota mediana y cordón o cinta lo suficiente para hacer un círuclo en el piso.

Pida que los niños se sienten fuera del círculo. Explíqueles que mientras jugamos vamos a decir el versículo bíblico en tres partes. Empiece rodando la pelota dentro del círculo hacia cualquier niño. Este niño debe decir "El Señor está conmigo". Ahora él

debe pasar la pelota a otro niño quien dirá "y no tengo miedo". Entonces al próximo niño que recibe la pelota le toca decir "Salmo 118:6". Permítales jugar hasta que todos participen.

Vamos a recordar

Lleve túnicas para tres niños (Jesús, Simón y Andrés) y una niña (la suegra). Elija a los niños que representarán la historia que contamos hoy. Permita que todos ayuden a recordar la historia. Al final pida a la suegra de Pedro que sirva unos bocadillos a todos los niños.

Vamos a ordenar

Pida la ayuda de todos para dejar en buen orden el salón de clase. Entregue la cruz roja a cada uno.

Lista de materiales

❑ INICIAR: de cartulina, círculos blancos y cruces rojas, pegamento, cinta; objetos "médicos" sencillos

❑ CITAR: el coro de Arco Iris, grabadora

❑ ESCUCHAR: dos títeres o muñecas (niña y madre)

❑ JUGAR: soga y pelota

❑ RECORDAR: comida y servilletas

❑ Y lo más importante siempre: LA BIBLIA

Autoevaluación

○ ¿Logramos cumplir con los objetivos?

○ ¿Mis alumnos entienden que Dios nos quiere ayudar y sanar?

○ ¿Mis alumnos pueden decir de memoria Salmo 118:6?

○ ¿Oro a diario por cada niño y su familia?

○ ¿Llevo al día la lista de logros?

○ ¿Hay problemas que corregir?

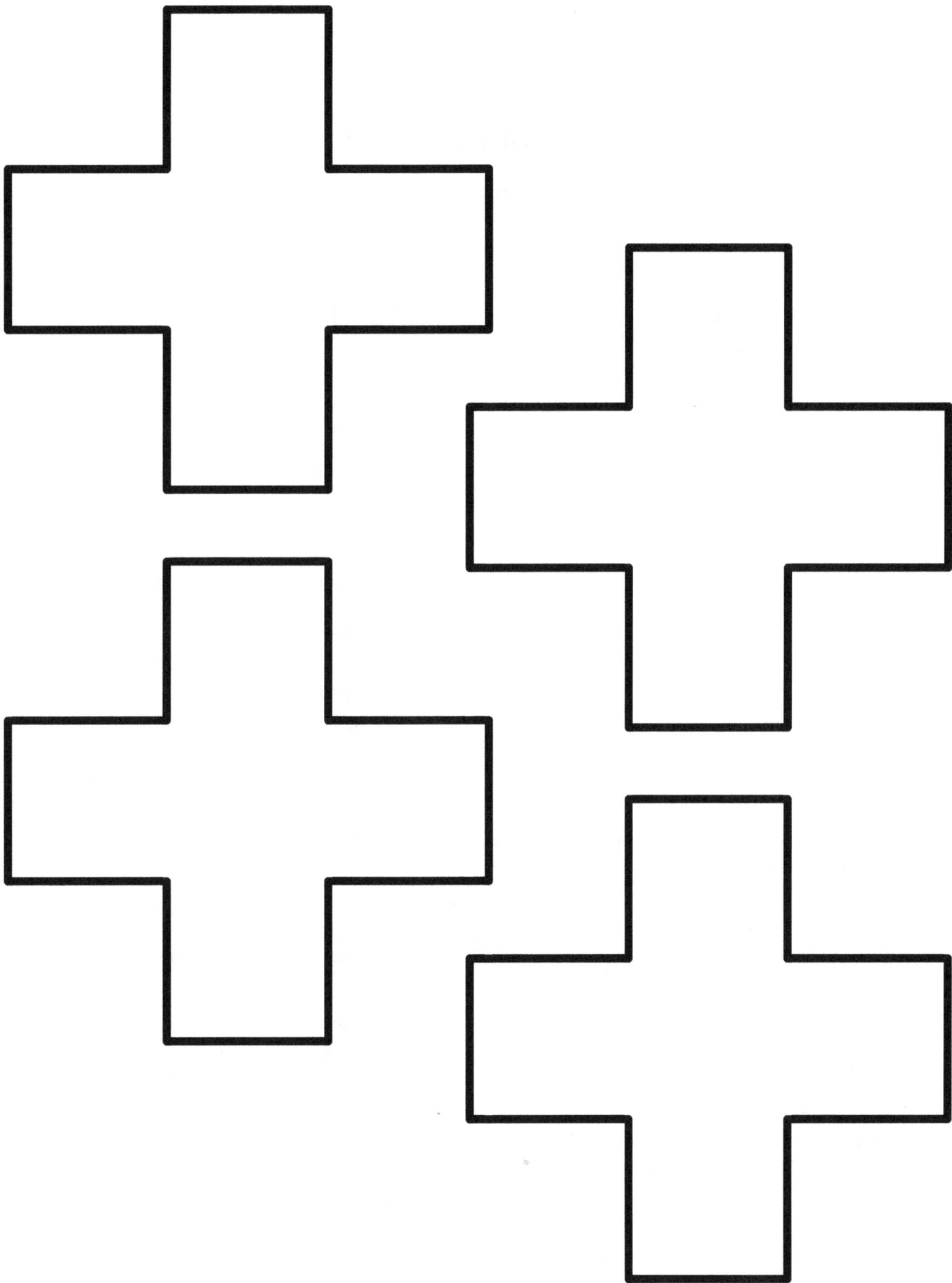

Plan de Clase #31

Dios está en la iglesia

Trasfondo bíblico

Levítico 1:1 y 8:1-5

Versículo para memorizar

"El Señor está conmigo, y no tengo miedo". —Salmo 118:6

Enfoque del mes

"Dios conmigo siempre está"

Meta general

"Dios está conmigo en la iglesia"

Objetivos

- Que los alumnos sepan que Dios está con nosotros en la iglesia.

- Que mis alumnos quieran sentir la presencia de Dios.

- Que mis alumnos digan de memoria

  Salmo 118:6.

Vamos a iniciar

Tenga a mano varios vasos desechables y cordones (hilo grueso) de medio metro de largo (18 pulgadas). Con un clavo haga una perforación en el fondo de los vasos, antes de la clase.

Al llegar los alumnos, comience a hablar de que podemos comunicarnos con Dios siempre. El está siempre con nosotros donde quiera que estemos: en la casa, en la escuela, en la iglesia, etc. Cuando las persona están lejos, tenemos que usar otros medios para comunicarnos, y uno de ellos es el teléfono. Hoy vamos a hacer unos teléfonos. Entregue a cada dos niños, dos vasos desechables y un cordón para que formen los teléfonos. Pídales que pasen el cordón y lo amarren por los agujeros de los vasos. Cuando tenga todo listo, dijales que estiren el cordón sosteniendo los vasos, con un niño en cada extremo. Ahora pueden "hablar entre sí", como si estuvieran hablando por teléfono.

Vamos a alabar

Recoja la ofrenda en uno de los teléfonos y dígales a los niños que den gracias a Dios por estar con nosotros en la iglesia.

Vamos a citar

- Lema de Arco Iris

- Cita bíblica

- Promesa

- Coro de Arco Iris

Vamos a escuchar

Prepare dos títeres sencillos, uno de gallo y uno de gallina. Puede ser de los animales de la Hacienda Arco Iris.

Pida los alumnos que se sienten a su alrededor en el piso. (Saque el gallo.)

Gallo: ¡Quiquiriquí! ¡Quiquiriquí! ¡Quiquiriquí! ¡Hola, niños! ¿Cómo están? Oigan, si ven por ahí a mi amiga, la gallina linda, me le dicen que la estuve buscando, por favor. (El gallo a un lado; saque la gallina.)

Gallina: Oigan, niños, ¿Ustedes escucharon a alguien que me llamaba? *(Deles oportunidad de responder.)* ¡Qué raro! Yo estaba adentro y como que oí ruidos, pero no estaba segura de que me llamaban a mí, y por eso no vine muy rápido. Ustedes me dicen que era un gallo. Pero, ¿cómo saben que era un gallo? Ah, ya sé. Porque tomaba leche, ¿verdad? ¿No? Entonces, ¿porque brincaba? ¿No? Pues, ¿porque movía mucho la cola? ¿No? Y, ¿qué sonido hizo cuando vino? (¡Quiquiriquí!) Ah, ya veo, por su canto de quiquiriquí.

Bueno, yo les quiero contar de una persona muy importante en la Biblia, Moisés.

Moisés siempre escuchaba la voz de Dios y le obedecía. Era como un pastor de una iglesia. Así

Moisés dirigió al pueblo de Dios y se reunían para adorar a Dios. Dios siempre los cuidó. Hoy nos reunimos en la Iglesia para adorar juntos a Dios.

Dios está con nosotros aquí en la Iglesia y podemos estar seguros de que nos cuida en todo lugar. (Saque el gallo.)

Gallo: Aquí estás, Gallina Linda. Por fin te encuentro. Tengo rato buscándote y llamándote. ¡Quiquiriquí!

Gallina: Pues, te oí y vine aquí. Los niños y yo aprendimos que, igual como estuvo Dios con Moisés donde se reunía a adorarlo, así está con nosotros en la Iglesia, aunque no lo veamos.

Gallo: ¿Y todos estos lindos niños Arco Iris aprendieron eso? ¿Es cierto, niños, que ustedes creen que Dios está aquí en la iglesia con nosotros? *(Permita respuestas.)* ¡Qué bueno! Los felicito por haber aprendido algo tan importante.

Gallina: Niños, les digo una cosa. Dios les quiere hablar a ustedes por medio de la Biblia, que es la Palabra de Dios, y por medio de los pastores y maestros. Por eso deben estar muy atentos, para que no les pase como a mí, que por estar mirando y escuchando por otro lado, no oí bien la voz de mi amigo.

Gallo: Sí, pero ya estamos juntos y podemos ir a jugar.

Gallina: ¡Claro que sí, vámonos! ¡Adiós, niños lindos!

Vamos a orar

Dios cuida de cada uno y está listo para ayudarnos y protegernos en todo momento, en todo lugar. Invite a los niños a tomarse de las manos y a orar juntos.

Vamos a memorizar

Con la Biblia en la mano, dirija a los alumnos a decir varias veces el versículo bíblico: Salmo 118:6, "El Señor está conmigo, y no tengo miedo", variando la postura del cuerpo.

Vamos a cantar y recordar

Mientras todos marchan en fila alrededor del salón, canten "Cristo me ama". Haga preguntas sobre la historia bíblica.

Vamos a jugar

"La estrellita Perdida"

Llevar a la clase una toalla (un paño) grande para hacer "un muro" para que se pueda esconder a un niño de la vista de los otros alumnos.

Pida a los niños que se sienten en un círculo. Elija a un niño para que se ponga de pie y de espalda a los demás niños. Pida a otro niño/a, sin llamarlo por nombre, que se esconda "detrás del muro", mientras todos los niños dicen lo siguiente:

"Estrellita perdida en el azul del cielo, una estrellita vi, más volví la carita y la perdí.

Hoy la busco de nuevo para poder decir cuál era la estrellita que se había perdido."

Entonces el niño/a que está de espalda se da vuelta y mira para ver quién falta de los alumnos. (Se da un turno a todos.)

Vamos a ordenar

Entre todos, procuren dejar el salón de clase en buen estado.

Lista de materiales

❑ INICIAR: vasos, hilo o cordón

❑ CITAR: Coro de Arco Iris en CD, grabadora

❑ ESCUCHAR: 2 animales—gallo y gallina

❑ JUGAR: Toalla (o paño) grande

❑ Y lo más importante siempre: LA BIBLIA

Autoevaluación

○ ¿Mis alumnos saben que Dios está en la iglesia con nosotros?

○ ¿Mis alumnos desean sentir la presencia de Dios?

○ ¿Mis alumnos pueden decir de memoria Salmo 118:6?

○ ¿Hay algo que mejorar en la clase?

———————————————

Plan de Clase #32

Dios está conmigo en la noche, en el agua y en todo lugar

Trasfondo bíblico

Juan 6:16-21

Versículo para memorizar

"El Señor está conmigo, y no tengo miedo".
—Salmo 118:6

Enfoque del mes

"Dios conmigo siempre está"

Meta general

"Yo sé que Dios está conmigo en todo lugar"

Objetivos

* Que los alumnos sepan que Dios siempre está con nosotros en todo lugar, aunque no lo veamos.

* Que los alumnos digan de memoria

Salmo 118:6.

Vamos a iniciar

Tenga lista alguna fruta amarilla de su área, ya cortada en porciones pequeñas, preparada para servir a los alumnos al entrar a la clase de Arco Iris. Lleve servilletas para los niños.

Al servir la fruta, haga preguntas y comentarios sobre el color amarillo—¡qué lindo es!—y que como estamos por concluir la Unidad Amarilla de nuestros estudios en Arco Iris, estamos comiendo una fruta amarilla. Vamos a repasar todo lo que hemos aprendido.

Vamos a alabar

Recoja la ofrenda en un recipiente amarillo, dándole gracias a Dios por la bendición de poder alabarle con nuestras ofrendas. Canten el coro "Te amo".

Vamos a orar

Oren en grupo, permitiendo a cada alumno y alumna que desee hacerlo. Ore primeramente por peticiones y luego dé gracias a Dios porque Él nos cuida a cada uno y está listo para ayudarnos y protegernos en todo lugar, porque nos ama tanto.

Vamos a citar

Lema de Arco Iris, cita bíblica, la promesa, el coro de Arco Iris

Vamos a memorizar

Con la Biblia en la mano abierta en el texto, dirija a los niños para decir Salmo 118:6, "El Señor está conmigo, y no tengo miedo". Luego permita, que cada alumno/a sostenga la Biblia y repita el Salmo 118:6. Anote en la lista de control.

Vamos a escuchar

Lleve a la clase una o dos bolsas (para basura) grandes, de color oscuro. Corte las bolsas para formar un pliego grande que servirá como nubes oscuras y la oscuridad de noche.

Coloque las bancas de manera que parezcan un barco. Con la Biblia en las piernas (tenga las bolsas plásticas debajo del asiento): "Bueno, chicos, en las clases de Arco Iris hemos escuchado que Dios está con nosotros en nuestra casa y con todos, y hoy nos vamos a enterar de que Él está con nosotros en todo lugar. En la Biblia, que es la Palabra de Dios, encontramos una historia interesante e importante. Algunos de los amigos de Cristo, los que le ayudaban (¡como los Arco Iris ayudan!) decidieron subirse a un barco para cruzar el lago. A ver, hagamos todos como que nos estamos subiendo a un barco como lo hicieron los amigos de Cristo. Ellos iban a cruzar el lago para llegar al pueblo donde vivían. Pero saben, era difícil ver, porque ya era de noche. (Saque la bolsa oscura.) Vamos a imaginarnos que aquí estamos con ellos en la noche oscura, en el barco en medio del lago. *(Entre todos sostengan la bolsa por encima de las cabezas.)* ¡Ay, qué oscura está la noche!

¿Cuántos tienen miedo? ¿Está alguien asustado? Pero, ¿saben algo? No sólo era de noche y estaba oscuro en el barco para los amigos de Cristo, sino que también comenzó a soplar mucho viento. A ver, soplemos todos bien fuerte, otra vez MÁS fuerte, y ¡MÁS FUERTE! Y el lago empezó a levantarse muy alto, MÁS alto, MUY, PERO MUY ALTO. Imagínense, el barco se movía MUCHO, ¡PERO MUCHO! Pero nos cuenta la Biblia que en medio del susto tan grande, cuando los amigos de Cristo estaban llenos de miedo, sucedió ALGO MARAVILLOSO. De pronto, ellos miraron y vieron que venía Cristo hacia ellos, caminando sobre el agua del lago. Él se acercó al barco, y les dijo: "¡Soy YO! ¡No tengan miedo!" ¿Qué les dijo Cristo? *(Permita que varios niños respondan.)* Sí, es cierto, y Cristo todavía hoy nos dice a nosotros aquí en la clase de Arco Iris que no debemos tener miedo, aunque esté oscuro de noche o sople mucho el viento o sintamos miedo por cualquier razón, no debemos tener miedo, porque Cristo siempre nos ve y nos cuida y está con nosotros en todo lugar. *(Guarde la bolsa.)* Cuando los amigos de Cristo en el barco lo oyeron, se pusieron muy, pero MUY contentos y ya no tenían temor ni de la noche ni del viento ni del movimiento del barco. ¡Qué lindo! ¿Verdad? No tenemos porque temer, pues Dios siempre nos acompaña, mientras jugamos, dormimos, comemos, o vamos a cualquier lugar. Como los amigos de Cristo, podemos sentirnos contentos y seguros al saber que Él siempre está cerca, aunque no lo veamos.

Vamos a cantar

"Dios cuida de mí (señale hacia arriba, luego a sí mismo/a)
Dios cuida de ti (señale hacia arriba, luego a un/una niño/a)
Todos los días y en todo lugar.
Dios cuida de las aves, las aves ("volar" con los brazos extendidos)
Dios cuida de //los peces// ("nadar" con las manos juntas) (puede usar más animalitos)
//¡DIOS CUIDA DE MÍ!// (señalar hacia arriba y luego a sí mismo/a)

Vamos a jugar

Escribir en fichas de cartulina (de color amarillo o blanco, si es posible) el versículo bíblico: Salmo 118:6, "El Señor está conmigo, y no tengo miedo", palabra por palabra. Perfore cada ficha y pase lana de color amarillo.

Entregue a cada niño una ficha con la lana y que se la pongan al cuello. Cada niño deberá decir el versículo (ayúdelos cuando lo necesiten).

Vamos a recordar

Llevar hojas de papel, una por alumno (de color amarillo, si es posible), y lápices de color o crayones de tonos oscuros. Pida a los niños que dibujen la historia que escuchamos hoy mientras responden a preguntas como:

- ¿Cómo iban a cruzar el lago los amigos de Cristo?

- ¿Por qué tuvieron miedo cuando ya estaban en el barco?

- ¿Qué los hizo sentirse alegres y seguros?

Vamos a ordenar

Todos le deben ayudar a ordenar el salón de clase. Si un niño necesita igualarse en los requisitos para obtener la insignia de la Unidad Amarillo, aproveche este tiempo.

Lista de materiales

❑ INICIAR: fruta amarilla lista para comer, servilletas y/o platos

❑ ALABAR: recipiente amarillo

❑ CITAR: coro Arco Iris

❑ ESCUCHAR: bolsas oscuras para basura, preparadas

❑ JUGAR: cartulina o fichas con el texto escrito, hilo

❑ RECORDAR: hojas de papel para dibujar y lápices de color y/o crayones

❑ Y lo más importante siempre: LA BIBLIA

Auto evaluación

○ ¿Mis alumnos saben que Dios siempre está cerca—en todo lugar—aunque no lo veamos?

○ ¿Mis alumnos aprecian la presencia de Dios?

○ ¿Mis alumnos dicen de memoria el Salmo 118:6?

○ ¿Hay problemas que corregir?

_____

_____

UNIDAD AZUL CELESTE

"La iglesia"

"Soy buen amigo"

Requisitos para obtener la insignia AZUL CELESTE

- Asistir a las clases con un mínimo de 60% (5 de 8 clases)

- Cantar el coro "Cristo me ama, bien lo sé"

- Decir de memoria el Salmo 122:1

- Decir de memoria Proverbios 17:17

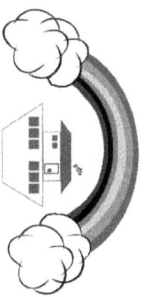

Unidad Azul Celeste

Fecha	Nombre y Apellido	Clase #1	Clase #2	Clase #3	Clase #4	Clase #5	Clase #6	Clase #7	Clase #8	Coro	Salmo 122:1	Proverbios 17:17
1												
2												
3												
4												
5												
6												
7												
8												
9												
10												
11												
12												
13												
14												
15												
16												
17												
18												
19												
20												

Plan de Clase #33
Igual que Jesús, voy a la iglesia

Trasfondo bíblico

Lucas 4:16-22

Versículo bíblico para memorizar

"Yo me alegro cuando me dicen: Vamos a la casa del Señor."   —Salmo 122:1

Enfoque del mes

"Ayudo en mi iglesia"

Meta general

"Estoy contento cuando voy a la iglesia"

Objetivos

* Que mis alumnos sepan que es bueno ir a la iglesia y ayudar.

* Que mis alumnos digan de memoria Salmo 122:1.

Vamos a Iniciar

Antes que lleguen los alumnos, coloque una cartulina al nivel de los niños, a manera de un tablero. Cuando lleguen los niños, pídales que le ayuden a decorar el tablero para la clase de Arco Iris. Pídales que le permitan dibujar la silueta de los pies en papel (siguiendo la forma de los zapatos). Después de dibujar los pies, escriba el nombre del niño en un "pie" y el apellido en el otro "pie". Si tiene un ayudante, pídale que recorte las siluetas, mientras usted sigue dibujando los pies de los otros alumnos.

Mantenga una conversación amena con ellos sobre lo bueno que es poder usar los pies para ir a la iglesia, y lo lindo que es el color azul celeste de nuestra unidad. Cuando todos ya tengan los "pies" dibujados, con nombres y recortados, pídales que peguen "sus pies" al tablero.

Vamos a alabar

Recoja la ofrenda en un recipiente color azul celeste, dando gracias a Dios que podemos alabarle al hacerlo. Canten un coro acerca de la iglesia.

Vamos a citar

Lema de Arco Iris ("Los Arco Iris ayudan y obedecen"), Cita Bíblica (Éxodo 24:7, "Obedeceremos"), Promesa (con mímicas), y el Coro de Arco Iris (con o sin la música grabada)

Vamos a escuchar

Preparar de una hoja de papel un "rollo estilo antiguo" con un palo fino pegado a un extremo, haciéndole varias marcas o "letras raras" y también la siguiente leyenda:

"Dios está conmigo—porque me escogió—para dar buenas noticias—a todas las personas—que necesitan saber de Él. –Dios me envió—para anunciar—libertad y sanidad—y para ayudar—a todos en el mundo".

Pida que los niños se sienten en el piso, a su alrededor. Con la Biblia y el rollo en la mano, dígales que ahora nuestra Biblia está en forma de libro, pero antes—en el tiempo cuando el Señor Jesucristo vivió como niño y hombre en la tierra—la Biblia se escribió en rollos de papel, más o menos como este ejemplo que vemos aquí. (*Permita que los alumnos pasen el rollo entre el grupo, para que todos lo vean y lo toquen.*) Cuando Jesús iba a la iglesia a enseñar y predicar, Él usaba un rollo para leer la Palabra de Dios a las personas. (*Abra la Biblia en Lucas 4.*) Hoy vamos a escuchar lo que pasó un día cuando Jesús fue a la iglesia en el pueblo de Nazaret donde Él vivió cuando era niño. Pero necesito que ustedes me ayuden con la historia bíblica. ¿Todos me van a ayudar? ¡Gracias! Yo lo voy a decir primero, y ustedes van a repetir, ¿les parece? Ahora, vamos todos a oír (*señale la oreja*) y contar (*señalando la boca*) la historia. Un día Jesús fue a la iglesia—como lo hacía siempre—en el lugar donde vivía. Cuando se levantó a leer (*que se pongan de pie*)—leyó lo escrito por el profeta Isaías (*que pretendan abrir el rollo y que digan después de usted*)—Dios está conmigo—porque me escogió—para dar buenas noticias—a todas las personas—que necesitan saber de Él.—Dios me envió—para anunciar—libertad y sanidad—y para ayudar—a todos en el mundo. Entonces Jesús cerró el rollo (*cierren el rollo*) y se sentó (*que todos se sienten*). ¿Saben algo, niños? Todos hablaban bien de Jesús, porque les gustó el mensaje tan importante que les había dado al leer el rollo cuando fue a la iglesia. ¡Qué bueno que nosotros, igual como lo hizo Jesús, podemos ir a la iglesia para oír la Palabra de Dios, y también para orar, cantar y ayudar! ¿Verdad que sí?

Vamos a jugar

La casa de todos

Llevar ya preparadas cuerdas o hilos gruesos cortados de medio metro (18 pulgadas) para cada uno (*si es posible de color celeste o azul*) y un palo corto (*más o menos de medio metro/18 pulgadas*).

Explique a los niños que van a costruír una iglesia, donde todos son bienvenidos. Van a trabajar en el piso del salón de clase. Pida a los niños que cada uno vaya colocando la cuerda para formar el borde de un "edificio". Indíqueles que van a formar un rectángulo de cuerdas y luego harán una puerta para entrar por ella. Que cada uno vaya colocando la cuerdo junto a las otras hasta formar el contorno del edificio. Coloque el palo como puerta, por donde todos puedan entrar y salir. Hable de la importancia de tener una iglesia adonde ir y tener comunión con Dios y con los hermanos. Que cada uno diga Salmo 122:1 al entrar y al salir.

Vamos a recordar

Saque copias del dibujo al final de este Plan de Clase para cada alumno. Dé un crayón o lápiz de color a cada uno para marcar ciertos elementos que usted les va a indicar. Mientras va repartiendo las hojas y con qué marcar, recuerde a los niños que en los tiempos cuando Jesucristo era niño, no había iglesias ni clases de Arco Iris como tenemos ahora, pero sí había lugares especiales donde los niños iban para aprender la Palabra de Dios.

Guíe a los niños a marcar (con círculos o con rayas) la puerta, la gorra del maestro, y los rollos. Explique que en aquellos días, los niños no tenían libros como tenemos ahora, pero tenían rollos. Pida que cada niño enrolle su dibujo, y tomando de nuevo

el hilo que se usó en JUGAR, amarrarlo "como Cristo lo usó". Ayúdeles hacer un nudo (o lazo) sencillo y escriba el nombre del niño en cada rollo. (Guárdelos para entregar al final de la clase.)

Vamos a cantar

Canten: Somos soldaditos siervos del Señor

Vamos a ordenar

Pida a los niños que le ayuden a arreglar el salón de clase antes de salir. Al llegar los padres, que los niños los muestren "sus pies" que hiceron durante Iniciar.

Lista de materiales

❑ INICIAR: papel o cartulina grande, hojas de papel, marcadores celestes, pegamento o cinta de pegar

❑ ESCUCHAR: hoja pegada a un palo y enrollada, con la letra indicada

❑ JUGAR: hilos cortados y un palo

❑ RECORDAR: copias del dibujo de "Iglesia de los tiempos de Jesús", crayones o lápices

❑ Y lo más importante siempre: LA BIBLIA

Autoevaluación

◯ ¿Mis alumnos saben que es bueno ir a la iglesia como Jesús lo hizo?

◯ ¿Llevo al día la lista de logros?

Plan de Clase #34
Orar en la iglesia

Trasfondo bíblico

Lucas 2:21-38

Versículo bíblico para memorizar

Yo me alegro cuando me dicen: "Vamos a la casa del Señor".　　　　—Salmo 122:1

Enfoque del mes

"Ayudo en mi iglesia"

Meta general

"Al orar, ayudo en mi iglesia"

Objetivos

* Que los alumnos sepan que es bueno orar en la iglesia.

* Que los alumnos estén contentos de ir a la iglesia, para ayudar y orar.

* Que los alumnos digan de memoria Salmo 122:1.

Vamos a iniciar

Preparación previa: Conseguir y llevar a la clase una caja de cartón limpia (tamaño entre pequeño y mediano), también pegamento y dos variedades de papel de regalo sencillo ya cortado en cuadros de unos 10 cm. cuadrados (3 o 4 pulgadas cuadradas), suficientes para cubrir toda la superficie externa (menos el fondo) de la caja. (Si tiene acceso a tijeras de corte zigzag o "de piquitos", los cuadros quedarían más bonitos, pero no es necesario.) Procedimiento con los alumnos: Colocar la caja sobre la mesa (o en el piso si no hay mesa) y tener a mano los cuadros de papel ya recortados y el pegamento. Al entrar los niños, después de darles una bienvenida bien calurosa, explicarles que hoy necesita la ayuda de ellos para preparar un basurero bien bonito para usar en la iglesia, así ayudando porque "ayudar a decorar es una de las maneras que podemos ayudar en la iglesia". Usted aplique el pegamento poco a poco a la caja y deje que los alumnos vayan tapando/decorando por fuera la caja para basura con los cuadros de papel. "Así, entre todos, estamos sirviendo a Dios al ayudar a preparar algo que será de utilidad en la iglesia".

Vamos a alabar

Después de recoger la ofrenda (en un recipiente de color azul celeste, si es posible), que canten todos un coro que hable de la iglesia o de la oración.

Vamos a citar

Lema de Arco Iris, Cita Bíblica (Éxodo 24:7, "Obedeceremos"), Promesa, y el Coro de Arco Iris (con o sin la música)

Vamos a orar

Explicarles a los alumnos que hay diferentes maneras de orar—a veces oramos de pie, a veces sentados, a veces en ronda, pero que hoy vamos a orar de rodillas, cada uno al lado de su asiento. Después que todos estén arrodillados, diríjalos en oración, frase por frase, algo así: "Querido Dios que nos amas tanto, te damos gracias por el gozo de poder orar, de hablar contigo, cuando estamos en la iglesia. Gracias, Dios, porque tenemos un lugar donde juntarnos para nuestra clase de Arco Iris. Gracias, Dios, que podemos orar los unos por los otros y sabemos que nos escuchas siempre. Gracias, Dios, porque enviaste a tu hijo Jesucristo a la tierra para darnos la salvación. Gracias, Dios, por amarnos siempre, y por ayudarnos en todo. Gracias, Dios, por darnos la Biblia para enseñarnos tantas cosas importantes que necesitamos saber. En el nombre de Jesús oramos siempre, Amén". (Qué todos se sienten para escuchar la historia bíblica.)

Vamos a escuchar

Llevar a la clase unas ropitas sencillas para "vestir de viejos", como en los tiempos bíblicos a dos alumnos, un niño y una niña, para hacer los papeles de Simeón y Ana, también otras prendas para vestir a José y María, además de un muñeco o una muñeca para representar al niño Jesús. (Si no tiene muñeco(a), puede enrollar tela o un paño o toalla y envolverlo en algo para servir de "bebé".)

Colocar las sillas en semicírculo, donde todos se sientan, menos los cuatro niños que van a hacer los papeles de Simeón y Ana, José y María. Ellos se paran de dos en dos, Simeón y Ana a un extremo del semicírculo, José y María al otro. Comience a contar la historia bíblica mientras vaya preparando a los "actores", primeramente a José y María, después a Simeón y Ana. Se puede relatar la historia (comenzando con la Biblia en la mano, abierta en Lucas capítulo dos) así:

La Biblia nos dice aquí (señale) que cuando el Niño Jesús tenía un poco más de un mes de nacido (guarde la Biblia y comience, a la vista de todos, a vestir sencilla y rápidamente a José y a María), cuando todavía era un bebito muy pequeño y tierno, sus padres lo llevaron al TEMPLO, que es otro nombre para IGLESIA. ¡Qué bueno que desde tan pequeñito iba Jesús a la IGLESIA! ¿Verdad? (Coloque al "bebé" en los brazos de José, y llevarla a él y a María al centro del semicírculo, al "templo".) Aquí están José, María y el Niño Jesús en el templo. Había en la IGLESIA dos personas ancianas, los dos ya muy, muy viejos. (Acérquese a Simeón y a Ana para vestirlos, lo más pronto posible.) Se llaman Simeón y Ana. ¿Cómo se llaman? ¿Cómo? Así es. Dios dirigió a Simeón a encontrarse (lleve de la mano a Simeón adonde están José y María) con José, María y el Niño Jesús. Y cuando Simeón vió al Niño Jesús, se puso bien, pero BIEN contento. (Que Simeón sonría "de oreja a oreja".) El tomó en sus brazos al bebé (que lo haga) y oró a Dios diciendo (que Simeón repita, frase por frase: '¡Gracias, Dios, por cumplir tu promesa conmigo! Con mis propios ojos / he visto al Salvador, a Jesucristo, a quien tú enviaste al mundo / para ayudar a todos. Él va a ser LUZ / para guiar a muchos a Dios'. José y María se pusieron bien, pero BIEN contentos al escuchar la oración de Simeón. (Que sonrían "de oreja a oreja".) Entonces Simeón le dio el "bebé" a María (que lo haga) y le dijo, 'Dios te bendiga, y te ayude en todo' (que lo diga Simeón a María). (Simeón sale del "templo", se quedan María y José con el "bebé", y entra Ana.) En el TEMPLO también estaba Ana, una mujer muy vieja. ¿Cómo era Ana? MUY VIEJA ¿Cómo? MUY VIEJA. Sí, muy vieja, y tal vez le era difícil caminar bien. Vamos todos a ponernos de pie y caminar un poco, tal como lo hacen las personas muy viejas (que lo hagan). Ahora pueden volver a sentarse para escuchar lo que hizo Ana en el TEMPLO, que es otro nombre para IGLESIA.

A Ana le gustaba mucho orar y adorar a Dios en el TEMPLO. Llegó Ana a donde José, María y el Niño Jesús y comenzó a alabar a Dios en oración, dándole las gracias por haber enviado a Jesucristo. Vamos todos a orar con Ana. (Que Ana le ponga la mano al bebé y que los demás levanten las manos, y repitan después de usted, juntamente con Ana, frase por frase): "Gracias, Dios, / por enviar al mundo a Jesucristo, / para ayudar a todos / a encontrar la Salvación. Amén". Entonces salió Ana (que salga del "templo") y comenzó a contar a todos acerca del niño Jesús. José, María y el niño Jesús regresaron a su casa (que salgan del "templo"), pero iban muchas veces a la iglesia para orar y honrar a Dios".

Vamos a recordar

(Mientras ayuda a los cuatro participantes de la historia bíblica dramatizada a quitarse las prendas de vestir del "estilo antiguo", haga las siguientes preguntas a todos, dando la primera oportunidad de responder a los demás alumnos, pero incluyendo también a los "actores".) *"Les voy a hacer unas preguntas sobre la historia bíblica que acabamos a escuchar y ver dramatizada, y quiero que levanten la mano—sin decir nada—si desean contestar, por favor. Después que llame su nombre, entonces me puede responder, ¿de acuerdo? Escuchen bien las preguntas para ver si recordamos bien la historia:*

- ¿Cómo se llamaba el hombre anciano que oró por el Niño Jesús en la iglesia? (Simeón)

- ¿Cómo se llamaba la mujer anciana que también oró por el bebé cuando José y María lo llevaron al templo? (Ana)

- ¿Cómo ayudaban Simeón y Ana en la iglesia? (orando)

- ¿Puede cada uno ayudar en la iglesia, como Simeón y Ana? (Sí, orando.)

Digan todos conmigo: "SÍ / IGUAL QUE SIMEÓN Y ANA / AYUDO EN LA IGLESIA / AL ORAR".

Vamos a jugar

Con todos parados en ronda, tomándose de la mano antes de comenzar el juego, explíqueles a los niños que van a jugar 'Ruido y Silencio'. Yo les digo lo que deben hacer, a veces haciendo ruido y a veces guardando silencio, porque hay momentos en la iglesia cuando está bien hacer ruído y hay otros momentos cuando debemos guardar silencio. (Se explica y se demuestra la diferencia entre hacer ruido y guardar silencio.) Entonces comience a dar órdenes, alternando entre "Ruido" y "Silencio". (Por ejemplo: "Hacemos RUIDO con las palmas— TA, TA, TA"; "Guardamos SILENCIO cuando habla el Pastor: _____ (nombre del pastor local) durante los cultos". "Hacemos RUIDO al cantar— LA, LA, LA". Guardamos SILENCIO cuando se lee la Biblia" (formar "libro" con las dos manos). Hacemos RUIDO al decir "Amén"—¡AMÉN, AMÉN! Guardamos SILENCIO al entrar y salir ("marchar" en el mismo sitio, sin avanzar); Hacemos RUIDO al saludarnos—"Hola, hola, hola" (dándose la mano). Y al orar, a veces hacemos RUIDO—"GLORIA A DIOS" (levantando las manos). Y a veces cuando oramos guardamos SILENCIO (manos juntas bajo la barbilla, cabezas inclinadas). (Se puede repitir o variar, según el tiempo y los gustos.)

Vamos a cantar

Todavía en ronda, canten marchando en círculo, coros alusivos a orando en la iglesia, uno más rápido y otro más lento, dando los pasos de la marcha de acuerdo al compás de la música.

Vamos a memorizar

Llevar a la clase un espejo pequeño o mediano, dos si tiene un grupo grande y un ayudante.

Pida a los alumnos que se sienten todos tranquilitos, entonces saque a la vista el espejo (o los espejos). Pregúnteles: *¿Qué tengo en la mano? ¿Para qué se usa? Pues hoy lo vamos a usar para ayudarnos a demostrar que nos hemos MEMORIZADO nuestro versículo bíblico, Salmo 122:1, "Yo me alegro cuando me dicen: 'Vamos a la casa del Señor'". Vamos todos a practicar primero, diciéndolo un par de veces antes de usar el espejo. (Que lo hagan, repitiéndolo con usted.) Ahora cada uno va a tener la oportunidad de verse en el espejo y mirar la boca diciendo el Salmo 122:1. Quiero que sonrían al espejo antes de decirlo, y después de decirlo.* Entonces van por turno, hasta que cada alumno haya dicho el versículo por sí solo, viéndose mientras lo dice. (Les puede ayudar en lo necesario para que todos tengan éxito en el proceso.) Al final, que todos lo digan juntos. Felicítelos por tan excelente participación.

Vamos a ordenar

Como siempre, dirija a los alumnos para ayudar a ordenar el aula mientras esperan a los padres, recordándoles que "así podemos ayudar en nuestra iglesia". Si hay tiempo, después que todo esté en orden, pregunte si alguien quiere que oren por alguna

necesidad. Después de escuchar las peticiones, ore por cada una, dando gracias que podemos orar los unos por los otros. Además, puede volver a hacerles las preguntas sobre la historia bíblica y/o dramatizarla de nuevo.

Lista de materiales

❑ INICIAR: caja, cuadros de papel y pegamento

❑ ESCUCHAR: ropitas sencillas de los tiempos bíblicos para cuatro alumnos y un "bebé"

❑ MEMORIZAR: espejo (dos si es numerosa la clase)

❑ Y lo más importante siempre: LA BIBLIA

Autoevaluación

○ ¿Mis alumnos saben que es bueno ir a la iglesia y orar?

○ ¿Mis alumnos están contentos cuando oran en la iglesia?

○ ¿Mis alumnos pueden decir de memoria Salmo 122:1?

○ ¿Qué debo hacer para mejorar la clase?

_____

_____

○ ¿Llevo al día la lista de logros?

Plan de Clase #35
Dar ofrendas en la iglesia

Trasfondo bíblico

Marcos 12:41-44

Versículo bíblico para memorizar:

Yo me alegro cuando me dicen: "Vamos a la casa del Señor".   —Salmo 122:1

Enfoque del mes

"Ayudo en mi iglesia"

Meta general

"Ayudo en mi iglesia al dar ofrendas"

Objetivos

- Que mis alumnos sepan que es bueno ayudar en la iglesia dando ofrendas.

- Que mis alumnos estén contentos de dar ofrendas en la iglesia.

- Que mis alumnos digan de memoria Salmo 122:1.

Vamos a iniciar

Cuando lleguen los alumnos, invítelos a sentarse a la mesa donde ya están puestas varias monedas, medias hojas de papel y crayones o lápices. Indíqueles que coloquen una moneda debajo del papel y con el crayón o lápiz marquen la forma de la moneda. Repita el proceso con monedas de diferentes tamaños hasta que cada alumno tenga tres o cuatro monedas dibujadas en su hoja. Mientras hacen el trabajo, mantenga una conversación amena con los niños acerca del uso del dinero, tanto dentro como fuera de la iglesia. Enfatice que con nuestras ofrendas ayudamos a la iglesia. Escriba los nombres en cada trabajo y guárdelos para entregar al final de la clase.

Vamos a alabar

Recoja la ofrenda en un recipiente de color azul celeste, mencionando que a Dios le agrada cuando damos ofrendas con un corazón alegre, y así alabamos a Dios. Cante un coro mientras los niños dan la ofrenda.

Vamos a citar

Lema de Arco Iris, Cita Bíblica, Promesa y el Coro de Arco Iris.

Vamos a escuchar

Pinte antes de la clase el dibujo al final de este Plan de Clase y téngalo listo para la historia bíblica.

Cuando todos estén sentados quietos, enséñeles el dibujo y haga preguntas sobre éste, como:

- ¿A quién vemos aquí en este dibujo?

- ¿Qué está haciendo?

- ¿Por qué hace lo que hace?

- ¿En qué lugar está ella?

- ¿Está triste o feliz?

Tenga su Biblia abierta en Marcos 12. Un día Jesús estaba en el templo, y se sentó frente a la caja de las ofrendas. Allí veía como la gente echaba dinero en la caja. Había gente rica que echaba mucho dinero. Hagamos el sonido de monedas que caen en la caja: PLIN, PLIN, PLIN, PLIN, PLIN, PLIN. Entonces llegó una mujer MUY pobre que era viuda (es decir que su esposo había muerto), ella echó en una de las cajas dos moneditas de MUY poco valor. Eso fue como echar dos: _____ (la moneda de menos valor en su área). Vamos todos a hacer el sonido de las dos monedas a la caja: PLIN, PLIN. ¿Saben ustedes lo que dijo Jesús de esa mujer tan pobre? (Permita respuestas.) El dijo: "Les aseguro que esta viuda pobre dio más que todos los ricos, porque ellos dieron de lo que les sobraba, pero ella, que es tan pobre, dio todo lo que tenía para vivir".

Explique que lo que más le agrada a Dios es que demos nuestras ofrendas, no importa la cantidad que sea, siempre que con amor, gratitud y con gozo en el corazón. Pregúnteles: ¿Cómo quiere Dios que demos nuestras ofrendas en la iglesia? Sí, con amor, gratitud y alegría.

Vamos a orar

Oren en ronda, dando gracias a Dios por que podemos dar nuestras ofrendas en la iglesia con amor, con gratitud y con alegía.

Vamos a jugar

"La ofrenda invisible" (Es una versión adaptada de "sillas musicales".) Preparación previa: Tenga a mano grabadora y casete o CD con música alegre y un ayudante para manejarla, además un recipiente "para la ofrenda por mímicas", tal vez el mismo que se usó en "Alabar" pero ahora vacío, o una caja pequeña para asemejarse con la historia bíblica. Procedimiento con los alumnos: Todavía en ronda, explíqueles a los niños que "ahora vamos a jugar "la ofrenda invisible", y que cada uno va a fingir (hacer la mímica) de echar a la caja (mostrarla) dos monedas invisibles--"de mentirilla"—como lo hizo la mujer pobre de la historia bíblica. (Practiquen todos juntos echando "dos monedas" en la palma de la mano, diciendo PLIN, PLIN.) Explíqueles a los alumnos que van a pasar, de mano a mano, la caja y cada uno le va a echar su "ofrenda invisible" y decir PLIN, PLIN y pasar la caja al alumno a su lado. (Hacer la práctica de una vuelta con la caja para que todos tengan la oportunidad de participar.) Explíqueles que ahora se va a poner música a la ofrenda invisible, y cuando pare la música, el alumno o la alumna que sostiene la caja en ese momento tiene que dar la caja al maestro y luego sentarse. Sigan jugando hasta que todos estén sentados. Al sentarse cada alumno(a), el líder entrega la caja a otro alumno, y sigue poniendo y quitando la música hasta que todos estén sentados. Al final, todos dan palmadas por haber participado en el juego de la ofrenda invisible.

Vamos a memorizar y recordar

Pida que digan Salmo 122:1—"Yo me alegro cuando me dicen: Vamos a la casa del Señor". Después que lo digan con los ojos cerrados, y una última vez dando palmadas con cada sílaba. Celebren todos con una merienda sencilla.

Vamos a cantar

Canten "Alabaré, alabaré, alabaré a mi Señor" y "Mi ofrenda doy", marchando en ronda.

Vamos a ordenar

Pida a los niños que le ayuden a ordenar el salón de clase, y que pongan las sillas en su lugar. Deles tareas pequeñas para hacer.

Al salir entregue las hojas donde trazaron las monedas durante INICIAR.

Lista de materiales

❑ INICIAR: monedas, papel, crayones o lápices de color

❑ ESCUCHAR: dibujo ya pintado (coloreado)

❑ JUGAR: grabadora y casete o CD; recipiente para "ofrenda"

❑ MEMORIZAR y RECORDAR: merienda sencilla

❑ Y lo más importante siempre: LA BIBLIA

Autoevaluación

❍ ¿Mis alumnos saben que es bueno ir a la iglesia y dar ofrendas?

❍ ¿Mis alumnos están contentos cuando dan ofrendas en la iglesia?

❍ ¿Mis alumnos pueden decir de memoria Salmo 122:1?

❍ ¿Hay problemas en la clase que corregir?

_____

❍ ¿Qué debo hacer para mejorar la clase?

_____

Plan de Clase #36

Cantando y tocando instrumentos en la iglesia

Trasfondo bíblico

I Crónicas 15:16, 17; 16:7-36; 25:5-8

Versículo bíblico para memorizar

"Yo me alegro cuando me dicen: Vamos a la casa del Señor". —Salmo 122:1

Enfoque del mes

"Ayudo en mi iglesia"

Meta general

"Ayudo en mi iglesia cantando y tocando instrumentos"

Objetivos

- Que mis alumnos entiendan que es bueno cantar y tocar instrumentos en la iglesia.

- Que mis alumnos estén contentos al cantar y tocar instrumentos en la iglesia.

- Que mis alumnos digan de memoria Salmo 122:1

Vamos a iniciar

Tenga listos platos desechables con dos perforaciones o agujeros a una distancia de 7 cm. (3 pulgadas) entre cada uno y unos hilos. También tenga música tocando suavemente.

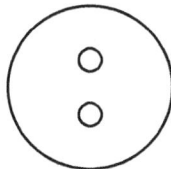

Cuando lleguen los niños pídales que enhebren (o ensarten) el hilo o lana para formar una agarradera en los platos. Cada niño tendrá un "címbalo". La Biblia menciona varios instrumentos con los que podemos alabar a Dios. Dígales que la Biblia habla de muchas personas que tocaban instrumentos para alabar a Dios. Por ejemplo, David tocaba el arpa para alabar a Dios.

Vamos a alabar

Dirija a los niños a cantar un coro conocido del cd o casete. Que todos usen sus instrumentos que construyeron. Ore por la ofrenda. (Guarde los címbalos.)

Vamos a citar

Lema de Arco Iris ("Los Arco Iris ayudan y obedecen".) Cita Bíblica (Éxodo 24:7, "Obedeceremos"). La Promesa (con mímicas). Coro de Arco Iris

Vamos a orar

En ronda, todos tomados de la mano, pregunte si hay peticiones y ore por éstas. Concluya agradeciendo a Dios por la bendición de la iglesia, un lugar tan especial donde podemos orar, cantar, tocar instrumentos y escuchar de la Biblia.

Vamos a escuchar

Saque una copia del dibujo al final de este Plan de Clase. Prepare en cartulina o cartón ejemplares de instrumentos que se ven en el dibujo, como bocina o trompeta sencilla, arpa, pandero, y tambor. Tenga a mano un marcador NO permanente, de punta fina, para dibujar la cara del rey David en el pulgar de la mano de cada alumno. Tenga suficientes cuadritos del papel higiénico o papel crespón del mismo tamaño de un cuadro de papel higiénico, para formar la toga de David. En un recipiente tenga un poco de agua para mojar el papel y limpiar el pulgar despúes de cantar.

Cuando todos los alumnos estén sentaditos y quietos saque la Biblia y ábrala en I de Crónicas 15. Hoy vamos a ver lo que nos dice la Biblia acerca de un grupo de personas que sí sabían MUY BIEN que es bueno ayudar en la iglesia cantando y tocando instrumentos. Así como el Rey David había otras personas que tocaban instrumentos para alabar a Dios.

(Saque la copia del dibujo del grupo cantando y tocando instrumentos.) Converse acerca de los

diferentes instrumentos y dé los ejemplares hechos de cartulina a los niños para que toquen como lo hacía David. *(Si ellos no conocen el sonido de algún instrumento, enséñeles cómo suena cada uno.)*

Cuando hayan participado todos, saque el marcador y "las capas" de papel "para que cada uno pueda tener un mini títere del rey David. Indique a cada niño que meta el pulgar en medio del papel, con cuidado para no hacer un agujero demasiado grande. Ahora dibuje en cada pulgar de los niños una carita feliz.

Permita que los alumnos muevan los títeres, saludándose y diciendo: "Hola, Rey David. ¿Cómo estás? ¡Bienvenido a Arco Iris! ¿Te gusta cantar? ¿Te gusta tocar instrumentos?"

Vamos a cantar

Cante con los niños y los títeres: "Yo canto, yo canto, yo canto como David; yo canto, yo canto, yo canto como David."(Limpie los dedos y bote "las capas".)

Vamos a jugar

Vamos a usar los mismos instrumentos que en "Esuchar". Pida que formen tres filas para jugar a una carrera. Ponga nombre a cada fila "El Grupo Hemán", "El Grupo Asaf", y "El Grupo Etán". Explíqueles que son nombres verdaderos que la Biblia nos cuenta. *(Pida que cada fila repita el nombre asignado hasta que todos lo sepan bien.)* Coloque tres sillas, con el espaldar hacia las filas, a una distancia de unos cinco metros de los niños. Explique que cada fila va a recibir un instrumento para "la carrera musical"; el primer alumno de cada fila va a tomar el instrumento, correr hacia la silla, tomar y tocar el instrumento, y regresar lo más rápido posible para entregar el instrumento al próximo alumno en su fila. Cuente hasta tres para iniciar la carrera. Ganará la fila que logre terminar primero, pero las otras filas "ganan" también al participar con gozo y terminar la carrera debidamente. Si hay tiempo sigan con más carreras. Él "grupo ganador" dirigirá a todos en un canto.

Vamos a memorizar y recordar

Lleve a la clase galletas o dulces u otra clase de "premio comestible" que se pueda repartir a cada alumno después de que digan bien Salmo 122:1. Ya que es la cuarta lección del mes, todos los alumnos deben saber de memoria el versículo bíblico.

Vamos a ordenar

Como siempre, pida a los alumnos que le ayuden a ordenar el aula mientras esperan a los padres, y recuérdeles que así podemos ayudar en nuestra iglesia. Canten un coro al hacerlo. Entregue los címbalos hechos durante Iniciar para llevar a la casa.

Lista de materiales

❑ **INICIAR:** grabadora con casete o CD; 2 platos desechables por niño con agujeros ya hechos y 2 hilos gruesos cortos ya cortados por niño

❑ **ESCUCHAR:** dibujo y al menos 3 ejemplares en cartón de instrumentos sencillos; marcador(es) no permanentos y cuadros de papel higiénico o algo parecido, agua

❑ **MEMORIZAR/RECORDAR:** galletas o dulces como "premios"

❑ Y lo más importante siempre: LA BIBLIA

Autoevaluación

○ ¿Logramos cumplir con los objetivos?

○ ¿Mis alumnos saben que es bueno cantar y tocar instrumentos en la iglesia?

○ ¿Mis alumnos están felices cantando en la iglesia?

○ ¿Mis alumnos saben Salmo 122:1?

○ ¿Hay problemas que corregir?

○ ¿Qué debo hacer para mejorar la clase?

○ ¿Llevo al día la lista de logros?

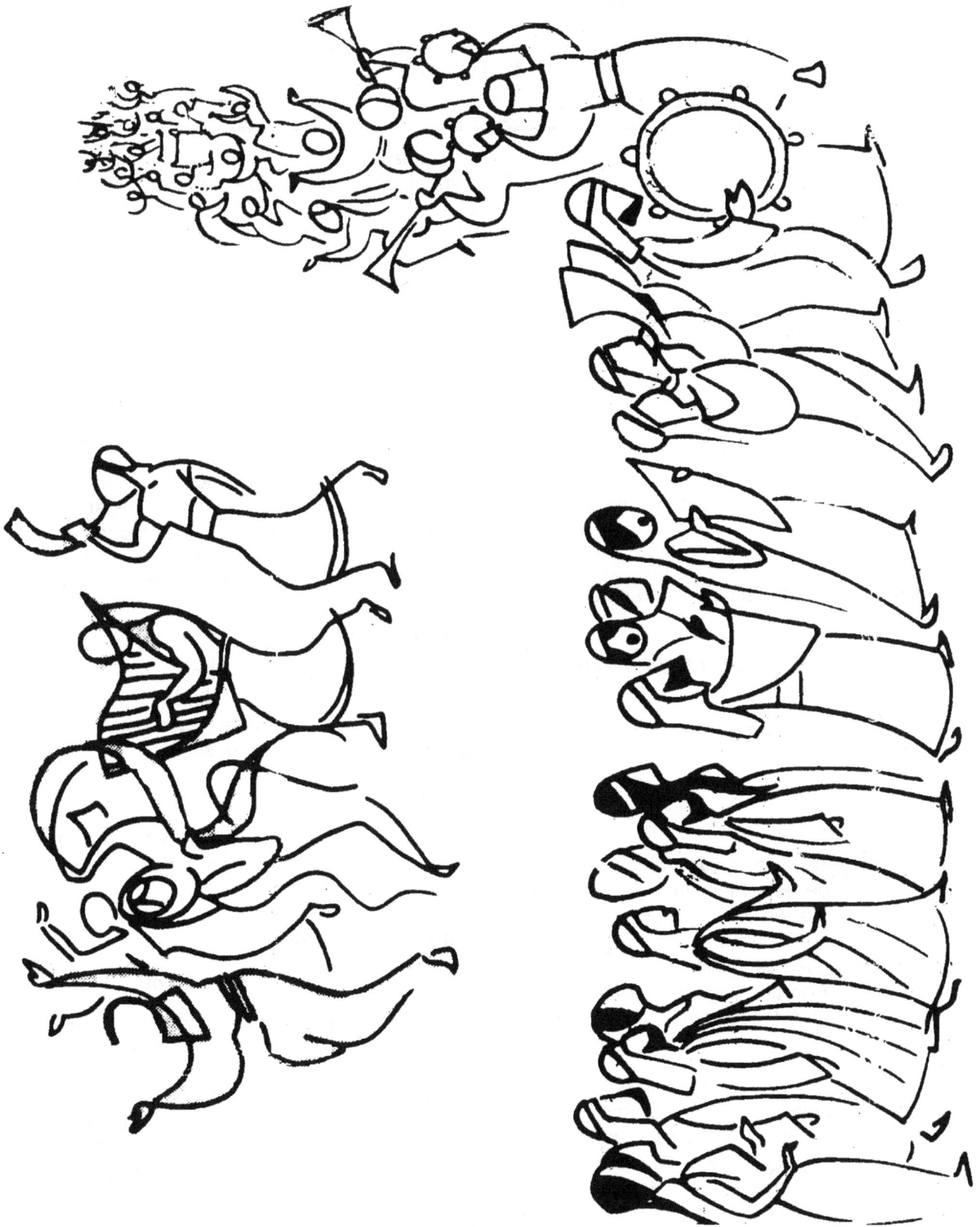

Plan de Clase #37

Cristo es mi mejor amigo

Trasfondo bíblico

Marcos 10:13-16

Versículo bíblico para memorizar

"En todo tiempo ama el amigo".
—Proverbios 17:17

Enfoque del mes

"Soy buen amigo"

Meta general

"Me alegro de que Cristo sea mi mejor amigo"

Objetivos

* Que mis alumnos sepan que Cristo es su mejor amigo.

* Que mis alumnos se gocen porque Cristo es su mejor amigo.

* Que mis alumnos digan de memoria

Proverbios 17:17.

Vamos a iniciar

Haga suficientes copias del dibujo que se encuentra al final de este Plan de Clase. Prepare cuadros de cartulina en color celeste, de unos 15 cm. por 20 cm. (6 pulgadas por 8 pulgadas) para cada alumno. Antes de la clase recorte los corazones. Escriba en tiras de papel: CRISTO ES MI MEJOR AMIGO y "En todo tiempo ama el amigo". Proverbios 17:17.

Cuando vayan llegando los niños, invítelos a sentarse. Entregue a cada niño un corazón, pegamento y el cuadro de cartulina. Ayude a los niños para que pongan pegamento al dorso del corazón y lo peguen en el centro de la cartulina. Dígales que "Cristo es nuestro mejor amigo" y nos ama como amó a las personas que estaban junto a Él.

Hable de cada división del dibujo. Por ejemplo Cristo se hizo amigo de una persona que subió a un árbol. ¿A cuántos les gusta subirse en los árboles? También Cristo visitó a una amiga que estaba enenferma. ¿Saben que Cristo es nuestro amigo cuando estamos enfermos? Cristo habló a sus amigos todos los días. ¿A cuántos les gusta hablar con sus amigos? Un día, varios niños amigos de Cristo recibieron abrazos de Él. Cristo quiere ser amigo de todos nosotros.

Entregue la tira de papel que dice CRISTO ES MI MEJOR AMIGO, para que los alumnos la peguen en la parte superior del cuadro de cartulina y que todos digan la frase mientras la pegan. Cuando todos hayan terminado entregue la otra tira con el versículo bíblico para que la peguen en la parte inferior de la cartulina. Que todos digan el versículo.

Vamos a citar

Lema de Arco Iris ("Los Arco Iris ayudan y obedecen"). Cita Bíblica (Éxodo 24:7, "Obedeceremos"). Promesa (con mímicas) y el Coro de Arco Iris (con o sin la música)

Vamos a alabar

Recoger la ofrenda en un recipiente de color azul celeste. Cantar el coro "Cristo me ama, bien lo sé".

Vamos a escuchar

"Niños amigos que conocieron a Cristo"

(Que todos se sienten en el piso, juntamente con usted, para escuchar la historia de la Biblia.) Hace muchos años, en un país muy lejano dos niños se levantaron de sus camas cuando los llamó la mamá *(que todos hagan la mímica de acostarse, luego levantarse y extender los brazos para despertarse).* "¡Qué felices somos, porque hoy es el día cuando vamos a ver a Jesús!" *(Pregunte: ¿Por qué estaban felices?)* Sus padres querían que Jesús orara por los niños. Ah, miren todos allá *(señale hacia otro lado del aula)*, veo montañas. ¿Pueden imaginarse las

montañas que vieron los niños de nuestra historia bíblica? Seguimos caminando con ellos (*pida que los niños muevan los brazos como cuando se camina*). Veo un puente de madera que tenemos que cruzar. ¡Todos conmigo! (*Con las manos, golpee suavemente la parte superior del pecho, alternando de mano, para hacer el sonido al caminar por un puente de madera.*) Seguimos caminando (*que muevan los brazos*). Pero miren, veo un campo con hierba muy alta que debemos cruzar. ¡Adelante, conmigo! (*Con las dos manos juntas, frente al pecho, frótelas varias veces para emitir un ruido como "suish-suish".*) ¡Ay, no, ahora veo un río que tenemos que cruzar. ¡Tenemos que nadar! ¡Todos conmigo! (*Hagan la mímica de nadar con los brazos.*) ¡Qué bueno! Ya por fin veo a Jesús y sus discípulos, ¡vamos corriendo hacia ellos! ("Corran" con las manos sobre las piernas.) Los discípulos de Jesús no quieren dejar a nuestros dos amigos acercarse a Él. Nuestros dos amigos de la historia se ponen tristes. ¡Pero miren! Jesús viene para decirles algo. ¿Qué les va a decir Jesús? (*Permita respuestas.*) Sí, Jesús les dice: "*¡Esperen! Dejen que los niños vengan a mí. Mi Padre Dios y yo amamos a los niños y a las niñas, y queremos que ellos sean nuestros mejores amigos. El Reino de los Cielos es de todos los que son como ellos, porque ellos me buscan y me aman*". Entonces Jesús tomó en sus brazos a los niños, y oró por ellos. Jesús se puso contento, y los niños de nuestra historia también.

Qué linda historia, ¿verdad? Lo más lindo es que hoy Jesús quiere ser amigo de todos nosotros. ¿Cuántos quieren que el Señor Jesucristo sea tu mejor amigo?

Vamos a orar

Pida a los niños que se tomen de las manos. Dirija a los niños para que den gracias a Dios por Jesús y su amistad, y pidan a Dios que les ayude a ser mejores amigos los unos con los otros.

Vamos a cantar

Canten: "Yo tengo un amigo que me ama".

Vamos a memorizar

"En todo tiempo ama el amigo" Proverbios 17:17.

Formar dos filas que se paren mirándose, a unos dos metros de distancia entre las dos. Con la Biblia en la mano abierta en Proverbios 17, explique a los alumnos que van a memorizarse un versículo bíblico que nos enseña algo muy importante acerca de ser buenos amigos. Pida que las dos filas digan con usted Proverbios 17:17. Ahora que una fila dija "En todo tiempo" y la otra "ama el amigo". Haga que las dos filas tomen turnos para decir todo el versículo. Al final que todos lo digan juntos, comenzando y terminando con la cita, "Proverbios 17:17, En todo tiempo ama el amigo, Proverbios 17:17".

Vamos a jugar

"Viaje al fondo del mar"

Lleve algo sencillo para representar el mar, como plástico de color celeste, papel o paños grandes. También prepare pececitos sencillos dibujados en cartulina y recortados, uno por alumno, más o menos así:

Diga a los niños: "Vamos a hacer un viaje con nuestra imaginación al fondo del mar. (*Coloque en el piso lo que representa el mar.*) Aquí está el mar. Ahora vamos a prepararnos para salir. Ya estamos en la playa, a orillas del mar. ¿Qué encontramos aquí ? ¿Cómo vamos a ir hasta el fondo del mar? (*entrando al agua y nadando; que pretendan nadar*). ¡Ay, miren lo que encontramos en el mar! (*Saque los pececitos y dé uno a cada alumno, para que los hagan "nadar en el mar".*) Los pececitos quieren hacerse amigos los unos de los otros. ¿Pueden ustedes ayudarlos a hacerse amigos? ¡Claro que sí! Ahora cada pececito va a buscar a otro pececito, y le va a decir—en voz de pececito—"Quiero ser tu amigo". (*Que todos lo hagan, como si estuvieran hablándose los pececitos.*) Ahora cada pececito le va a responder al otro pececito: "Qué bueno, porque quiero ser tu amigo también". Ahora cada pececito le va a decir a otro pececito: "Cristo es mi mejor amigo". Y el otro pececito le va a responder: "Qué bueno, porque Cristo es mi mejor amigo también". Los pececitos van nadando para encontrarse con otro pececito diferente. Puede continuar con el juego por un rato más, hasta que los pececitos estén cansados de nadar entonces es tiempo que los Arco Iris vuelvan a sus asientos. (*Guarde los pececitos para entregar al final de la clase; quite el mar.*)

Vamos a recordar

Con los niños "bien sentaditos" en sus sillas o bancas, explíqueles que van a imitar con los brazos las olas del mar, y diríjalos hacer movimientos suaves de un lado a otro, con los brazos extendidos. Dígales "ahora vamos hacer el sonido de las olas. Todos juntos vamos a soplar suavemente al mismo tiempo que movemos los brazos. Ahora vamos a recordar nuestro versículo bíblico y vamos a decirlo mientras hacemos los movimientos de las olas del mar."

Al compás de los movimientos suaves y lentos de los brazos, todos juntos van a decir, sílaba por sílaba, BIEN LENTO: Pro-ver-bios 17:17, "En to-do tiem-po a-ma el a-mi-go, Pro-ver-bios 17:17". Repitan dos veces este ejercicio.

Vamos a ordenar

Como siempre, pida la ayuda de los alumnos para ordenar el salón de clase mientras esperan a los padres, porque "los Arco Iris siempre ayudan y obedecen". Cante el coro de Vamos a Cantar. Si le sobra tiempo vuelán a practicar la historia biblica con las mímicas. Entregue los corazones y los pececitos al final.

Lista de materiales para la clase, por segmento

☐ **INICIAR:** Copias del dibujo de Cristo "haciéndose amigo" de cuatro formas diferentes", ya recortadas en forma de corazón, un dibujo por alumno; cuadros de cartulina celeste, uno por alumno; tiras de papel con las leyendas "CRISTO ES MI MEJOR AMIGO" y "En todo tiempo ama el amigo" -Proverbios 17:17, un juego por alumno; pegamento

☐ **JUGAR::** algo para representar el mar (plástico, papel celeste o azul, paños, etc.); pececitos sencillos dibujados en cartulina, uno por alumno

☐ Y lo más importante siempre: LA BIBLIA

Autoevaluación

○ ¿Mis alumnos saben que Cristo es su mejor amigo?

○ ¿Mis alumnos se gozan porque Cristo es su mejor amigo?

○ ¿Mis alumnos pueden decir de memoria Proverbios 17:17?

○ ¿Hay problemas que corregir?

○ ¿Qué debo hacer para mejorar la clase?

Notas

Plan de Clase #38

Palabras amables entre amigos

Trasfondo bíblico

Génesis 26:16-31

Versículo bíblico para memorizar

"En todo tiempo ama el amigo".
—Proverbios 17:17

Enfoque del mes

"Soy buen amigo"

Meta general

"Como buen amigo, uso palabras amables siempre"

Objetivos

- Que mis alumnos sepan que los buenos amigos usan palabras amables.

- Que mis alumnos se sientan contentos al usar palabras amables entre amigos.

- Que mis alumnos digan de memoria Proverbios 17:17

Iniciar

A medida que van entrando los niños, invítelos a sentarse para compartir una merienda sencilla. Mantenga una conversación amena de cómo los amigos pueden comer juntos y siempre deben hablar amablemente los unos con los otros. Dirija a los alumnos a practicar frases amables y bonitas al hablar entre ellos.

Citar

Lema de Arco Iris: "Los Arco Iris ayudan y obedecen". Cita Bíblica: Éxodo 24:7, "Obedeceremos". Promesa (como se presentó en el Plan de Clase #1, con mímicas). Coro de Arco Iris (con o sin la música)

Alabar

Recoger la ofrenda en un recipiente de color azul celeste. Cante el coro "El amor de Dios es grande" ("Así es el amor de Dios").

Escuchar

Antes de la clase haga de cartulina o cartón una corona sencilla y una espada pequeña (vea al final de este Plan de Clase). Lleve dos paños o retazos de tela. Estudie con cuidado el pasaje bíblico (Génesis 26:16-31), para conocer bien el trasfondo de la historia.

Tenga a mano pero fuera de la vista de los niños la corona, la espada, y los paños. Con la Biblia abierta en Génesis capítulo 26, comience a contar lo siguiente: "Aquí *(señalando)* en la Biblia se nos cuenta una historia muy emocionante de unos amigos que vivieron hace muchos, muchos años. *(Cierre la Biblia.)* Había un rey *(saque la corona y coloquela en la cabeza de un niño)* que se hizo amigo de un hombre que se llamaba Isaac *(coloque un paño sobre el hombro de "Isaac", otro niño, y que se saluden los dos).* ¿Cómo se llamaba el amigo del rey? Sí, Isaac. Digan todos, "Hola, Isaac". Ahora saludamos también al rey, "Hola, rey." Después de un tiempo el rey se molestó con Isaac, aunque Isaac no le había hecho nada malo al rey. El rey le dijo a Isaac que tenía que irse *(que el rey le señale a "Isaac" que salga).* Isaac se puso triste *(cara triste),* pero salió a otro lugar para no pelear con el rey. Después de muchos días, el rey comenzó a pensar que no debía haber hecho salir del lugar a su amigo Isaac. Entonces el rey buscó a otros dos amigos *(llamar a dos niños o niñas más para participar)* para ir con él en busca de Isaac. Se fueron con el rey su amigo que se llamaba Ahuzat *(ponga el paño en el hombro)* y su amigo Ficol, capitán del ejército *(ponga la espada de cartón en su mano).* Cuando los tres llegaron adonde estaba Isaac *(que se acerquen los cuatro),* el rey comenzó a hablar con Isaac, usando *palabras amables.* ¿Qué palabras usó el rey cuando habló con Isaac? Sí, él usó *palabras amables.* Él le dijo: "Hemos visto que Dios está contigo, y queremos ponernos de acuerdo para seguir siendo amigos. Prometemos no volver a molestarte, y sabemos que harás lo mismo con nosotros, ¿verdad?" (Todos deben mover la cabeza para decir que sí.) Isaac se puso bien contento (sonrisa grande) con sus amigos, y los invitó a comer con él. Los cuatro comieron juntos—¡como nosotros acabamos de hacer!—y hablaron mucho, siempre usando *palabras amables* el uno con el otro (que hagan la mímica de comer y de hablar como buenos amigos). ¡Qué bueno que el rey y sus amigos usaron *palabras amables* cuando hablaron con su amigo Isaac! Y nosotros también debemos usar siempre *palabras amables* cuando hablamos con nuestros amigos, ¿verdad? (Recoja los objetos usados y guárdalos fuera de la vista.) ¿Cómo debemos hablar siempre con nuestros amigos? ¡Sí, usando *palabras amables*!

Vamos a cantar

En ronda y tomados todos de la mano, canten "El amor de Dios es maravilloso," primero parados y después marchando en círculo mientras cantan.

Vamos a memorizar

Mantenga a los niños en ronda, saque la Biblia y ábrala en Proverbios 17:17. Cada niño por turno tomará la Biblia y fingirá que está leyendo el versículo bíblico. Primero vamos todos juntos a decir "Proverbios 17:17, *En todo tiempo ama el amigo*". Invite a cada Arco Iris a pasar al centro de la ronda, sostener la Biblia y leer nuestro versículo bíblico. *(Dar a los niños que la necesiten.)*

Vamos a orar

Pida a los niños que se sienten, "para recordar a algunos amigos nuestros que necesiten la oración". Escuche las peticiones y oren juntos, permitiendo que los alumnos repitan frase por frase la oración. Al final, que todos den gracias a Dios porque podemos orar por nuestros amigos.

Vamos a jugar y recordar

Lleve una soga o alguna cinta (como "masking tape") para marcar en el piso la "línea del gol".

Explique a los niños que vamos a jugar al "SÍ o NO", para recordar bien la historia bíblica de hoy. Pida que todos se arrimen a una pared del aula, mirándo hacia donde usted está.

Coloque la soga o la cinta para marcar "el gol" lo más retirado posible de donde están parados los

niños. Mientras los niños vayan respondiendo al SÍ o NO tendrán el derecho de dar "un paso gigante" hacia el gol. *(Practique un par de "pasos gigantes", o sea, lo más grande/largo que puedan dar un paso, extendiendo al máximo las piernas.)* Si lo que se dice de la historia bíblica es correcto, todos van deben decir SÍ. Si no es cierto, entonces van a decir NO. ¿Qué van a decir ustedes si lo que digo es cierto? (SÍ) Y ¿qué van a decir ustedes si lo que digo no es cierto? (NO) Ahora, escuchen bien las preguntas para contestar SÍ o NO. ¿Están listos?

- ¿La historia bíblica nos hablaba de unos amigos? (SÍ)

Muy bien, todos pueden dar un paso gigante. ¡Alto! Silencio, la siguiente pregunta.

- ¿Había un perro en la historia bíblica? (NO)

¡Correcto! No había perro en la historia bíblica de hoy. Por responder bien, todos pueden dar otro paso gigante. ¡Alto! Silencio, la siguiente pregunta.

- ¿Había un rey con corona en la historia? (SI)

Así es, y ahora todos van a dar otro paso gigante. ¡Alto! Silencio.

- ¿Había un capitán con espada en la historia? (SÍ)

Muy bien, todos pueden dar otro paso gigante. ¡Alto! Silencio para escuchar.

- El amigo del rey a quien fue a visitar se llamaba Juan, ¿verdad? (NO)

No, todos nos quedamos donde estamos. ¡Alto! Silencio para escuchar otra pregunta.

- ¿El amigo del rey se llamaba Isaac?

Isaac (SÍ) ¡Excelente¡ Que den todos otro paso gigante. ¡Alto! Escuchen.

- ¿Los cuatro amigos de nuestra historia bíblica usaron palabras feas y crueles cuando se hablaron? (NO) Ah, entonces usaron *palabras amables*, palabras bonitas, ¿verdad? (SÍ).

Es cierto, y ahora ustedes pueden dar los pasos gigantes necesarios para llegar a la línea del gol. ¡Todos a cruzar la línea y ganar el juego! ¡Felicidades!

Si hay tiempo y ánimo para seguir, repita el juego, comenzando desde la línea del gol y llegando hasta la pared. Se pueden repetir las mismas preguntas o variarlas con preguntas propias, siempre que se puedan contestar con SÍ o NO. Pida que los Arco Iris digan todos juntos: "Como buen amigo, uso *palabras amables* siempre".

Vamos a ordenar

Como siempre pida a los alumnos ayuda para ordenar el aula mientras esperan a los padres. Si hay tiempo, vuelvan a cantar el coro mencionado anteriormente, o a decir el versículo bíblico. Otra opción para el tiempo extra sería volver a practicar palabras amables los unos con los otros, como se hizo durante INICIAR

Lista de materiales

❑ **INICIAR:** merienda sencilla

❑ **ESCUCHAR:** corona y espada de cartulina o cartón, 2 paños o retazos de tela

❑ **JUGAR/RECORDAR:** soga (mecate), cinta u otra cosa para marcar línea

❑ Y lo más importante siempre: LA BIBLIA

Autoevaluación

○ ¿Los niños usaron palabras amables?

○ ¿Los niños citaron Proverbios 17:17?

○ ¿Hay problemas que corregir?

_____

○ ¿Qué se puede hacer para mejorar la clase durante la próxima sesión?

_____

_____

Notas

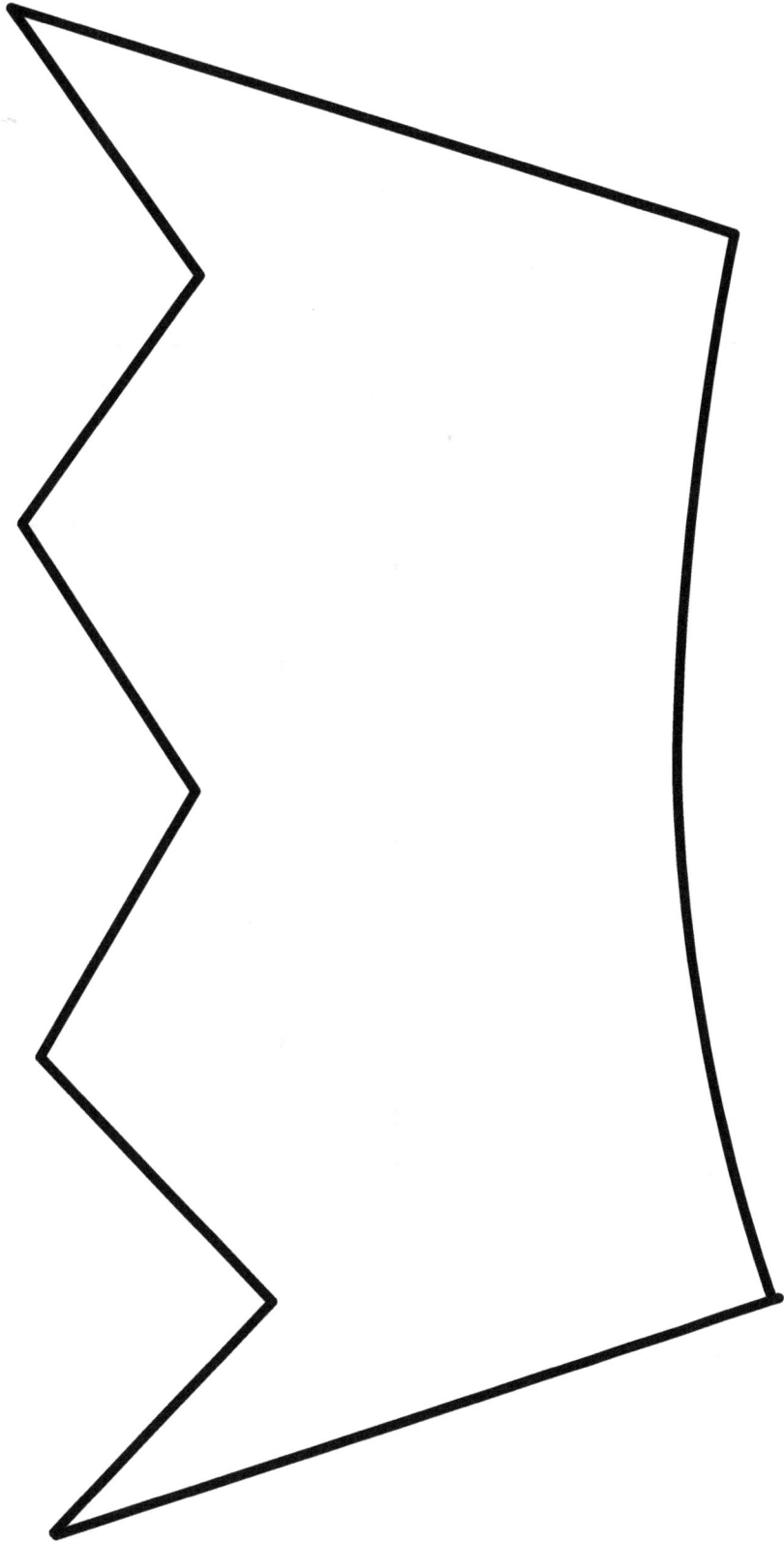

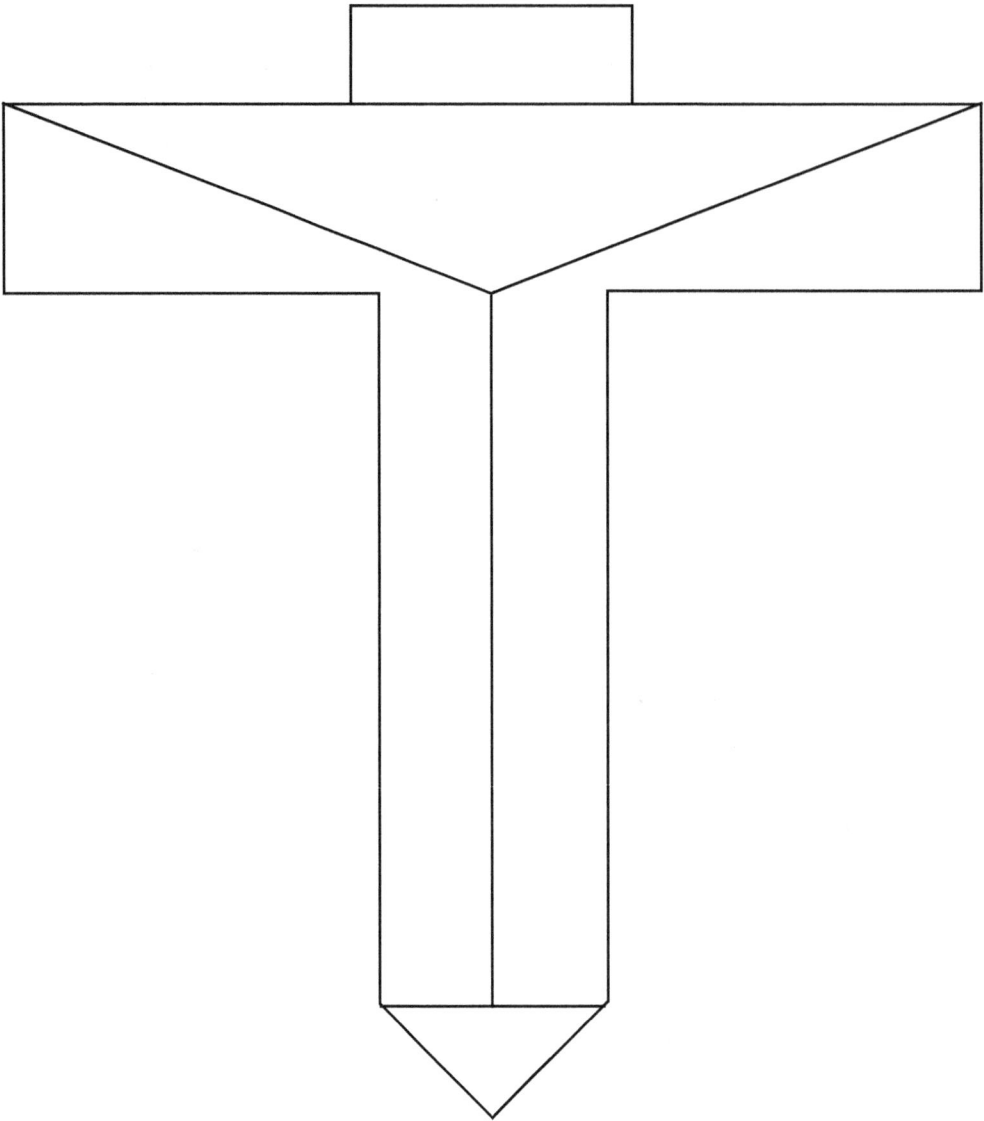

Plan de Clase #39

Escucharnos entre amigos

Trasfondo bíblico

Juan 11:1-44

Versículo bíblico para memorizar

"En todo tiempo ama el amigo".
—Proverbios 17:17

Enfoque del mes

"Soy buen amigo"

Meta general

"Como buen amigo, escucho a mis amigos"

Objetivos

*   Que mis alumnos sepan que los buenos amigos se escuchan.

*   Que mis alumnos se gocen al escuchar a sus amigos.

*   Que mis alumnos digan de memoria Proverbios 17:17.

Vamos a iniciar

Prepare "teléfonos de cartón", utilizando tubos vacíos de papel higiénico o cartulina enrollada de unos 10 a 15 cm. (4 a 6 pulgadas) y pegada con cinta o pegamento, algo cómodo para la mano del niño. Con medio metro (unos 18 pulgadas) de algún tipo de hilo grueso, conecte dos tubos formando "teléfonos de cartón". Prepare varios juegos de "teléfonos" para que los alumnos puedan practicar el hablar con un amigo por teléfono.

A medida que los Arco Iris vayan llegando al salón de clase, dígales que hoy vamos a ser buenos amigos y escucharnos los unos a los otros. Entonces a cada dos niños entregue un juego de "teléfonos" para que puedan practicar el escucharse el uno al otro. Cuando varios niños ya estén presentes, que lo hagan por turno para que todos puedan hablar

y escuchar. Recuérdeles lo de la clase pasada y pídales que "usen palabras amables siempre".

Vamos a alabar

Recoja la ofrenda y canten el coro "Oh niños, canten al Señor" (*Coro Latinoamericano de niños*).

Vamos a citar

Lema de Arco Iris ("Los Arco Iris ayudan y obedecen"). Cita Bíblica (Éxodo 24:7, "Obedeceremos"). Promesa (como se presentó en el Plan de Clase #1, con mímicas). Coro de Arco Iris (con o sin la música).

Vamos a orar

Pida a los niños que se coloquen en ronda y que hablen "susurrando" bien bajito. Llame a cada alumno (a), y pídale que hable "bien bajito" al oído de su vecino, algo por lo que se necesita oración. Entonces el que "escuchó bien a su amigo" ora por esa petición. Permita que todos participen. Concluya este tiempo de oración dando gracias a Dios por los amigos que nos escuchan.

Vamos a escuchar

Jesús escucha con amor a dos amigas

Al final de esta clase encontrará un dibujo de "las dos hermanas." Prepare dos títeres de dedo para usar al contar la historia bíblica. Pegue una tira al dibujo para que lo pueda sujetar en su dedo. Pinte a cada hermana a su gusto. (Practique antes de la clase.)

Cuando todos estén "bien sentaditos y quietos", cuénteles la linda historia bíblica de dos hermanas que eran MUUUUY amigas de Cristo cuando él vivió aquí en la tierra. (Saque los dos títeres y colocar uno en el pulgar el otro en el meñique de la misma mano, cierre los dedos del medio.)

Marta: Hola, amigos Arco Iris. ¿Cómo están? ¡Que bueno! Yo soy Marta, y ella es mi hermana, María. Hoy venimos a su clase para contarles algo lindo que pasó cuando nuestro amigo MUUUUUY especial, el Señor Jesucristo, ESCUCHÓ una necesidad MUUUUUY grande que tuvimos. Eh, María, ¿quieres contarles a los Arco Iris lo que pasó cuando nuestro hermano se enfermó?

María: *(Mueva a la otra "hermana" y cambie el tono de la voz.)* Pues, sí, Marta, te acuerdas lo triste que nos pusimos cuando nuestro hermano se enfermó y no había nada para ayudarle a mejorarse, ni con doctores ni con medicamentos, ¡ni nada! Mandamos a llamar a Jesús, nuestro amigo, pero antes que Él llegara nuestro hermano murió... ¡que triste!

Marta: Sí, María, claro que me acuerdo lo duro que fue cuando nuestro hermano murió. Pero quiero que les cuentes a los Arco Iris aquí hoy, lo que pasó cuando nuestro amigo Jesús ESCUCHÓ nuestra petición y vino para vernos y ayudarnos.

María: Es cierto, Marta, cuando Jesús vino y nos ESCUCHÓ decirle qué triste era que nuestro hermano se había muerto, Él fue a la tumba en la cueva y llamó: "LÁZARO, VEN FUERA". Entonces pasó algo grande, algo BIEN grande. Ustedes, Arco Iris, ¿saben lo grande que pasó con mi hermano cuando Jesús lo llamó?

Marta: Pero, María, no tardes tanto. Diles lo que pasó cuando Jesús nos ESCUCHÓ.

María: Sí, Sí, Marta. Jesús hizo que nuestro hermano volviera a vivir, y salió de la tumba fuerte y feliz, como si nunca hubiera estado enfermo--¡fue un milagro!

Marta: Sí, María, así fue. Y quiero ahora decirles a ustedes, Arco Iris, que Jesús es un amigo MUUUUUY fiel que siempre nos escucha, aunque no lo veamos. ¡Qué bueno! ¿Verdad? ¡Adiós! *(Tape a Marta con los otros dedos.)*

María: ¡Adiós! *(Tape a María con los otros dedos y quítese los títeres de la mano.)*

Vamos a cantar

Canten el coro "Yo tengo un amigo que me ama" y "Dios cuida de mí" *(UNIDOS)*

Vamos a memorizar

Pida a los Arco Iris que se tomen de las manos y que digan al niño a la derecha: "Proverbios 17:17, En todo tiempo ama el amigo, Proverbios 17:17", y luego al niño a la izquierda. Recuérdeles que deben escucharse los unos a los otros, porque "como buen amigo, siempre escucho a mis amigos".

Vamos a jugar

El trencito que escucha nombres

Los niños forman una ronda. Uno de ellos pasa al centro, hace ruido de tren y dice su nombre, circulando delante de los otros hasta que se detiene frente a un niño. Entonces este niño se ubica delante del que ya dio su nombre y pasa a ser "el tren", haciendo ruido de locomotora y diciendo su nombre y el del niño que le antecede, pone las manos en los hombros del otro y se mueve seguido del primero, ahora son un "vagón". Sigan así hasta que todos hayan participado y formen "el trencito que escucha nombres".

Es importante que cada vez que se incorpore un niño, repita los nombres de todos los anteriores. *(Ayúdelos a recordar los nombres de sus amigos.)* Al final, el "trencito que escucha nombres" puede dar unas vueltas por el aula. Que todos hagan el sonido de tren "Chu-chu, chu-chu, y digan: "siempre se escuchan los buenos amigos, chu-chu, chu-chu".

Vamos a recordar

Pida a los niños que se sienten para contestar algunas preguntas y hacer la mímica de cada una; pídales que respondan "Sí," seguido del versículo bíblico "En todo tiempo ama el amigo".

- ¿Ama el amigo en la mañana al despertarse? *(mímica de despertarse)*

   "Sí, en todo tiempo ama el amigo".

- ¿Ama el amigo cuando desayuna? *(mímica de comer)*

   "Sí, en todo tiempo ama el amigo".

- ¿Ama el amigo cuando va a Arco Iris? *(mímica de entrar al salón de clase)*

   Sí, en todo tiempo ama el amigo.

- ¿Ama el amigo al caminar en la calle? *(mímica de caminar)*

  "Sí, en todo tiempo ama el amigo".

- ¿Ama el amigo al jugar con los amigos? *(mímica de jugar)*

  "Sí, en todo tiempo ama el amigo".

- ¿Ama el amigo al llegar a casa? *(mímica de entrar a la casa)*

  "Sí, en todo tiempo ama el amigo".

- ¿Ama el amigo a la hora de cenar? *(mímica de comer)*

  "Sí, en todo tiempo ama el amigo".

- ¿Ama el amigo al acostarse a dormir? *(mímica de dormir)*

  "Sí, en todo tiempo ama el amigo".

(Puede agregar otras preguntas.)

Vamos a ordenar

Como siempre dirija a los Arco Iris para que le ayuden a ordenar el salón de clase mientras esperan a sus padres. Si hay tiempo pueden volver a cantar uno o dos coros.

Lista de materiales

❑ **INICIAR:** teléfonos "de juguete" de alguna clase

❑ **ESCUCHAR:** los "títeres de dedo" para representar a Marta y a María

❑ Y lo más importante siempre: LA BIBLIA

Autoevaluación

○ ¿Logramos los objetivos?

○ ¿Hay problemas que corregir?

  _____

○ ¿Qué se puede hacer para mejorar la clase durante la próxima sesión?

  _____

Notas

165

Prepare estas dos "títeres de dedo" para representar a Marta y a María, recortándolas y pegándolas en cartulina.

Se le prepara una tira extra de cartulina a cada una para pegar o engrapar en ambos lados de la cara, así formando un "codo" al dorso por donde meter el dedo para poder manejarla mientras cuenta la historia.

Plan de Clase #40
Perdonar a los amigos

Trasfondo bíblico

I Samuel 24:1-19

Versículo bíblico para memorizar

"En todo tiempo ama el amigo".
—Proverbios 17:17

Enfoque del mes

"Soy buen amigo"

Meta general

"Como buen amigo, aprendo a decir lo siento".

Objetivos

* Que mis alumnos sepan que los buenos amigos piden perdón.

* Que mis alumnos se gocen al pedir perdón y a perdonar.

* Que mis alumnos digan de memoria

  Proverbios 17:17.

Vamos a iniciar

Llevar a la clase un mantel, una sábana o un cubrecama, lo suficientemente grande para cubrir una mesa en el aula y formar "una cueva".

Al entrar los niños, invítelos a visitar la cueva donde hoy van a iniciar la clase de Arco Iris. Permítales entrar y salir de "la cueva", saludándose al hacerlo. Ellos pueden sentarse adentro y conversar como buenos amigos, siempre usando palabras amables como hemos aprendido. Después que estén presentes todos los niños, desarme "la cueva" y guarde la sábana o lo que usó.

Vamos a adorar

Recoja la ofrenda y dirija a los niños para que repitan "hablado y con mímicas" las siguientes frases:

Cristo me perdona a mí *(señalar hacia arriba)*,

Por eso yo le amo, oh sí *(cruzar los brazos sobre el pecho)*.

Lo adoro y también le pido *(manos juntas, frente a la barbilla)*

Que me ayude a perdonar *(manos con palmas hacia arriba, suplicando)*

Porque quiero ser *(mano derecha sobre el pecho)*

Como Él *(mano izquierda señalando hacia arriba)*

Perdonando como Él *(las dos manos hacia arriba)*

Me perdonó a mí *(las dos manos señalando a sí mismo)*.

Sería bueno explicar que "perdonar" quiere decir "olvidar lo que pasó, como si nunca hubiese sucedido".

Vamos a escuchar

David perdona a su amigo

Antes de contar la historia usted necesitará dos hojas de papel, de dos colores diferentes si es posible, cinta adhesiva, tijeras y marcador. Lea todo el pasaje bíblico de I Samuel 24:1-19.

Se recomienda que practique esta actividad en su casa frente a un espejo para que la pueda realizar sin errores frente a los niños. (Sequir la guía al final de este Plan de Clase.)

Con la Biblia en la mano, abierta en I Samuel 24 y con las hojas de papel, las tijeras y el marcador a mano, pregunte a los niños si se acuerdan de la cueva en la que entraron y salieron al llegar a la clase de Arco Iris. Aquí en la Biblia hay una historia muy buena, algo que pasó entre dos amigos dentro y fuera de una cueva, ¡una cueva de verdad! ¿Saben ustedes dónde ocurrió? Sí, en una cueva. ¿Ven estas dos hojas de papel? Vamos a fabricar de ellas a los dos amigos para que nos ayuden a entender mejor la historia, ¿les parece? *(Enrolle en forma de tubo una hoja y péguela con cinta adhesiva.)* David y su grupo de hombres entraron en una cueva para descansar. *(Comience a recortar tiras de un extremo del tubo)* David y su gente estaban bien cansados, y dentro de poco algunos de ellos se durmieron. *(Doble las tiras que recortó, para formar el pelo de David.)* David y otros de sus amigos se quedaron vigilando. *(Que todos miren "por aquí y por allá" mientras usted arranca dos o tres tiras juntas de un lado del cilindro, y allí dibuje los ojos y la boca.)* "Ssssshhhhh" dijo uno de los amigos de David, creo que escucho a alguien que viene para la cueva. ¿No oyen ustedes los pasos? *(Que todos hagan "pasos" con los pies mientras permanecen sentados. Comience a "fabricar" al otro personaje con la otra hoja)* Ah, mira quien viene, es Saúl, el líder del pueblo. *(Recorte tiras en el tubo para el pelo de Saúl.)* Aquí está Saúl, pero necesita una cara, ¿verdad? *(Arranque unas tiras y dibuje la cara. Sostenga a los personajes para que los niños puedan verlos).*

¿Saben algo, niños? aunque David no había dicho ni hecho nada malo en contra de Saúl, éste estaba muy molesto con David y le quería hacer daño. Cuando los otros amigos de David en la cueva vieron que Saúl venía hacia ellos, le dijeron a David que debía hacerle algo malo a Saúl... ¡y hacerlo ahora! Pero David les respondió: --¡Que Dios me libre de hacerle algo malo a mi amigo! Y David les prohibió a sus hombres molestar a Saúl. Después que Saúl salió de la cueva *(mueva a "Saúl" tan lejos como su brazo lo permita)*, David *(al frente suyo, muévalo para "hablar")* salió de la cueva y gritó: --¡Mi señor, mi líder! Entonces Saúl miró hacia atrás donde estaba David al frente de la cueva *(que "Saúl" dé la cara a "David")*. --Por favor, nunca pienses que te quiero hacer daño, porque ahora tuve la oportunidad y no te hice nada. Quiero seguir siendo tu amigo, y no veo por qué me buscas para hacerme mal. Cuando Saúl oyó las palabras amables de David, contestó: --Tú, David, eres más bueno que yo. Aunque te he hecho mucho mal, tú siempre me has hecho el bien. Hoy me doy cuenta de que me has tratado bien. Lo siento mucho, y te pido perdón. Dijo David: Te perdono.

¿Qué le dijo Saúl a David? Sí, que sentía mucho haberle hecho mal. ¿Qué le dijo David a Saúl? Sí, que lo perdonaba. Así deben ser los buenos amigos, siempre pedir perdón cuando hacen algo malo y decirle al amigo "lo siento mucho". ¿Qué deben decir los buenos amigos cuando hacen algo malo? Sí, que lo sienten mucho. Ahora vamos a decir adiós a estos dos amigos de la historia bíblica y vamos a prepararnos para un juego. Adiós, David. Adiós, Saúl. ¡Gracias por estar en nuestra clase de Arco Iris para enseñarnos

como el buen amigo debe decir lo siento, pedir perdón y perdonar.

Vamos a jugar

"Las gallinitas ciegas"

Llevar a la clase pañuelos grandes de tela oscura, suficientes para todos los niños. Si los niños no desean usar las vendas por que les da miedo, dígales que cierren los ojos.

Explíqueles que ahora van a JUGAR a "las gallinitas ciegas". A todos les vamos a vendar los ojos para que sean "las gallinitas ciegas". Pueden moverse donde quieran, sin ver adónde van, y al toparse con otra persona tiene que decir "lo siento" o "perdóname" o "me disculpas, por favor". Pregunte: ¿Qué es lo que van a decir al toparse con otro niño? *(Que respondan ellos.)* Déjelos jugar mientras están disfrutando de hacerlo. Cuando se dé cuenta que ya se están cansando del juego, diga: "todas las gallinitas ciegas, quítensen las vendas".

Vamos a citar

Lema de Arco Iris: "Los Arco Iris ayudan y obedecen." Cita bíblica (líder con la Biblia abierta): Éxodo 24:7 "Obedeceremos". Promesa (con mímica) y el Coro de Arco Iris (con o sin la música).

Vamos a orar

En ronda guiar a los Arco Iris a orar por todos sus amigos, dando gracias a Dios porque podemos aprender a decir "lo siento" cuando hayamos hecho o dicho algo que no se debe, y que podemos perdonarnos los unos a los otros porque esto nos ayuda a olvidar lo que pasó como si nunca hubiese sucedido.

Vamos a cantar

Cante: "Somos soldaditos" y "Simples palabras" *(Así es el amor de Dios)*

Vamos a memorizar y recordar

Al ser la última clase del mes, es el momento para verificar que todos saben bien el versículo bíblico:

- Proverbios 17:17--"En todo tiempo ama el amigo"-- Proverbios 17:17.

Que todos juntos lo digan varias veces y luego uno por uno hasta que todos puedan decirlo con éxito. Felicítelos a todos por haber cumplido con sus requisitos.

Vamos a ordenar

Como de costumbre, todos juntos van a ordenar el aula mientras esperan a los padres.

Materiales

- ❏ INICIAR: sábana o mantel
- ❏ ESCUCHAR: hojas de papel, cinta, tijeras, marcador
- ❏ JUGAR: pañuelos de tela opaca
- ❏ Y lo más importante siempre: LA BIBLIA

Autoevaluación

- ○ ¿Logramos los objetivos?
- ○ ¿He anotado el progreso de cada niño en la hoja correspondiente?
- ○ ¿Hay problemas que corregir?

  _____

  _____

  _____

- ○ ¿Qué se puede hacer para mejorar la clase durante la próxima sesión?

  _____

  _____

  _____

Notas

1 Lo que necesita

2 Enrolle el papel

3 Pegue con cinta adeshiva y corte

4 Según los dibujos, prepare los dos personajes de David y Saúl durante "Escuchar".

Unidad Tortuga

"La obediencia"

"La oración"

Requisitos para obtener la insignia TORTUGA

- Asistir a las clases con un mínimo de 60% (5 de 8 clases)
- Cantar el coro lema de Arco Iris
- Decir de memoria 1 Samuel 15:22
- Decir de memoria Santiago 5:16

Unidad Tortuga

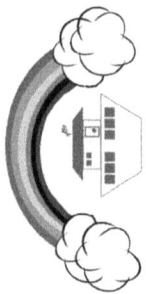

Hoja de control de asistencia y progreso de plan de premios

	Fecha										Coro	1 Samuel 15:22	Santiago 5:16
	Nombre y apellido	Clase #1	Clase #2	Clase #3	Clase #4	Clase #5	Clase #6	Clase #7	Clase #8			
1													
2													
3													
4													
5													
6													
7													
8													
9													
10													
11													
12													
13													
14													
15													
16													
17													
18													
19													
20													

Plan de Clase #41
Niños de la Biblia que obedecieron

Transfondo bíblico

Éxodo 2: 1-9

Versículo Bíblico

Es mejor obedeceder.   —1 Samuel 15:22

Enfoque del mes

Me da gozo obedecer.

Meta General

Como los niños de tiempos bíblicos, yo también quiero obedecer.

Objetivos

* Que los alumnos sepan que da gozo obedecer.

* Que los alumnos deseen obedecer.

* Que los alumnos aprendan a decir el versículo de 1 Samuel 15:22.

Vamos a iniciar

Tenga a mano para todos los alumnos, copias de la tortuga (al final de este Plan de Clase), además de pegamento y un juego de 4 cuadros pequeños de tres colores (rojo, amarillo, azul celeste), también otro cuadro pequeño de papel blanco con el versículo bíblico escrito.

Al entrar los Arco Iris, después de saludarlos con mucho cariño, invite a cada uno a sentarse a la mesa para decorar la tortuga que tenemos hoy, para iniciar otra unidad de estudio. Entregue primeramente la copia y converse con los niños (en términos generales) sobre las tortugas (dónde viven, qué comen, etc.). Explíqueles que hoy van a decorar las tortugas nuestras con los colores de las unidades de estudio ya cumplidas: rojo, amarillo y azul celeste. Entonces, uno por uno, entréguele a todos el mismo color de cuadrito. Usted (y/o su ayudante) debe aplicar el pegamento en uno de los cuadros de la tortuga, y los niños deben decorar su tortuga con ese color. Sigue sucesivamente con los otros colores. Se pueden mencionar brevemente algunos de los temas estudiados antes: La Biblia y Cristo mi amigo (Unidad Rojo), La Creación y La presencia de Dios (Unidad Amarillo), La Iglesia y Los Amigos (Unidad Azul celeste).

Vamos a memorizar

Para terminar de decorar la tortuga, entregue a cada alumno el cuadro de papel con el versículo bíblico. Con la Biblia abierta en 1 Samuel 15:22, dirija a los niños en "leer" su cuadrito varias veces mientras le van pegándolo en su lugar. Anote el nombre de cada niño en su hoja y guárdelas para entregar al final de la clase, cuando ellos salgan con sus padres.

Vamos a alabar

Vamos a cantar el coro lema de "Arco Iris" tomados de la mano y marchando.

Vamos a citar

Sentados en el piso dirija a los niños para que digan el lema, la promesa, y el versículo.

Vamosa a orar

Pregunte si algún niño tiene alguna petición para el Señor y oren juntos.

Vamos a cantar

Canten "El Arca de Noé" y otros coros.

Vamos a escuchar

Tenga a mano dos títeres (fuera de la vista hasta ahora) para representar a Manuelita y Ulefante, o bien prepare dos cuadros (pegándolos en cartulina o cartón). Use voces diferentes para los dos personajes.

Niños, hoy tenemos la visita de unos amigos muy especiales. Primero está la niña Manuelita.

Llamémosla: Manuelita…a ver, todos juntos, Manuelita. *(Manuelita sale y se presenta.)*

Manuelita: Hola, amigos Arco Iris, que gusto verlos hoy. Me gusta mucho la lectura, y mi libro favorito es la Biblia. Hoy les quiero contar una historia bíblica junto con mi amigo, Ulefante. Llamémoslo, ¿quieren? Ulefante, Ulefante, ven. *(Sale Ulefante y se presenta.)*

Manuelita: Ulefante, vamos a contar a estos PRECIOSOS niños Arco Iris la historia bíblica de una familia importante, y cómo los niños de esta familia se gozaron al obedecer.

Ulefante: ¿Lo niños se gozaron al O-de-de-qué?

Manuelita: No, no, Ulefante, no es o-be-de-qué, sino o-be-de-CER. Niños, ¿quieren ayudar a Ulefante a aprender a decir "obedecer"? (Que lo hagan, y que Ulefante lo diga bien.) ¡Qué bueno! Así se dice, y la palabra "obedecer" quiere decir: "hacer lo que debemos y lo que se nos pide, de una vez y sin quejarnos".

Ulefante: Ya sé, ya sé. ObedeCER significa "hacer lo que debemos y lo que se nos pide, de una vez y sin quejarnos". ¿Así es, niños? Que todos lo digan conmigo: "Obedecer es - hacer lo que debemos - y lo que se nos pide - de una vez - y sin quejarnos". ¡Gracias, niños! Manuelita, por favor, que nos cuente la historia de los niños en la Biblia que se gozaron al obedeCER.

Manuelita: La Biblia nos cuenta de una familia con dos niños ya grandecitos y un bebé. La familia era hebrea, del pueblo que servía a Dios. Pero el rey malo en el pueblo donde vivían quería matar al bebé, para que no creciera más gente que adorara a Dios.

Ulefante: Ay, ¡qué triste! ¡Qué horrible! Pero no lo hizo, ¿verdad?

Manuelita: Pues no, porque escondieron al bebé.

Ulefante: ¡Lo escondieron! ¿Dónde? ¿Debajo de la cama, o detrás de la puerta?

Manuelita: No, Ulefante. La mamá tomó una canasta y la cubrió por fuera con una goma especial para que no se mojara. Me imagino que los dos hermanos mayores, María y Aarón, le ayudaron, ¿Qué creen ustedes? (Permita respuestas.)

Ulefante: Sí, Manuelita, yo creo que los niños ayu-

daron y también obedecieron a su mamá en todo.

Manuelita: Sí, Ulefante, yo también lo creo. Entonces ellos colocaron al bebé, que se llamaba Moisés, en la canasta y lo llevaron al río. ¿Cómo se llamaba el bebé? (Que los niños respondan.)

Ulefante: ¿Al río lo llevaron? ¿Qué pasó, entonces?

Manuelita: La mamá colocó la canasta con el bebé Moisés a la orilla del río, y pidió a la hermana mayor de Moisés, que se llamaba María, a quedarse vigilándolo. ¿Qué le pidió la mamá a María? (Permita respuestas.) Sí, que lo vigilara, que lo cuidara. ¿Creen ustedes que María obedeció a su mamá? (Permita respuestas.) ¿Cuántos de ustedes quieren obedecer a su mamá y a su papá?

Ulefante: Ahora me acuerdo del resto de esta historia bíblica. Vino la princesa y rescató al bebé Moisés del río, ¿verdad, Manuelita?

Manuelita: Sí, Ulefante, así es.

Ulefante: Sí, Yo quiero ser como María, que siempre obedecía a su mamá en todo.

Manuelita: ¡Qué bueno, Ulefante! María se gozó mucho al obeceder y poder ayudar a salvar la vida de su hermanito Moisés. ¿Cuántos desean obedecer y gozarse al hacerlo también? ¡Qué bueno! Adiós, niños lindos.

Ulefante: Adiós, niños que desean gozarse al obedecer. (Guarde fuera de la vista los dos personajes.)

Vamos a jugar y recordar

Vamos a jugar como si fueramos tortugas, y caminar como ellas caminan. Demuestre a los niños a subir los hombros hasta las orejas y caminar. Indíqueles que deben caminar así pero muy despacio por el salón de clase, diciendo con cada pisada lenta, "Me da gozo o-be-de-CER". Luego, que formen una fila a un lado del salón (todos mirándole a usted), y hagan una competencia entre ellos a ver quién va más despacio, como las tortugas. Marque una línea con soga (o cinta o sillas) para indicar hacia donde tienen que llegar. Una vez que todos llegan a la línea indicada haga la pregunta: ¿Qué nos da gozo? (Obedecer) Entonces que hagan otra carrera de regreso a dónde comenzaron, donde les debe volver a preguntar lo mismo.

Vamos a ordenar

Pida a los niños que recojan papeles y basura que se encuentren en el salón de clase. Entrégueles las tortugas, repasando 1 Samuel 15:22 al hacerlo.

Materiales

- ❑ INICIAR: copias de la tortuga, cuadros recortados de colores, pega.

- ❑ ESCUCHAR: dos títeres o cuadros, una niña y un elefante.

- ❑ JUGAR: soga o cinta

- ❑ Y lo más importante siempre: LA BIBLIA

Autoevaluación

- ○ ¿Mis alumnos desean obendecer como los niños de la Biblia?

- ○ ¿Mis alumnos saben decir de memoria 1 Samuel 15:22?

- ○ ¿He orado por mis alumnos y su familias?

- ○ ¿Hay algo que mejorar en la clase?

_____

_____

_____

Notas

Plan de Clase #42
Obedecer en la familia

Transfondo bíblico

Mateo 1:18-25; 2:13-15; 19-23; Lucas 1:26-38; 2:39,40,51,52

Versículo bíblico

"Es mejor obedecer". —1 Samuel 15:22

Enfoque del mes

"Me da gozo obedecer"

Meta general

"Yo sé que Dios quiere que obedezca cuando estoy en casa".

Objetivos

* Que los alumnos aprendan a obedecer a sus padres porque esto agrada a Dios.

* Que los alumnos deseen obedecer.

* Que los alumnos se aprendan 1 Samuel 15:22.

Vamos a iniciar

Tenga preparada una merienda saludable y sencilla, para que los alumnos coman al entrar. Mantenga una conversación con ellos acerca de lo bueno que es compartir momentos agradables, comiendo juntos en la clase de Arco Iris y también comiendo con la familia en casa. Mencione que debemos siempre obedecer en familia, porque esto da gozo a Dios, a nuestros padres y nos hace sentir felices.

Vamos a alabar

Cante el coro lema de "Arco Iris".

Vamos a citar

El lema "Los Arco Iris ayudan y obedecen." El texto bíblico: "Obedeceremos" Éxodo 24:7. La promesa: "Como Arco Iris, debo obedecer, etc."

Vamos a escuchar

(Tenga a mano disfraces sencillos con que vestir a tres niños para hacer los papeles de José, María, y Cristo Jesús cuando era niño, además, un poco de madera y una Biblia.)

La historia bíblica de hoy nos habla de una familia muy especial, la familia que tuvo Jesús cuando vino del cielo y nació como niño para vivir aquí en la tierra.

Vamos a vestir a tres de ustedes para representar a José, a María y a Jesús cuando niño. (Hágalo lo más rápido posible, y que los tres se paren frente al grupo.)

Cada persona de esta familia obedecía a Dios siempre, cumpliendo en todo.

JOSÉ (que levante la mano) obedeció a Dios cuando tomó a María por esposa (que la tome de la mano). También obedeció a Dios cuando huyó a Egipto con María y el niño Jesús (que tome a Jesús con la otra mano y los tres caminen alrededor del aula), para protegerlos del rey malo. José obedeció cuando el ángel de Dios le dijo que regresara adónde había vivido antes (que los tres regresen a pararse frente al grupo, soltándose de las manos). Y José obedecía fielmente como padre, al enseñar a Jesús a amar a Dios (que José le diga a Jesús que debe amar a Dios).

MARÍA (que levante la mano) obedeció a Dios al aceptar la tarea de ser la madre de Jesús (que ella tome la mano de él). También obedeció a Dios, juntamente con José, al llevar a Jesús al templo (que los tres caminen hacia la puerta, se paren brevemente y regresen). Y podemos creer que María obedecía fielmente como madre al orar por su hijo Jesús (que le ponga la mano sobre la cabeza a Jesús y que le haga una oración corta).

Jesús obedeció a sus padres desde pequeño, porque sabía que era importante (que él mueva la cabeza para dar la razón). El obedeció a Dios al prestar atención a las enseñanzas de su papá (que mire a José) y al escuchar las oraciones de su mamá (que mire a María). También les obedeció cuando le pidieron que hiciera algo. Veamos:

José, dígale a Jesús que le ayude a cargar madera (que lo haga).

María, dígale a Jesús que le lleve la Biblia (que lo haga).

Agradezca a los tres "actores" por su participación, y que los otros les den un aplauso. Quíteles los disfraces y guárdelos, mientras hace estos comentarios: En la familia todos debemos obedecer, el papá y la mamá cuidando y ayudando a sus hijos, y los hijos haciendo lo correcto y lo que se les pide siempre, sin demora y sin quejas. Jesús y sus padres se gozaron al obedecer, igual que muchos de ustedes y sus padres se gozan al obedecer. ¿Cuántos quieren ser más como Jesús y su familia?

Vamos a orar

Vamos a orar que Dios nos ayude en nuestra familia a obedecer mejor, ¿quieren? Forme una ronda y dirija a los niños, frase por frase, en una oración.

Vamos a jugar

Lleve a la clase una bola (pelota) pequeña, liviana (como de ping-pon). Pida a los alumnos que se sienten en el piso, con las piernas extendidas y tocando los pies del compañero al lado. Explíqueles que hoy el juego se llama "sin manos" y que cada uno debe poner las manos atrás. Hay que soplar la bola hacia otro, quien al ver la bola acercándose, debe decir "Yo sé que Dios quiere que obedezca cuando estoy en casa". Entonces éste la sopla hacia otro niño. Se sigue jugando hasta que todos hayan tenido la oportunidad de decir la frase clave de la clase.

Vamos a recordar

Pida a los niños que se sienten para recordar lo más importante de la historia bíblica de hoy. Tenga preparada una canasta o caja con papelitos con preguntas sencillas escritas, que uno por uno ellos van a pasar al frente para escoger una pregunta para contestar. Usted lea la pregunta, y si el alumno no puede responder, que otros del grupo lo ayuden. Sugerencias para las preguntas (y puede hacer otras suyas):

¿Cómo se llamaba el niño de la familia?

¿Obedeció a Dios José?

¿Obedeció a Dios María?

¿Obedeció a Dios Jesús?

Vamos a cantar

O-O-O-O bedecer
(hacer círculo con las manos)

siempre es lo mejor,
(sonrisa grande, mover cabeza)

porque el A-A-A-A mor
(juntar dedos para formar la "A")

se ve al obedecer.
(palmas arriba, manos en frente)

Hagan una marcha alrededor del aula, cantándolo dos o tres veces más.

Vamos a memorizar

Tenga a mano un espejo (o varios pequeños, si puede). Pida a los niños que vuelvan a sus asientos para practicar el versículo a memorizar, mirándose en un espejo. Con la Biblia en la mano abierta en 1 Samuel 15:22, recuerde a los niños que el versículo bíblico nos dice "Es mejor obedecer", 1 Samuel 15:22. Vaya pasando el espejo (o los espejos) para que cada uno tenga su turno de verse la boca en el espejo diciendo bien "Es mejor obedecer", 1 Samuel 15:22. Si hay ánimo para continuar, se puede extender este segmento unos minutos más.

Vamos a ordenar

Acomoden todo en el aula. Si hay tiempo, canten un coro de los cantados antes en la clase, mientras esperan a los padres.

Materiales

❑ INICIAR: merienda sencilla

❑ ESCUCHAR: tres disfraces sencillos, madera

❑ JUGAR: bola (pelota) pequeña, liviana

❑ RECORDAR: canasta o caja con preguntas

❑ MEMORIZAR: espejo(s)

❑ Y lo más importante siempre: LA BIBLIA

Autoevaluación

○ ¿Mis alumnos entienden que deben odebecer a sus padres?

○ ¿Mis alumnos desean obedecer?

○ ¿Mis alumnos se están aprendiendo el versículo bíblico del mes?

○ ¿He orado por mis alumnos y su familia durante la semana?

○ ¿Cómo puedo mejorar las clases?

Notas

Plan de Clase #43

Obedezco en mi clase

Base bíblica

Lucas 2:41-52

Versículo bíblico

Es mejor obedecer.   —1 Samuel 15:22

Enfoque del mes

Me da gozo obedecer.

Meta general

Dios quiere que yo obedezca en mi clase.

Objetivos

- Que los alumnos aprendan a obedecer en la clase.

- Que los alumnos deseen obedecer en la clase.

- Que los alumnos digan 1 Samuel 15:22.

Vamos a iniciar

Tenga un pliego de papel grande (o cartulina) extendido en el suelo o sobre la mesa, con "un camino" ya marcado en el centro. Al entrar los alumnos, entregue a cada uno un crayón o lápiz de color e invítelos a ayudar a dibujar montañas en ambos lados del camino. Entre todos, vayan pintando un paisaje a su gusto, tal vez con piedras cerca al camino, unos arbustos, árboles, etc. Conversen acerca de lo que se ve al caminar y viajar por un camino así. Cuando ya estén todos los Arco Iris presentes y el dibujo esté terminado, que todos hagan una ronda alrededor del trabajo y oren juntos, dándole las gracias a Dios por guiarnos en el camino correcto de obedecer en la clase de Arco Iris.

Vamos a cantar

Cante con los niños "Yo tengo un amigo que me ama" y el coro lema de Arco Iris.

Vamos a citar

El lema: "Los Arco Iris ayudan y obedecen." El texto bíblico: "Obedeceremos", Éxodo 24:7. La promesa: "Como Arco Iris, debo etc."

Vamos a escuchar

Invite a los alumnos a sentarse con usted, en ronda en el piso.

Tenga la Biblia abierta en Lucas 2 y coloque el dibujo de Iniciar en el medio.

La Biblia nos cuenta aquí (señale el pasaje) de un viaje que hicieron José y María y Jesús por un camino similar al que dibujamos. Caminaron y caminaron y caminaron. (Haga con las manos tocando los muslos, la mímica de caminar.) ¿Qué creen que vieron ellos mientras caminaron? (Permita respuestas.) Llegaron a la gran ciudad de Jerusalén para participar en una fiesta en el templo, junto con mucha gente. ¿Saben lo que es estar donde hay montones de gente? (Permita respuestas.) Pues, así fue con José, María y Jesús.

Al terminar la fiesta, todos comenzaron el viaje de regreso a casa. María y José creían que Jesús andaba con sus tíos y primos, pero cuando comenzaron a buscarlo, no lo encontraron. ¡Ay, no! dijeron. Parece que Jesús se perdió. (Aquí pida a un niño voluntario que se esconda en un lugar dentro del aula, para hacer el papel de Jesús.) ¿Qué dijeron los papás de Jesús? (Llame a un niño y a una niña para hacer lo papeles de José y María, y que ellos salgan del grupo para buscar a Jesús. Al encontrarlo, que los tres regresen para re-integrarse al grupo.) ¿Saben dónde José y María encontraron a Jesús? Lo encontraron en el templo, escuchando a los maestros y haciendo preguntas muy importantes acerca de Dios. Jesús quería saber más y más de Dios, pero también tenía que obedecer a sus padres, porque esto le agrada mucho a Dios. El regresó a casa con José y María y era un niño muy, pero muy obediente. ¿Cuántos quieren ser como Jesús? Él no sólo obedecía en su casa, sino también en su clase en el templo, igual que ustedes, ¿verdad? Él obedecía con gozo, ¿y ustedes? Siempre se portaba bien, siempre estaba atento a escuchar lo que los maestros enseñaban, ¿y ustedes?

Vuelva a contar la historia por lo menos una vez más, utilizando a diferentes niños para variar la participación.

Vamos a orar

Pregunte si hay necesidades por las que deben orar, y permita a los niños mismos oren, ayudándoles en lo necesario.

Vamos a jugar y memorizar

El baile del palo

Con música de fondo o el sonido de una pandereta u otro objeto que sirva para hacer ruido, pida a los niños que formen un círculo y que se tomen de la mano. Tenga a mano un palo de un metro de largo (unas 36 pulgadas), más o menos.

Llame a un niño voluntario para que pase al centro y tome el palo. Entonces tiene que decir al palo el versículo bíblico, "Es mejor obedecer" 1 Samuel 15:22. Después, él o ella va a bailar con el palo hacia otro niño o niña a su criterio, y pondrá el palo en las manos de éste. El niño que hace entrega del palo toma el lugar en la ronda del otro, quien pasa al centro para decir al palo el versículo bíblico y bailar con el palo, y entonces pasar el palo a otro niño o niña. Se sigue así hasta que todos hayan participado en el "balie del palo".

Vamos a recordar

Así mismo en ronda, pregunte a los niños sobre la historia de hoy. Permita que entre ellos recreen la historia con sus propias palabras y acciones.

Nota: Actividad opcional—Tenga preparado un dibujo sencillo de un semáforo, con los tres colores acostumbrados: rojo, amarillo y verde. Pida a los niños que se sienten y explíqueles que van a usar el semáforo para recordarnos de tres reglas básicas que debemos obedecer en la clase de Arco Iris que son: rojo-"NO molestar"; amarillo-"Tener cuidado"; verde-"Obedecer y poner atención". Repase varias veces el significado de los colores, para ayudar a los alumnos a recordar las reglas de la clase de Arco Iris. Sería bueno tener el semáforo presente y visible para futuras clases, para seguir repasando y recordando las reglas.

Vamos a alabar

Saco una manita la pongo a mover

la subo la bajo y la vuelvo a guardar,

saco dos manitas las pongo a mover

las subo las bajo y las vuelvo a guardar,

saco un piecito lo pongo a mover

lo subo lo bajo y lo vuelvo a guardar

todo mi cuerpo alaba al Señor,

alaba, alaba al Señor.

Vamos a ordenar

Pida a los niños que le ayuden a ordenar el salón de clase mientras esperan que lleguen los papas.

Materiales

❑ INICIAR: papel grande o cartulina, crayones o lápices de color

❑ JUGAR: un palo, música

❑ RECORDAR: opcional—dibujo de un semáforo

❑ Y lo más importante siempre: LA BIBLIA

Autoevaluación

○ ¿Mis alumnos entienden que es bueno obedecer en la clase?

○ ¿Mis alumnos se están aprendiendo el versículo del mes?

○ ¿He orado por mis alumnos y su familia durante la semana?

○ ¿Hay algo que mejorar en las clases?

_____

Plan de Clase #44
Obedecer con gozo

Base bíblica

1 Samuel capítulos 1, 2 y 3

Versículo bíblico

"Es mejor obedecer".   —1 Samuel 15:22

Enfoque del mes

"Me da gozo obedecer".

Meta general

Obedezco a Dios al obedecer a mis padres, a mis maestros y a otros.

Objetivos

* Que los alumnos aprendan a obedecer porque esto agrada a Dios.

* Que los alumnos deseen obedecer a Dios.

* Que los alumnos digan 1 Samuel 15:22.

Vamos a iniciar

Prepare un área grande con un plástico negro en el piso. Sobre éste coloque, si puede conseguir, arena, o si no, talco para bebés o para el cuerpo. Esparza la arena o el talco sobre el plástico para producir "un desierto" por dónde caminar. Lleve a la clase varios paños (toallas) para que los niños se limpien los pies después de la actividad.

Al entrar los alumnos, indíqueles que van a dar un paseo por la arena (o talco como si fuera arena) para ver las huellas de sus pies. Anime a todos que se quiten los zapatos y las medias. (Pongan las medias dentro de los zapatos, colocándolos en un lugar donde puedan identificarlos fácilmente después de terminar el juego.) Pida a los niños que formen una fila y que uno a uno camine por el desierto. Cuando hayan cruzado, enséñeles las huellas que dejaron. Ayude a los alumnos a limpiarse los pies y ponerse las medias y los zapatos. (Quitar o poner en un rincón del aula el plástico con la arena o talco, para quitarlo de en medio.)

Vamos a escuchar

Tenga ya listos (pintados y pegados a la paleta de helado) los tres títeres que se dan al final de este Plan de Clase. Invite a los niños a sentarse para escuchar una linda historia bíblica.

Así como ustedes obedecieron e hicieron lo que les pedimos en nuestra pequeña caminata por el desierto, la Biblia nos dice que así también hubo un niño llamado Samuel que obedeció. ¿Cómo se llamaba el niño de nuestra historia bíblica de hoy? (Samuel)

Hace mucho tiempo vivía una mujer llamada Ana. (Muestre a Ana.) Ella oraba mucho que Dios le concediera tener un hijo. Y Dios la escuchó. ¿Porqué oraba Ana? ¿Dios la escuchó?

Claro que sí, y Ana, junto con su esposo, crió al bebé hasta que él creció a ser un poco más grande que ustedes. (Muestre a Samuel.) ¿Recuerdan cómo se llamaba este niño? Sí, Samuel. Cuando niño en casa, Samuel siempre obedecía—con gozo—a su mamá y a su papá. En casa, ¿a quiénes obedecía Samuel? Sí, a sus padres. Y ¿cómo los obedecía? Sí, con gozo.

Entonces cuando Samuel era grandecito ya, Ana lo llevó al templo—en obediencia a Dios—para que ayudara al hombre que era como el maestro y pastor. ¿En obediencia a quién Ana llevó Samuel al templo? Sí, a Dios. Tal vez caminaron por el desierto, algo parecido a lo que nosotros hicimos. Y allá en el templo Samuel siempre obedecía—con gozo—al maestro/pastor. (Muestre a Elí.) En el templo, ¿a quién obedecía Samuel? Sí, al maestro/pastor. Y ¿cómo lo obedecía? Sí, con gozo.

Una noche mientras Samuel estaba durmiendo (acueste a Samuel) oyó una voz llamándolo, "¡Samuel, Samuel!". ¿Qué escuchó Samuel mientras dormía? Sí, una voz llamándolo. Él no sabía que era la voz de Dios, pero el maestro/pastor lo ayudó a comprender que era Dios llamándolo y que Samuel debía contestar, "Habla, Dios, porque tu siervo oye". ¿Cómo le dijo a Samuel que debía contestar? Y así mismo hizo Samuel y Dios le dio un mensaje muy importante. Samuel escuchó a Dios y le obedeció, ¡con gozo! ¿Cómo escuchó y obedeció Samuel a Dios? Sí, con gozo.

Y es así cómo nosotros obedecemos a Dios, igual que Samuel, obedeciendo siempre CON GOZO a los papás, a los maestros y pastores y a Dios cuando nos habla por su Palabra o al oído o al corazón. Por eso es tan importante aprender lo que nos dice la Biblia (muestre la Biblia) ¡para poder obedecer lo que Dios nos dice! (Guarde los tres títeres de paleta hasta Recordar.)

Vamos a alabar

En ronda, dando vueltas, canten "Oh, niños, canten al Señor" (Coro latinoamericano de niños) y el coro de los Arco Iris. Explique a los alumnos que cuando alabamos a Dios, estamos obedeciéndole, porque la Biblia nos enseña que esto le agrada. ¿Cómo debemos alabar a Dios, en obediencia a la Biblia? Sí, con gozo. También cuando damos ofrendas, obedecemos a Dios. (Si va a recoger ofrenda, hágalo en este momento.)

Vamos a citar

Que los niños digan el Lema, la Promesa, y el texto.

Vamos a jugar

"Obedezco cuando juego"

Pida a los Arco Iris que formen una fila contra una pared del aula, todos mirándole a usted. Explíqueles que tienen que poner mucha atención para hacer justo lo que se le pida a cada uno, y que cada uno tiene que pedir permiso diciendo "Maestra/o, ¿me da permiso? (y usted responda, "Sí, te doy permiso") antes de cumplir lo pedido, así demostrando que saben obedecer al jugar. Entonces, llamando uno por uno a cada niño por su nombre, dé indicaciones individuales claras de algo que cumplir. Puede decir, por ejemplo:

- Camina como tortuga cinco pasos hacia mí (que todos cuenten los pasos).

- Brinca como conejo tres pasos hacia mí (todos contando).

- Haz la mímica de nadar, caminando dos pasos hacia mí (igual contando).

- Vuela como las aves, mientras das tres pasos hacia mí.

- Cierra lo ojos y da dos vueltas hacia mí (siempre los demás contando).

- Camina de espalda cuatro pasos hacia mí.

- Da un paso "gigante" (bien largo) hacia mí.

- Da cinco pasos "de bebé" (bien cortitos) hacia mí.

Usted puede incluir otras indicaciones a su criterio, siguiendo la misma idea, hasta que todos los alumnos lleguen cerca de dónde está usted. Dé a cada uno un abrazo, agradeciendo su obediencia cuando jugamos. (Otra opción: Si hay tiempo ahora o más tarde en la clase, puede volver a hacer este juego, pero variando el formato de individual a grupo: Las indicaciones son para todos, y todos juntos preguntan "Maestra/o, ¿nos da permiso? Y usted les responde, "Sí, les doy permiso".)

Vamos a cantar

Canten el coro del himno "Obedecer" y el coro de Arco Iris.

Vamos a orar

Oren todos en ronda, pidiendo que Dios nos ayude siempre a obedecer con gozo, en todas las áreas de la vida: cuando alabamos, cantamos y ofrendamos a Dios, en la casa con los padres, en la clase de Arco Iris y sobre todo lo que nos enseña la Biblia.

Vamos a memorizar

Con la Biblia en la mano abierta en 1 Samuel 15:22, dirija a los alumnos en decir "Es mejor obedecer", 1 Samuel 15:22. Explíqueles que el mismo Samuel de la historia de hoy, ya grande, escribió en obediencia a Dios, hace muchos, muchos años, este versículo. Pida a los niños que lo digan otra vez, primero brincando sobre un pie y luego sobre el otro. Al final que cada uno lo diga individualmente, con sonrisa grande "porque me da gozo obedecer".

Vamos a recordar

Tenga listas copias de los tres títeres (ya recortados) usados en Escuchar, un juego por alumno, además de tres paletas de helado y pegamento. Ayude a los niños a recordar la historia de Samuel mientras pongen el pegamento en las paletas y pegan los personajes. Entre todos cuenten de nuevo la historia, cada uno levantando el títere de paleta en el momento que se habla de él o ella, usted haciendo énfasis en las tres áreas en que Samuel obedecía: en la casa, en la iglesia y al oír a Dios hablándole, siempre con gozo.

Vamos a ordenar

Todos deben ayudar a dejar el aula en buen estado. Que cada alumno lleve consigo su juego de los tres títeres para ayudarle a no olvidar la importancia de la obediencia.

Materiales

☐ INICIAR: plástico grande, arena o talco, paños (toallas)

☐ ESCUCHAR: los tres títeres de paleta, preparados

☐ ALABAR: grabadora y CD

☐ RECORDAR: un juego por alumno de los tres títeres ya recortados, paletas y pegamento

☐ Y lo más importante siempre: LA BIBLIA

Autoevaluación

○ ¿Mis alumnos entienden que es bueno obedecer?

○ ¿Mis alumnos se están aprendiendo el versículo del mes?

○ ¿He orado por mis alumnos y su familia durante la semana?

○ ¿Hay algo que mejorar en las clases?

Notas

Pegue los cuerpos

Plan de Clase #45
Cristo nos enseña cómo orar

Base bíblica:

Mateo 6: 5-13, Marcos 1:35; Lucas 11: 1-13

Versículo bíblico

"Oren unos por otros."   —Santiago 5:16

Meta general

"Orar es hablar con Dios como Cristo nos ha enseñado".

Objetivos

- Que los alumnos aprendan a hablar con Dios.

- Que los alumnos deseen hablar con Dios.

- Que los alumnos practiquen la oración.

Vamos a iniciar

Tenga listas copias de los niños orando (ver última página de este Plan de Clase) y también un crayón o lápiz de color por alumno. Al entrar los niños, invítelos a sentarse a pintar. Mantenga una conversación con ellos acerca de por qué se colocan las manos así (para mostrar reverencia, para ayudarnos a concentrarnos mejor, y para que las manos no se metan en algo donde no deben mientras oramos). Además, haga comentarios sobre la importancia de cerrar los ojos al orar, porque es más fácil pensar en Dios y hay menos distracciones. Cuando todos hayan terminado de pintar, practiquen colocar las manos en la misma posición que en el dibujo, y también practiquen cerrar los ojos. Anote los nombres y guarde los trabajos para entregar al terminar la clase.

Vamos a alabar

Canten el coro "Edifico en la Palabra" (*"Unidos"*).

Vamos a citar

El lema de Arco Iris. La cita bíblica. La promesa (con mímica). El coro de Arco Iris (con o sin la música).

Vamos a escuchar

Lleve un teléfono a la clase y lo pase entre los niños para que lo vean y hagan como si están hablando por teléfono.

Sabían niños que un hombre inventó el teléfono. Se llamaba Alexander Graham Bell. Es muy útil para poder comunicarnos sin necesidad de ir a otro lugar para conversar con una persona. ¿A cuántos de ustedes les gusta hablar por teléfono?

Así como Dios dio sabiduría a Alexander para inventar el teléfono, así también en su sabiduría Dios ha dado un sistema MUCHO MEJOR que el teléfono para comunicaros con Él. Es como un teléfono móvil porque no necesita de un cable, pero es mucho más poderoso que un teléfono celular. No se le descarga NUNCA la batería, NUNCA se descompone y SIEMPRE tiene señal disponible. ¡Que teléfono más bueno! ¿Verdad? ¿Saben cómo se llama este sistema para comunicarnos con Dios? Se llama LA ORACIÓN. ¿Cómo se llama el sistema para hablar con Dios?

Cristo enseñó a sus discípulos, sus amigos especiales, a usar este "teléfono especial" para hablar directamente con Dios. Ellos habían visto que Cristo oraba mucho y se dieron cuenta de que era muy importante. Un día le pidieron: "Señor, enséñamos a orar". Ahora vamos a ver en la Biblia las mismas palabras que usó Cristo para enseñarles (abra la Biblia en Mateo 6:9-13 y señáleselas). Pida a los niños que digan después de usted, frase por frase, las palabras de esta oración especial, ellos con los ojos cerrados y las manos como en el dibujo que pintaron.

Cristo dio la enseñanza de orar para que todos podamos hacerlo siempre. Es como si tuviéramos un teléfono permanente en la mente y en el corazón, con el que podemos hablar directamente con Dios, en todo momento y desde cualquier lugar.

Vamos a orar

Que todos se pongan de pie. ¿Quién quiere orar a Dios ahora? (Dé oportunidad para orar a los alumnos que deseen, por sí solos o con su ayuda.)

Vamos a jugar

El teléfono roto

Vamos a jugar al teléfono roto, y para jugar tenemos que sentarnos en ronda en el piso. Lo que diga yo al oído del Arco Iris _____(nombre del niño o niña sentado/a al lado suyo), cada uno de ustedes tiene que decir en voz baja al oído del siguiente Arco Iris. (Practiquen todos hablar en voz baja, "Somos Arco Iris".) Vamos a ver si el mensaje continúa igual o si se cambia (se rompe) hasta llegar a _____ (nombre del Arco Iris al otro lado suyo). Voy a comenzar nuestro teléfono, y cada uno debe decir lo mismo que oye, con este mensaje (al oído, en voz baja "Dios quiere que le oremos"). Después de una ronda, cuando el último Arco Iris recibe el mensaje en voz baja, pídale que lo diga en voz alta, "para ver como funcionó nuestro teléfono". Si no llega el mensaje correcto, la maestra dirá cual fue el mensaje que dio, y aplicará la falla al teléfono roto que se utilizó. Explique que tenemos la gran dicha de que cuando hablamos con Dios, esto nunca sucede; siempre llega a Dios el mensaje correcto de nuestra oración. Hagan otra ronda, comenzando al otro lado suyo, con el mensaje "Dios te ama". Si hay ánimo (y tiempo) para seguir con otra ronda, piense en otro mensaje para respaldar la meta general de la clase.

Vamos a memorizar

Con la Biblia abierta en Santiago 5:16, dirija a los alumnos en decir con usted, "Oren unos por otros, Santiago 5:16". Pídales que formen parejas y que se tomen de las manos y lo digan de nuevo. Entonces, todavía en parejas, que cada uno lo diga predicando (señalando al otro con el dedo índice). Por último, que todos hagan una fila, mirándole a usted para volver a decirlo. (Si desea, póngale música al versículo para que los niños lo canten dos o tres veces, todavía en fila.)

Vamos a recordar

Pida a los niños que se sienten para recordar lo más importante de la historia bíblica de hoy. Uno por uno, invite a cada Arco Iris a pasar al frente para hacer el papel de Cristo, mientras que los demás permanecen sentados para hacer el papel de los discípulos, los amigos especiales de Él. Dirija a "los discípulos" a pedir a "Cristo", todos juntos: "Señor, enséñanos a orar". Entonces "Cristo" tomará la Biblia (abierta en Mateo 6) y responderá con las palabras iniciales del Padre Nuestro, "Padre nuestro que estás en el cielo, santificado sea tu nombre". (Ayude en lo necesario para que cada uno lo diga bien.)

Vamos a ordenar

Pida a los niños que le ayuden a ordenar el salón de clase mientras esperan que lleguen los papás.

Materiales

❑ INICIAR: copias del dibujo de los niños, crayones o lápices de color

❑ ESCUCHAR: teléfono

❑ Y lo más importante siempre: LA BIBLIA

Autoevaluación

○ ¿Mis alumnos desean hablar con Dios?

○ ¿Mis alumnos se están aprendiendo el versículo del mes?

○ ¿Oro por los Arco Iris y su familia?

○ ¿Debo cambiar o mejorar algo en las clases?

Plan de Clase #46

¿Cuándo puedo hablar con Dios?

Base bíblica

Daniel 6:1-28

Versículo bíblico

"Oren unos por otros."   —Santiago 5:16

Meta general

Puedo hablar con Dios al despertarme y antes de comer, salir o dormir.

Objetivos

* Que los alumnos aprendan cuándo pueden hablar con Dios.

* Que los alumnos deseen hablar con Dios en todo momento.

* Que los alumnos practiquen el hablar con Dios.

Vamos a iniciar

Si puede, consiga una grabación del sonido de un león. Tenga a mano copias (ya recortadas) del león que viene al final de este Plan de Clase, tachuelas para unir la cola al león, y crayones o lápices de color.

Al entrar los niños, toque en una grabadora la grabación del sonido de león. Permita que los niños escuchen y pregúnteles qué sonido es (permita respuestas), y haga comentarios sobre cómo es feroz y cómo sus patas (garras) y dientes son muy fuertes. Entregue a cada niño un león recortado y la cola recortada, junto con una tachuela para unir la cola al león. Después de completarlo, que lo pinten. (Nota: Si no logra conseguir una grabación, que los niños hagan el sonido).

Vamos a alabar

Canten el coro lema de "Arco Iris".

Vamos a citar

Que los niños digan la promesa, el texto bíblico, y el lema de Arco Iris.

Vamos a escuchar

Tenga a mano un títere o pida a una persona que haga el papel de Daniel. Mientras usted cuenta la historia pida al hermano que haga lo que va escuchando.

Nuestra historia de hoy nos habla de un hombre especial llamado Daniel. ¿Cómo se llamaba este hombre especial? Un día el rey mandó a buscar a los mejores jóvenes de todos los reinos, los más sabios, los más fuertes, y Daniel fue uno de ellos. Lo llevaron muy lejos de su hogar a otro país. Daniel cayó en gracia con el rey, ya que él se dio cuenta que Daniel sabía mucho.

Daniel oraba TODOS los días, porque amaba mucho a Dios. Unos ayudantes del rey, gente mala que no creían en Dios, buscaban alguna ocasión para hacerle daño a Daniel; pero nunca hallaban ninguna falta en él, porque Daniel era siempre fiel con Dios y todos.

Entonces estos ayudantes fueron delante del rey, y le dijeron: "Oh gran Rey, pedimos que hagas una nueva ley, una ley que prohíba la oración a Dios, y que sólo a ti se hagan peticiones". Al rey le gustó la idea. Los ayudantes malos también dijeron: "Pedimos que toda persona que no obedezca esta nueva ley, sea echada en el foso de los leones. (Si tiene la grabación, póngala.)

Daniel sabía que era necesario orar a Dios todos los días, por lo menos tres veces, sin importa qué dijeran los demás. El quería pasar tiempo hablando con Dios porque lo amaba. Cuando los ayudantes malos vieron a Daniel orando a Dios, corrieron al rey para hacerle saber. Cuando el rey oyó el asunto, le pesó mucho, porque quería mucho a Daniel. Pero el rey sabía que tenía que cumplir con la nueva ley.

El rey mandó a traer a Daniel, y le echaron en el foso de los leones. (Si tiene la grabación, póngala.) El rey le dijo a Daniel: "Confío que el Dios tuyo, a quien tú fielmente sirves, te libre de los leones". Daniel NUNCA dejó de confiar en Dios. Y ¿saben lo que pasó? (Permita respuestas.) ¡Dios envió a su ángel y cerró la boca de los leones, y no le hicieron ningún daño a Daniel! Entonces el rey y Daniel se gozaron juntos porque Dios le había salvado la vida. ¿Creen ustedes que Daniel oró cuando estaba entre los leones? ¡Claro que sí! Igual que Daniel, podemos hablar con Dios en todo tiempo: al despertarnos (hagan todos la mímica de despertarse) y antes de comer (hacer la mímica), al salir (mímica) o dormir (mímica).

Vamos a cantar

Canten un coro con tema de oración.

Vamos a jugar

Jugaremos a la papa caliente. Pida que los niños se sienten en círculo mientras usted pasa una papa u otro objeto que tenga a mano en el aula. Mientra usted toca el pandero (o golpea dos lápices o hace otro ruido), los niños seguirán pasando la papa de uno a otro. Cuando deje de tocar el pandero, el niño o niña que tenga el objeto en la mano deberá contestar una pregunta. Por ejemplo:

¿Cuándo debemos orar?

¿Cuántas veces oraba Daniel al día?

¿Dejó Daniel de orar a Dios por que el rey lo exigió?

¿Qué le dijo el rey Darío a Daniel cuando lo echaron al foso de los leones?

¿Te gustaría ser como Daniel, fiel a Dios en la oración?

Vamos a recordar y memorizar

Pida la colaboración de unos niños para que representen la historia que escucharon hoy. Necesitará: un león, Daniel, el rey Darío, tres ayudantes. Organícelos brevemente y pida que todos ayuden a recordar la historia de hoy. Por último, que todos digan el versículo bíblico de Santiago 5:16.

Vamos a orar

Oren por las peticiones.

Vamos a ordenar

Pida a los niños que le ayuden a colocar todas las cosas en su respectivo lugar. Si hay tiempo, canten un coro relacionado con la oración mientras esperan a los padres.

Materiales

❑ INICIAR: grabadora y el sonido de un león. Una copia del león para cada niño, tachuelas y crayones

❑ ESCUCHAR: una persona que se haga de Daniel, o títere

❑ JUGAR: papa u otro objeto, pandero u otro objeto con lo que pueda hacer ruido

❑ Y lo más importante siempre: LA BIBLIA

Autoevaluación

❍ ¿Mis alumnos saben que pueden orar en todo tiempo?

❍ ¿Mis alumnos se están aprendiendo el versículo del mes?

❍ ¿He orado por mis alumnos y su familia durante la semana?

❍ ¿Hay algo que mejorar en las clases?

_____

_____

_____

Plan de Clase #47

¿Dónde puedo hablar con Dios?

Base bíblica

Hechos 10: 1-48

Versículo bíblico

"Oren unos por otros".   —Santiago 5:16

Meta general

"Puedo hablar con Dios en mi casa, en la calle y en la iglesia"

Objetivos

* Que los alumnos sepan que pueden hablar con Dios en todo lugar.

* Que los alumnos sientan la necesidad de hablar con Dios en todo momento.

* Que los alumnos digan de memoria

   Santiago 5:16.

Vamos a iniciar

Lleve a la clase una caja de cartón, ya forrada por fuera con papel liso. Tenga a mano crayones o lápices de color para los alumnos. Al entrar los niños, explíqueles que entre todos van a pintar la caja (puesta "boca abajo" sobre la mesa) para que parezca una casa, y diríjalos a dibujar puertas, ventanas y a pintar las paredes bien bonitas. Mantenga una conversación con ellos acerca de la bendición de tener una casa para vivir, y cómo podemos y debemos orar a Dios cuando estamos en casa.

Vamos a alabar

Canten: "También yo puedo alabar" (*UNIDOS*), y el coro lema de Arco Iris.

Vamos a citar

El lema: "Los Arco Iris ayudan y obedecen." El texto bíblico: "Obedeceremos." Éxodo 24:7. La promesa: "Como Arco Iris, debo obedecer, etc.

Vamos a escuchar

(Tenga a mano la casa/caja preparada en Iniciar. Pida a los alumnos que se sienten para escuchar una historia bíblica muy interesante, muy importante.)

La historia bíblica de hoy nos habla de dos hombres, uno que se llamaba Cornelio y otro que se llamaba Pedro. ¿Cómo se llamaban los dos hombres?

Eran de grupos diferentes, y no les gustaba ni hablar ni estar en la casa del otro. ¿Qué no les gustaba hacer?

Vamos a imaginar que nuestra casa/caja es la casa de Cornelio. Un día Cornelio estaba orando en su casa, pidiendo a Dios que le ayudara a servirle mejor. Hagamos la mímica de orar con él. Dios le habló a Cornelio, diciéndole que había escuchado su petición. Lo mandó llamar a Pedro para que éste le contara acerca de Jesús. Dios le dio a Cornelio la dirección de la casa donde estaba Pedro. Vamos a cambiar el lugar de nuestra casa/caja y vamos a imaginarnos que ahora es la casa de Pedro, cerca del mar. (Levante la casa y camine a otra parte del aula, los alumnos deben seguirle.)

¡OJO! ¿Saben algo? Aquí está Pedro, también orando en su casa. (Hagan la mímica de orar con Pedro.) Y Dios también le dijo algo a Pedro. Le dijo que para Dios todos somos iguales y que nos escucha a todos cuando oramos, también que debemos llevarnos bien con todos aunque seamos diferentes. En ese momento tocaron la puerta de Pedro (llame a la puerta de la casa/caja). Los ayudantes de Cornelio invitaron a Pedro a volver con ellos para hablar con Cornelio. (Lleve la casa de nuevo a lugar de antes, y que los niños tomen asiento.)

Cuando Pedro y los hombres de Cornelio llegaron a la casa de Cornelio, encontraron que había mucha gente esperándolos, porque Cornelio había invitado a familiares y amigos para escuchar lo que Pedro les iba a decir. ¿Y saben? ¡Algo grande pasó! Después de escuchar a Pedro explicar que Jesucristo nos puede salvar, todos creyeron en Cristo y oraron para dar gracias a Dios.

Vamos a orar

Vamos todos a orar, levantando las manos, como si fuéramos los familiares y los amigos de Cornelio, y vamos a darle las gracias a Dios por todas las bendiciones que nos da.

Recuerden que Dios siempre nos escucha cuando le oramos, no importa si estamos en la casa, en la iglesia, en la escuela o en la calle. ¿Dónde nos escucha Dios?

Vamos a jugar y recordar

Lleve una sábana grande y cubra una mesa (o sillas en filas) con ésta. Todos los niños estarán afuera de la casa. Usted les hará una pregunta sobre la historia que escucharon hoy y los que respondan bien podrán entrar en la casa. Cuando estén todos dentro de la casa, que digan el versículo bíblico de Santiago 5:16. Oren juntos antes de salir.

Vamos a ordenar

Mientras los niños esperan a los padres, dígales que van a ordenar el salón de clase. Si hay tiempo, cante una canción sobre la oración con ellos.

Materiales

❑ INICIAR: caja forrada, crayones o lápices de color

❑ JUGAR: sábana grande

❑ Y lo más importante siempre: LA BIBLIA

Autoevaluación

○ ¿Mis alumnos saben que pueden hablar en cualquier lugar?

○ ¿Mis alumnos se están aprendiendo el versículo del mes?

○ ¿He orado por mis alumnos y su familia durante la semana?

○ ¿Hay algo que mejorar en las clases?

_____

Notas

Plan de Clase #48

Orando unos por otros

Base bíblica

Juan 11:38-44

Versículo bíblico

"Oren unos por otros". —Santiago 5:16

Meta general

Dios me oye cuando oro por otros.

Objetivos

- Que los alumnos quieran orar unos por otros.

- Que los alumnos practiquen el orar unos por otros.

- Que los alumnos se memoricen Santiago 5:16.

Vamos a iniciar

Al entrar los niños, pregunte si tienen peticiones de oración, y diríjalos en orar los unos por los otros, poniendo las manos en el hombro de otro al hacerlo. Conversen entre todos sobre la tremenda bendición que Dios nos da, la de poder orar los unos por los otros, y saber que El nos oye siempre.

Vamos a alabar

Canten: "Busca primero," (Coro latinoamericano de niños), y el coro lema de Arco Iris.

Vamos a citar

Que los niños digan juntos el lema, la promesa, y el texto bíblico.

Vamos a escuchar

Invite a los niños a participar en la historia bíblica de hoy, haciendo con usted todos los movimientos con la cabeza, las manos y los pies, además de decir todo lo que se les indique. Siéntese frente al grupo de Arco Iris, ellos sentados en semicírculo, mirándole a usted.

Hoy, la Biblia nos va a contar

(señale la Biblia, luego la boca)

Una historia DE VERDAD, real y sin par.

(mueva la cabeza hacia arriba y hacia abajo)

Jesús salió un día, a caminar

("camine sentado" moviendo los pies)

Con sus amigos, hacia LE-JA-NO lugar.

(mano a la frente, "mirando lejos")

Llegaron ellos a dónde otros amigos

(se estrechan la mano, unos con otros)

Y los encontraron muy tristes y sombríos.

(haga cara triste)

¿Qué pasa? dice Cristo, en suaves tonos,

(levante las dos manos, "preguntando")

"Lázaro ha muerto" le dijeron, lastimosos.

(haga cara triste)

A la tumba fueron todos, con Cristo en frente

("camine sentado" moviendo los pies)

Él miró al cielo, y dijo bien fuerte,

(mire hacia arriba)

"Gracias, Padre, yo sé que me oyes;

(diga lo mismo)

¡Que todos crean que siempre los oyes!"

(diga lo mismo)

Entonces clamó Cristo, a muy grande voz,

(colóquese las manos abiertas cerca de la boca)

"¡Lázaro, ven fuera!"

(diga lo mismo)

Y vino veloz Lázaro caminando atado.

(brazos rectos al lado del cuerpo)

Jesús y sus amigos alabaron a Dios,

(levante las manos un poco)

Levantando los brazos, gritaron ¡Gloria a Dios!

(levante los brazos al máximo, sonrisas grandes y digan lo mismo)

(Ya que la historia es bastante corta, se puede volver a contar ahora o más tarde en la clase, siempre con la participación activa de los alumnos, tal vez con ellos de pie para variar.)

Vamos a jugar

El espejo animado

Ayude a los niños a formar dos filas, viéndose de frente. Cada uno queda frente a otro/a quien va a ser su pareja para este juego. Explíqueles que hemos visto en nuestros estudios sobre la oración que hay diferentes maneras de orar. Recuérdeles que podemos orar con las manos dobladas y la cabeza inclinada (que lo hagan todos), también podemos orar mirando hacia el cielo, como Cristo lo hizo en nuestra historia de hoy (que lo hagan). Una buena manera de orar los unos por los otros es colocar las manos al hombro del otro (que lo hagan entre pareja). Y también podemos orar levantando las manos en gratitud a Dios (que lo hagan todos). Ahora para jugar "El espejo animado", cada Arco Iris de esta fila (señalar cuál) puede demostrar una de las diferentes maneras de orar, y su pareja va a ser "el espejo animado" y hacer lo mismo. Entonces libremente pueden "practicar" diferentes maneras de orar. Van alternándose de filas para hacer de modelo.

Vamos a memorizar

Pida a los alumnos que se sienten para repasar el versículo bíblico de este mes, Santiago 5:16, "Oren unos por otros". Que uno por uno, se paren para decirlo. Ayude a los niños que tengan problema en decir el versículo. Después que todos lo hayan dicho individualmente, que todos se pongan de pie para decirlo todos juntos, primero parándose sobre un pie, luego parándose sobre el otro. Al final que todos lo digan brincando.

Vamos a cantar

Canten un coro con tema de la oración.

Vamos a orar

Pida a los Arco Iris que se arrodillen frente a su asiento para orar de otra manera: arrodillado. Diríjalos en decir, después de usted, frase por frase, una oración de gratitud a Dios por todo lo que Él nos da y por siempre escucharnos cuando oramos.

Vamos a recordar

Tenga copias de las manos con el versículo bíblico y crayones para todos los niños, y dé tiempo para pintarlas.

En esta, la última clase de la Unidad Tortuga, sería bueno preparar una pequeña fiesta sorpresa para los alumnos. Si desea, puede invitar a los padres y/o pastores para celebrar juntos con los Arco Iris la vida de cada uno y sus logros.

Vamos a ordenar

Pida a los niños que le ayuden a colocar todas las cosas en su lugar respectivo.

Materiales

❏ RECORDAR: copias y crayones; un refrigerio sencillo para celebrar la terminación de la Unidad Tortuga

❏ Y lo más importante siempre: LA BIBLIA

Autoevaluación

○ ¿Mis alumnos oraron unos por otros?

○ ¿Mis alumnos se aprendieron el versículo del mes?

○ ¿Tengo al día la hoja del plan de premios?

○ ¿Oro por mis alumnos y sus familias todos los días?

"Oren unos por otros".

— Santiago 5:16

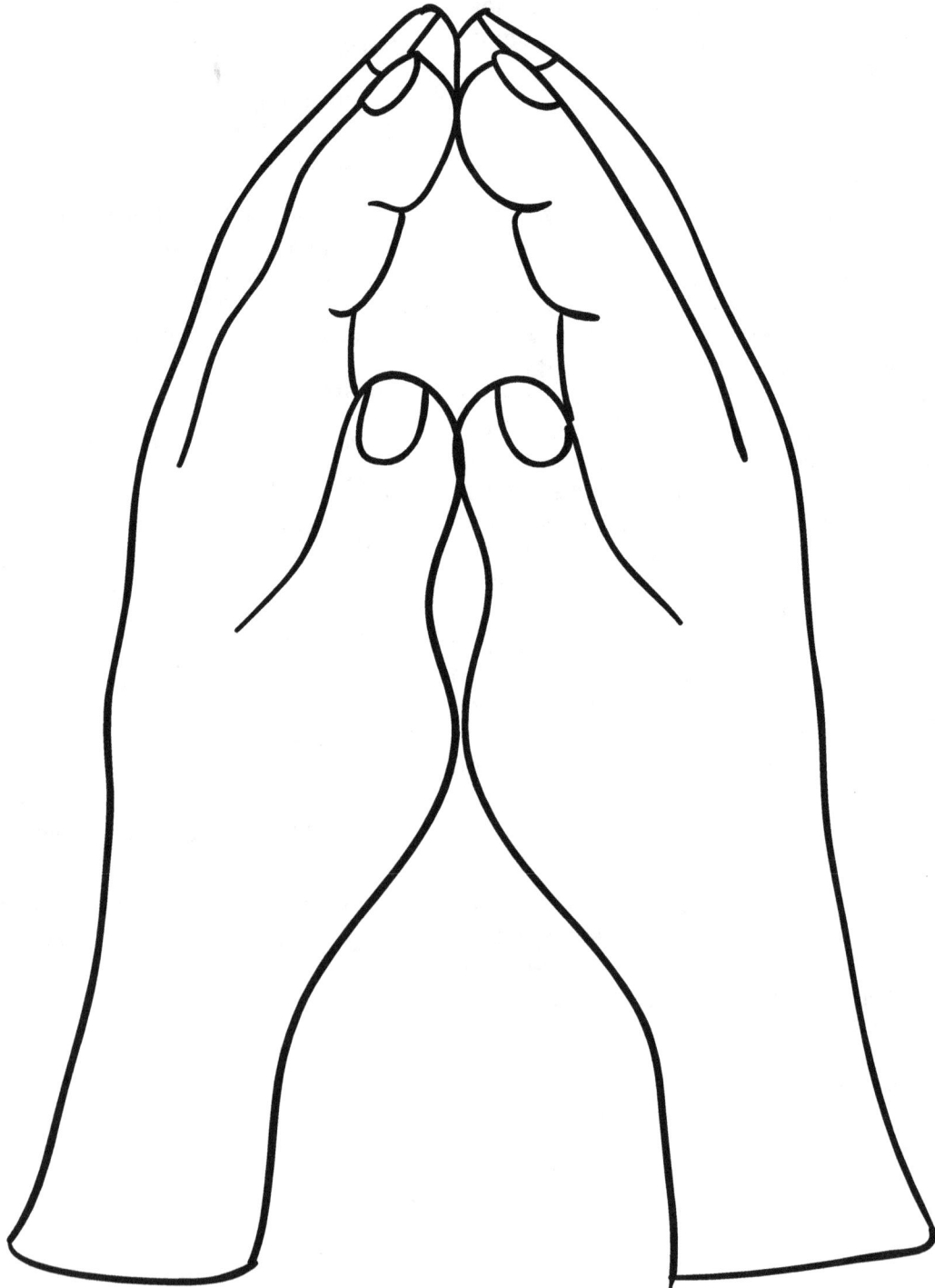

www.ingramcontent.com/pod-product-compliance
Lightning Source LLC
Chambersburg PA
CBHW081947070426
42453CB00013BA/2279